Deg 12u

Meg

9u7-7342

Graded
Spanish Reader
Segunda Etapa

Graded Spanish Reader

Segunda Etapa
THIRD EDITION

Justo Ulloa
VIRGINIA POLYTECHNIC INSTITUTE
and STATE UNIVERSITY

Leonor Alvarez de Ulloa
RADFORD UNIVERSITY

D. C. HEATH AND COMPANY
Lexington, Massachusetts   Toronto

Cover: "Alphonse X" from *The Book of Chess*, Gemini Smith Inc., La Jolla, CA. © Bradley Smith.

Illustrations: Linda Wielblad

Text acknowledgments on page 319.

Published simultaneously in Canada.

Printed in the United States of America.

International Standard Book Number: 0-669-11261-5

Library of Congress Catalog Card Number: 86-81271

4   5   6   7   8   9   0

To our parents
To Sandra and Justin

Preface

This third edition of *Graded Spanish Reader, Segunda Etapa,* has been redesigned with two main objectives in mind: to offer intermediate Spanish students a more enjoyable opportunity to improve their reading skills through the study of literary selections by mostly contemporary hispanic authors, and to allow them to reinforce and complement their knowledge of the basic structures and vocabulary presented in their core grammar texts. This new edition also places more emphasis on improving students' personal communication through a variety of activities designed to use newly acquired grammar and vocabulary in more personal situations relevant to their own interests. Throughout the text, students are encouraged to work in pairs or in small groups to perfect their communicative skills.

Reader Organization

This edition is longer than the previous one and is organized into five parts.

Part One contains the same three brief narratives that proved to be so popular in the last edition. The first two selections are written almost entirely in the present tense, and the third one illustrates the basic differences between the preterit and imperfect tenses. Although the selections have been edited and simplified to minimize linguistic problems, they still retain their authenticity.

For *Part Two* we have retained one of our favorite stories, *Anaconda.* This jungle story reinforces the basic grammar structures of *Part One*, and, through graded activities, provides abundant opportunity for students to develop their reading and speaking abilities. Complex grammatical structures have again been avoided.

In *Part Three* we have included three selections, arranged in order of difficulty. These stories were used successfully in the previous edition and have since been edited to facilitate the reintroduction of most of the core vocabulary and grammar of the first two parts. Reading these selections will help students build confidence and acquire vocabulary step by step.

Part Four consists of a new one-act play and two short selections adapted from the second edition. Here we have introduced comparisons as well as the present perfect indicative, future, conditional, and present and imperfect subjunctive tenses. At this level, students should experience little difficulty in reading comprehension.

The three stories included in Part Five are new to this edition. The last unit is the most challenging of all because the selections have been only slightly edited. Grammatical concepts already presented in previous units are reinforced and new challenges in vocabulary building are provided. Students will certainly enjoy reading, in the original, such well-known authors as Manuel Rojas, Silvina Ocampo and the Nobel Laureate Gabriel García Márquez.

Reader Exercises

Beginning with the first reading selection, each unit in *Graded Spanish Reader, Segunda Etapa* contains the following major types of exercises:

Reading Comprehension. With this group of exercises students confirm their understanding of the selections. This section includes true-false content questions as well as multiple-choice and short-discussion questions.

Vocabulary Study. This section contains two general types of exercises: one tests the students' understanding of the new vocabulary, and the other provides practice in cognate recognition and word formation. This latter type of exercise will also be useful in increasing students' English vocabulary.

Structures. This section provides brief explanations of the basic structures presented in each story. The large number of exercises may permit some selectivity on the teacher's part.

Writing Practice. This section will allow written expression, including guided or more general compositions, on various topics related to the core selection. Students are encouraged to use the grammatical structures and vocabulary practiced throughout the unit.

Communicative Activity. Here students are given the opportunity to practice and develop a higher level of oral proficiency through the presentation of oral reports and by small-group discussion of the topics suggested at the end of each unit. These panel discussions, questions, debates and other oral activities can be extended for the whole class period or programmed for half-hour periods. The *Communicative Activity* is always placed at the end of each selection to give students ample time to learn the vocabulary and to master the grammatical structures covered in each unit.

Review Exercise. In this section students will be able to test their knowledge of the vocabulary and grammar learned earlier. The *Review Exercise* should be completed only after students have carefully reviewed the material covered in each chapter.

Acknowledgments

The authors are grateful to their friends and colleagues Christopher Eustis and Jackie Bixler for their helpful suggestions in the preparation of this text. Most of their suggestions have been incorporated into this edition. Special thanks are due to Paula Kmetz, Editorial Assistant of D. C. Heath and Company, for her valuable suggestions, careful review of the manuscript and complete dedication during the preparation of this reader. We should also like to express our gratitude to Angie Harvey for her assistance in typing parts of this book. A special note of acknowledgment and appreciation to our two little ones, Sandra and Justin, who have been so patient and supportive throughout.

Contents

PART III

PART IV

PART V

PART
I

Part 1 contains three short narratives: *Historia de un hombre que actúa sin pensar*, *La horma de su zapato*, and *No hay mal que por bien no venga*.

Historia de un hombre que actúa sin pensar is an adaptation of a thirteenth-century tale taken from *Libro de Calila y Dimna*, the first book of oriental tales to appear in Spanish translated from Arabic. This tale, known throughout the Hispanic world, is about a man who acts hastily and later regrets his actions.

La horma de su zapato, narrated with gentle irony and a delicate sense of humor, is adapted from the original by Vicente Riva Palacio (1832–1896), a Mexican novelist, critic, and statesman who is considered to be the creator of the Mexican historical novel. *La horma de su zapato* tells the amusing story of a devil who is fooled by one of his colleagues in hell.

No hay mal que por bien no venga is a *tradición* or historical anecdote adapted from the original tale by Ricardo Palma (1833–1919), the author of the well-known *Tradiciones peruanas*. It is a tale about a father who finds himself with too many children and no means to support them, and how this dilemma is unexpectedly resolved.

Although we have simplified the language and grammar of these stories to minimize linguistic problems, they still retain their original flavor. New words and expressions appear as footnotes at the bottom of the page where they first occur. All new words and expressions appear at least twice.

STUDY AIDS

The following suggestions will help you in your reading of the selections and in preparing for class activities:

1. Glance over the vocabulary exercises before reading the story. The main purpose of the vocabulary section is to drill and reinforce new words and idiomatic expressions that may present difficulties. It will also help you to understand the meaning of a new word by identifying its component parts.

2. Be sure to review the following grammar points found at the end of each selection: the present tense; stem-changing verbs; possessive adjectives; interrogative words; and the contractions **al** and **del** before reading *Historia de un hombre que actúa sin pensar.*

   Review the irregular past participles; the use of **saber /conocer; ser / estar; por / para;** and **gustar** before reading *La horma de su zapato.*

   Review direct and indirect object pronouns; the preterit tense; the imperfect tense; the use of **ir a** + *infinitive;* and the past participle before reading *No hay mal que por bien no venga.*

   Exercises reinforcing these grammar points appear at the end of each selection.

3. Try to guess the general meaning of each sentence before you verify your understanding by means of the footnotes and vocabulary. Read the story a second time with the aid of the footnotes when necessary. Try to recall the main ideas in each story.

4. The *Communicative Activity* will allow oral self-expression. In preparing for class discussion either in groups or individually, it will help to: a) write down your thoughts on the topic you have chosen for discussion; and b) practice aloud several times in order to improve your oral skills. If you own a cassette recorder, it would be an excellent idea to tape your oral presentation. In listening to yourself, you will be able to evaluate both the improvement in your spoken Spanish, and your effectiveness in getting a message across.

Historia de un hombre que actúa sin pensar

DEL LIBRO DE CALILA Y DIMNA

❦

Un día le dice el Rey a su Consejero:[1]

—Quiero oír[2] el ejemplo del hombre que hace las cosas sin pensar.

El Consejero entonces le contesta:

5   —Señor, el hombre que no piensa, después se arrepiente,[3] porque le pasa lo mismo que al marido bravo[4] y al perro fiel.[5]

El Rey, muy interesado, le pide a su Consejero la historia del hombre y el perro.

El Consejero comienza a contar:[6]

10   —Esta historia es sobre[7] un matrimonio que tiene un hijo muy bello. Un día la madre tiene que ir al mercado a comprar cosas para su casa. Antes de[8] salir le dice al marido:[9] "Cuida[10] la casa y a tu hijo mientras[11] voy de compras. Regreso dentro de un rato."[12]

15   —El marido cuida al hijo, pero más tarde tiene que salir también. El hijo se queda[13] con el perro de la casa. Pero el perro y el niño no están solos. En la casa hay una cueva[14] oscura donde vive una serpiente muy grande y negra. Ahora que sabe que el niño está solo, la víbora[15] sale de la cueva y se acerca[16] al cuarto.

20   Cuando el perro ve la víbora, salta[17] sobre ella. Después de una lucha[18] a muerte con la serpiente, el perro queda todo lleno de sangre.[19]

—Al poco rato[20] regresa el padre a la casa. Al abrir la puerta, el perro lo recibe muy contento y trata de demostrar su lealtad

25   y su valor. El hombre mira al perro y lo ve todo ensangrentado. En seguida[21] piensa en su hijo. Cree que está muerto y que el

---

[1] **Consejero** advisor   [2] **oír** to hear   [3] **arrepentirse** to repent   [4] **bravo(-a)** ill-tempered; quick-tempered   [5] **fiel** faithful   [6] **contar** to tell; to narrate   [7] **sobre** about   [8] **antes de** before   [9] **marido** husband   [10] **cuidar** to take care of [11] **mientras** while   [12] **dentro de un rato** in a little while   [13] **quedarse** to remain; to stay   [14] **cueva** hole   [15] **víbora** viper, poisonous snake [16] **acercarse** to approach   [17] **saltar** to jump   [18] **lucha** fight   [19] **queda todo lleno de sangre (ensangrentado)** ends up stained with blood   [20] **al poco rato** in a little while   [21] **en seguida** at once

perro es el responsable. Lleno de ira,[22] golpea[23] y mata al perro. Después entra al cuarto y ve que el niño está vivo[24] y sano, y que a su lado hay una víbora muerta. Inmediatamente comprende todo y comienza a llorar.[25] En ese momento entra su mujer y le pregunta: "¿Por qué lloras? ¿Qué hace esta víbora aquí? ¿Por qué 5 está muerto nuestro perro?" El Marido, muy triste, le cuenta todo a su mujer, y después ella le dice: "Éste es el fruto de las acciones que hacemos sin pensar. El que no piensa se arrepiente de sus acciones apresuradas[26] cuando ya es muy tarde."

EXERCISES

READING COMPREHENSION

Select the word or phrase that best completes each statement according to *Historia de un hombre que actúa sin pensar*.

1. En la historia, el Consejero
   a. hace las cosas sin pensar.
   b. cuenta la historia del hombre y del perro.
   c. quiere oír un ejemplo.
   d. se arrepiente porque no piensa.

2. ¿Por qué se queda el niño solo con el perro? Porque
   a. el padre tiene que salir.
   b. la madre va de compras.
   c. en la casa hay una cueva.
   d. hay una víbora muerta en la casa.

3. El hombre está muy _____ al ver al perro ensangrentado.
   a. bravo
   b. triste
   c. contento
   d. vivo

4. ¿Por qué mata el padre al perro? Porque cree
   a. que está contento.
   b. que es el responsable de la muerte de su hijo.
   c. que está ensangrentado.
   d. que es muy bravo.

---

[22] **lleno de ira** enraged, furious   [23] **golpear** to beat   [24] **vivo(-a)** alive
[25] **llorar** to cry   [26] **apresurado(-a)** hasty

5. La esposa le dice al marido, que el hombre que no _____ ,
después se arrepiente de sus acciones.
   a. vive
   b. actúa
   c. llora
   (d) piensa

VOCABULARY STUDY

A. *Vocabulary Usage*

Select the words needed to complete the following paragraph
correctly.

serpiente	fiel
hay	perro
es	son
mata	niño
hijo	padres
niños	niña

(niño) La historia del Consejero _es_ sobre un matrimonio que tiene un
hijo muy bello. Ellos también tienen un *perro* muy fiel. En la
casa hay una *serpiente* peligrosa que quiere matar al *niño*. Pero el
perro, que es muy *fiel* , salta sobre ella y la *mata* *(hijo)*.

en grupos Write sentences of your own using the following expressions.

1. sin pensar		6. hay	
2. tener que		7. se acerca	
3. antes de		8. enseguida	
4. mientras		9. tarde	
5. dentro de un rato		10. lucha a muerte	

B. *Cognate and Word Formation Exercise*

Cognates are words that are the same or nearly the same in Spanish and
English. There are exact cognates and approximate cognates.

personal	*personal*
el profesor	*the professor*

Some cognates are almost identical, except for a written accent mark, or a change in a vowel or consonant.

el sofá	*sofa*
la medicina	*medicine*

You should also remember that in Spanish: 1) adverbs generally end in **-mente** while the English equivalent is *-ly;* and 2) words that end in **-ción** correspond to English words ending in *-tion.*

rápidamente	*rapidly*
la constitución	*constitution*

Find the Spanish cognates of the following English words:

1. responsible
2. serpent
3. valor
4. moment

5. immediately
6. fruit
7. action
8. content

STRUCTURES

A. *The Present Tense of Regular/Irregular Verbs*

Rewrite the following sentences with the present tense of the verbs in parentheses.

1. El perro y el niño no (estar) _están_ solos.   2 En la casa (haber) _hay_ una serpiente venenosa.   3. La cueva (estar) _está_ cerca del cuarto.   4. El marido (salir) _sale_ de la casa.   5. Al rato (regresar) _regresa_ el padre.   6. El perro (matar) _mata_ la culebra.   7. El papá (ver) _ve_ que su hijo (estar) _está_ vivo.   8. La esposa (hacer) _hace_ las compras.   9. Los animales (estar) _están_ muertos.   10. Nosotros (contestar) _contestamos_ en español.   11. La historia (ser) _es_ sobre un matrimonio feliz.   12. Yo (regresar) _regreso_ dentro de un rato. ¿Cuándo (regresar) _regresas_ tú?   13. El hijo se (quedar) _queda_ solo.   14. Uds. (vivir) _viven_ cerca.   15. Ellos no (saber) _saben_ la verdad.   16. Yo no (ir) _voy_ de compras con mi marido.   17. Él le (decir) _dice_ todo a su esposa.   18. Él (tener) _tiene_ un hijo.

B. *The Present Tense of Stem-Changing Verbs*

In certain verbs in Spanish the stem is irregular when it is stressed. This refers to all but the **nosotros** and **vosotros** forms of the verb. In the following examples the **e** of the stem changes to **ie** or **i**, and the **o** to **ue** when stressed.

sentir	dormir	pedir
siento	duermo	pido
sientes	duermes	pides
siente	duerme	pide
sentimos	dormimos	pedimos
sentís	dormís	pedís
sienten	duermen	piden

Rewrite the following sentences with the present tense of the verbs in parentheses.

1. El Rey le dice a su Consejero que (querer) *quiere* oír un ejemplo.
2. El hombre que no (pensar) *piensa* después se (arrepentir) ___ . *arrepiente*
3. Nosotros no (pedir) *pedimos* consejos.
4. El Consejero (contar) *cuenta* una historia.
5. Él (pedir) *pide* más ejemplos.
6. El niño (dormir) *duerme* en su cuarto.
7. Nosotros (pensar) *pensamos* mucho.
8. Uds. no (comenzar) *comienzan* a llorar.
9. Tú y yo (contar) *contamos* el dinero.

C. *Possessive Adjectives*

Possessive adjectives agree in gender and number with the nouns they modify. Note that possessive adjectives are placed before the noun.

Mi historia es muy interesante.
Mis historias son muy interesantes.

Rewrite the following sentences using the possessive adjective.

1. El Rey le pide a (his) *su* Consejero un ejemplo.   2 Cuida a (your fam.) *tu* hijo.   3. La madre tiene que comprar (her) *su*

cosas.   4. (*Our*) _Nuestros_ amigos regresan dentro de un rato.   5. Los padres piensan en (*their*) _sus_ hijos.   6. La mujer sabe que (*our*) _nuestro_ perro está muerto.   7. (*My*) _Mi_ padre no actúa sin pensar.   8. La serpiente vive en (*its*) _su_ cueva.   9. En ese momento entra (*his*) _su_ mujer.   10. (*His*) _sus_ acciones son apresuradas.

D. **Interrogative Words**

Supply the questions that elicit the following answers, using these interrogative words: **dónde, adónde, con quién, qué, quién**

EXAMPLE: **El hombre** mata al perro.

¿*Quién* mata al perro?

(*Dónde*) 1. La serpiente vive en una cueva.

(*A dónde*) 2. La esposa va al mercado.

(*Con quién*) 3. El niño está con el perro.

4. El Rey quiere oír un ejemplo. (*Qué*)

5. El hijo está en el cuarto. (*Dónde*)

6. La madre compra unas cosas. (*Qué*)

E. **Contractions al and del**

In Spanish there are only two contractions: **al** and **del**. The preposition **a** and the definite article **el** contract to form **al**.

El niño va (**a** + **el**) parque.

El niño va **al** parque.

The preposition **de** and the definite article **el** contract to form **del**.

La historia (**de** + **el**) consejero es interesante.

La historia **del** consejero es interesante.

Other combinations of preposition and definite article (**de la, de las, de los, a la, a los, a las**) do not contract.

Rewrite the following sentences, using **a** or **de** + *definite article*.

EXAMPLE: Quiero oír el ejemplo _____ hombre que actúa sin pensar.

Quiero oír el ejemplo **del** hombre que actúa sin pensar.

1. La madre tiene que ir _al_ mercado.

2. Antes de salir ella le dice adiós _al_ marido.
3. El consejero no habla _de las_ mujeres que actúan sin pensar.
4. El hijo se queda con el perro _de la_ casa.
5. El marido y su mujer hablan _de la_ lealtad _del_ perro.

WRITING PRACTICE

Write a short paragraph using some or all of the following words.

rey	hombre	quedar
querer	actuar	lleno
ejemplo	pensar	sangre
consejero	matar	pero
contar	perro	salvar
historia	serpiente	niño

Your paragraph will be evaluated for grammatical accuracy and vocabulary usage. It should be at least forty words in length.

COMMUNICATIVE ACTIVITY

Prepare one of the questions listed below to be discussed in class with two of your classmates. Once the topic has been thoroughly analyzed, your group should present a composite version of the discussion to the other members of the class.

1. ¿Ha actuado alguna vez sin pensar? Mencione las consecuencias de esta acción.
2. ¿Cree Ud. en la lealtad de los perros? ¿Conoce algún caso que ilustre su opinión? Explique.
3. Analice la actitud del padre en este cuento. ¿Cree Ud. que está bien dejar solos a los niños? ¿Por qué?

La horma[1] de su zapato

VICENTE RIVA PALACIO

En el infierno[2] no todos los diablos[3] son iguales.[4] Hay diablos
que son los amos[5] de otros diablos. Unos diablos trabajan mucho,
y otros diablos no hacen nada. Hay unos diablos que cuidan
muchas almas,[6] y otros diablos que no tienen nada que hacer.[7]
5 Barac es uno de estos diablos. Barac no tiene nada que hacer
en el infierno porque no tiene almas que cuidar. Como sabe
mucho, los otros diablos no lo quieren. No dejan llegar a las
manos de Barac ninguna de las muchas almas que van al infierno.
Dicen los otros diablos que Barac tiene en el infierno un gran
10 enemigo,[8] un diablo llamado Jeraní. Jeraní se ríe de[9] Barac porque
éste no tiene almas que cuidar. Por tener este gran enemigo,
Barac, aunque es diablo, siempre está muy triste. Barac nunca
se ríe de Jeraní.
Un día Luzbel, el amo de todos los diablos del infierno, llama
15 a Barac y le dice:
—Si Ud. quiere—porque también en el infierno los diablos
se hablan de Ud.—[10] estar aquí en el infierno, tiene que trabajar.
Además, no queremos tener en el infierno diablos tristes. Para
estar contento, tiene Ud. que trabajar. Y para poder trabajar en
20 el infierno, hay que tener almas que cuidar. Como Ud. no tiene
ninguna, y aquí en el infierno ya todas las que hay tienen sus
diablos que las cuidan, tiene Ud. que salir al mundo[11] y traer
una. Tiene Ud. que estar aquí en el infierno otra vez dentro de[12]
doce días, a las doce en punto de la noche. Tiene Ud. que traer
25 del mundo el alma de una mujer. Pero esa mujer debe ser joven[13]
y hermosa.[14]
—Está bien —dice Barac— voy a salir para el mundo en
seguida.[15]

---

[1] **horma** shoemaker's mold; **la horma de su zapato** his match   [2] **infierno**
hell   [3] **diablo** devil   [4] **igual** equal   [5] **amo** boss; master   [6] **alma** soul   [7] **no**
tener nada que hacer   to have nothing to do   [8] **enemigo** enemy   [9] **reírse**
de to laugh at   [10] **se hablan de Ud.** they speak to each other in the polite
form   [11] **mundo** world   [12] **dentro de** within   [13] **joven** young   [14] **hermoso(-a)**
beautiful   [15] **en seguida** at once

—Sí, puede Ud. salir en seguida, pero dentro de doce días, a las doce en punto, quiero verlo aquí otra vez.

Aunque Barac por algunos años no ha salido del infierno, ahora está muy contento porque va al mundo. Además, ya tiene algo que hacer. Ahora puede ser igual a su enemigo Jeraní, pues   5
va a traer el alma de una mujer, y va a ser el alma de una mujer joven y hermosa, que son las almas que más les gustan a los diablos en el infierno. Como siempre hay riñas[16] entre los dos diablos, Barac está muy contento porque por doce días no va a ver a su enemigo Jeraní.   10

Esa misma noche Barac sale del infierno. Como no ha estado en el mundo por algunos años, espera ver a los hombres tales como los ha visto antes. Y al ver que ahora el mundo no se parece[17] en nada al mundo de hace algunos años,[18] Barac cree que está en otro lugar y no en la Tierra. Cree que ha tomado otro   15
camino y que ahora está en otro lugar.

Barac llega a una gran ciudad y anda por sus calles. En seguida llega a un lugar que él conoce y donde él ha estado hace muchos años. Este lugar se llama la Puerta del Sol. Barac, al ver que está en la Puerta del Sol, sabe que está en Madrid, ciudad   20
que él conoce muy bien, pues ha vivido allí anteriormente. Ahora Barac ya sabe que está en la Tierra y está muy contento.

Barac llega a Madrid como un hombre de unos veinte y cinco años. Es un señor muy rico y tiene mucho dinero. Su traje y sus zapatos son muy elegantes. Barac ahora no se parece a los diablos   25
del infierno.

Barac vive en el Hotel de Roma. Cuando alguna persona le pregunta algo sobre su vida, él dice que no es español, que no habla español muy bien, pero que va a estar en Madrid por algún tiempo para conocer la ciudad. Dice que le gusta Madrid porque   30
allí hay muchas mujeres hermosas.

Después de estar en el Hotel de Roma uno o dos días, sale a las calles de la ciudad para ver a las jóvenes de Madrid. Todas las mujeres hermosas le gustan a Barac, que ahora se llama el Marqués de la Parrilla,[19] y a todas las quiere seguir. Ve que hay   35
muchas mujeres hermosas en la ciudad y no sabe qué hacer para llevarse a la más hermosa.

---

[16] **riña** fight, quarrel   [17] **parecerse a** to resemble   [18] **hace algunos años** a few years ago   [19] **parrilla** broiler, grill

Así pasan uno o dos días más. Una tarde, por la Calle del Caballero de Gracia, al salir del Hotel de Roma, el Marqués ve pasar a la joven más hermosa que ha visto. La joven va con una señora ya vieja.

5 Es una joven de unos veinte años "Ésta me gusta mucho", dice el Marqués de la Parrilla, y se pone a seguir[20] a las dos mujeres. Anda algún tiempo detrás de[21] la joven, a quien no conoce. En la Calle de Alcalá, la ve detenerse y hablar con un señor. Este señor es un amigo del Marqués de la Parrilla. El señor,
10 después de hablar con la joven y la señora por algún tiempo, sigue andando por la calle. Después de algunos minutos, el señor se encuentra con el Marqués.

—¡Hombre! —dice el Marqués— ¿quién es esa mujer tan hermosa?

15 —Es Menegilda.

—¿Pero así se llama?

—No; pero es una joven que trabaja en el teatro y las personas que siempre van al teatro la llaman así. Yo creo que se llama Irene.

20 —Y esa señora que va con ella, ¿es su madre?

—Sí, es su madre.

—Pero, ¡qué hermosa es Irene! —dice el Marqués.

—Es muy hermosa; pero también es una mujer que sabe más que un hombre, y puede reírse del mismo diablo.

25 Al oír esto, el Marqués quiere preguntar al señor si sabe la verdad, si sabe quién es él, pero no dice nada. El señor se va y el Marqués se queda[22] pensando en lo que ha dicho su amigo. Pero en seguida piensa otra vez en Irene y, como ya sabe algo de ella, se pone a andar otra vez detrás de las dos mujeres hasta
30 verlas entrar en el teatro Apolo. El Marqués no entra en el teatro, pero se queda en la puerta por algún tiempo.

Desde ese día el Marqués va todas las noches al teatro Apolo para ver a la hermosa joven. Primero le manda[23] flores. Después le manda una carta preguntándole si la puede ver.

35 La joven toma las flores y lee la carta. También ella le escribe

---

[20] **se pone a seguir** he starts to follow   [21] **detrás de** behind   [22] **quedarse** to remain   [23] **mandar** to send

al Marqués diciéndole que la puede ver, pero delante de su madre.[24]

El Marqués lee la carta de Irene y está muy contento, pues en verdad la ama.

Ya han pasado cinco días. Todas las jóvenes que trabajan en 5
el teatro saben que el Marqués ama a Irene. También los amigos del Marqués saben que éste ama mucho a Irene, pero no saben si Irene ama al Marqués también.

Irene le manda otra carta al Marqués diciéndole que le espera esa noche en su casa a las diez en punto. El Marqués lee la carta 10
y está muy contento. Se pone su mejor traje y sus mejores zapatos y llama un coche. El Marqués llega a las diez en punto a casa de Irene. Allí ve a algunas personas sentadas, y esto no le gusta. Allí hay dos señoras muy viejas, una joven y tres niños. Cuando llega el Marqués todos se levantan[25] para dejarlo pasar.[26] Un niño 15
le pregunta que a quién quiere ver, y el Marqués le dice que a Irene. Por todo esto el Marqués puede ver que la casa donde vive Irene no es muy rica, y que Irene no tiene mucho dinero para vivir.

El Marqués entra en la casa y se detiene delante de la puerta 20
donde vive Irene. Llama y sale la madre de la joven a la puerta y el Marqués entra con ella.

En un cuarto no muy grande encuentra a Irene, que está sentada esperándolo. El Marqués le da la mano[27] y se sienta[28] cerca de ella. La madre de Irene también se sienta cerca de los 25
dos. El Marqués, como ama a Irene, no sabe qué decir, y habla del tiempo. Después habla del teatro donde trabaja Irene.

Ella tampoco sabe qué decir porque no lo conoce muy bien. La madre le cuenta al Marqués que Irene tiene que trabajar mucho en el teatro para poder vivir. 30

El Marqués piensa que ha llegado el momento de hablar con Irene y decirle que la ama, pero en ese momento llaman a la puerta. Irene se levanta y va a ver quién es. Cuando ella sale del cuarto, él se queda solo con la madre.

---

[24] **delante de su madre** with her mother present   [25] **levantarse** to get up
[26] **dejarlo pasar** to let him pass   [27] **dar la mano** to shake hands
[28] **sentarse** to sit down

Cuando Irene entra otra vez en el cuarto, él cree que ha pasado el momento de hablar con Irene para decirle que la ama, y habla de otras cosas. Después de estar allí hasta las doce de la noche, el Marqués le dice a Irene que desea verla otra vez.

5   Cuando el Marqués sale de la casa de Irene, la madre le dice a la joven:

—El Marqués es un señor muy bueno y muy rico. Me parece que[29] puede ser un buen esposo para ti, pero lo que no me gusta es que tiene un olor[30] muy raro.[31]

10   Algo le ha quedado[32] a Barac del infierno.

Desde esa noche, el Marqués ve a Irene todos los días. Ahora ama más a la joven, pues ha visto que Irene no es una mujer como él ha creído, sino muy buena. Pero el tiempo vuela para el Marqués; está muy cerca el momento en que tiene que irse al 15   infierno. Y está muy triste porque tiene que irse de la Tierra, aunque sabe que se lleva el alma de aquella joven. Y también está triste porque sabe que el alma de esa mujer tan hermosa y tan buena va a ir al infierno para siempre.

Irene también está un poco triste. Una noche la joven no 20   quiere ir al teatro y se queda en su casa. El Marqués llega a verla, porque es la última noche que puede ver a Irene, pues tiene que irse al infierno a las doce en punto. La madre de Irene no está con ellos, porque a ella no le gusta el raro olor del Marqués.

El Marqués ve un reloj que hay en el cuarto donde está con 25   Irene. Faltan[33] diez minutos para las doce; diez minutos más para estar en la Tierra. Irene, que ya ama al Marqués también, pues ya lo conoce mejor, le dice:

—Nosotros no podemos ser felices[34] sobre la Tierra. ¿Quieres morir ahora conmigo?

30   El Marqués ve a Irene y no quiere creer lo que oye. Él sabe que Irene tiene que morir a las doce, y ahora ya sólo faltan cinco minutos. Como queda poco tiempo, el Marqués dice en seguida:

—Irene, si me amas hasta morir conmigo y por mí, yo también quiero morir ahora mismo[35] cerca de ti y al mismo tiempo.

35   —Así te amo —dice Irene.

---

[29] **me parece que** it seems to me that   [30] **olor** smell   [31] **raro(-a)** strange; rare
[32] **algo le ha quedado** something has stayed with him   [33] **faltar** to lack   [34] **feliz** (pl. **felices**) happy   [35] **ahora mismo** right now

Después, ella toma dos vasos,[36] pone algo en ellos, y le dice al Marqués:

—Uno para ti; para mí el otro. Si bebemos[37] esto, podemos morir en unos cuantos minutos.

El Marqués toma la mano de Irene y los dos, al mismo tiempo, 5 beben lo que hay en los vasos. Y así mueren los dos.

En ese momento se oyen las doce de la noche[38] en el reloj de la Puerta del Sol. El Marqués de la Parrilla es Barac otra vez y lleva consigo el alma de Irene. Al mismo tiempo, a Barac le parece que lo que lleva en las manos se ríe mucho. Ve otra vez 10 con más cuidado y ve que lo que lleva consigo no es el alma de Irene, sino su gran enemigo, Jeraní. Su enemigo se ha reído de él otra vez delante de todos los diablos del infierno: Jeraní es Irene.

Barac piensa que él nunca puede ser feliz en el infierno, pues 15 Jeraní es la horma de su zapato.

EXERCISES

READING COMPREHENSION

Select the word or phrase that best completes each statement according to the story, *La horma de su zapato*.

1. ¿Por qué los otros diablos no quieren a Barac?
   a. Porque trabaja mucho.
   b. Porque sabe mucho.
   c. Porque se ríe mucho.

2. Jeraní se ríe de Barac porque éste
   a. no tiene que trabajar.
   b. no tiene nada que hacer.
   c. no tiene almas que cuidar.

3. Luzbel le dice a Barac que
   a. tiene que traer el alma de una mujer.
   b. tiene que traer el alma de una mujer joven.
   c. tiene que traer el alma de una mujer joven y hermosa.

---

[36] **vaso** glass (*for drinking*)   [37] **beber** to drink   [38] **se oyen las doce de la noche** twelve o'clock midnight is heard

4. Barac está _____ porque por doce días no va a ver a su enemigo Jeraní.
   a. triste
   b.) contento
   c. casado

5. ¿Por qué sabe Barac que está en la Tierra?
   a. Porque llega a una gran ciudad.
   b. Porque ve a los hombres tales como los ha visto antes.
   c.) Porque sabe que está en la Puerta del Sol.

6. ¿Por qué le gusta Madrid?
   a. Porque está en la Puerta del Sol.
   b.) Porque allí hay muchas mujeres hermosas.
   c. Porque no habla español muy bien.

7. El Marqués sólo puede ver a Irene
   a. después de las doce.
   b. detrás del teatro.
   c.) delante de su madre.

8. A la madre de Irene no le gusta el Marqués de la Parrilla porque
   a.) tiene un olor muy raro.
   b. tiene un perfume penetrante.
   c. tiene mucho dinero.

9. ¿Por qué mueren Irene y el Marqués?
   a.) Porque beben lo que hay en los vasos.
   b. Porque toman lo que llevan en las manos.
   c. Porque beben lo que llevan consigo.

10. ¿Por qué Barac no puede ser feliz en el infierno?
    a. Porque Irene es Jeraní.
    b.) Porque Jeraní es la horma de su zapato.
    c. Porque Irene lo ama mucho.

VOCABULARY STUDY

A. *Vocabulary Usage*

Rewrite the following sentences, using the Spanish equivalent of the words in parentheses.

1. El vaso es para *beber* (to drink). 2. Jeraní es un diablo muy *contento* (happy). 3. El Marqués *manda* (sends) una carta a Irene.
4. Vive en una casa que está _____ (in front of) la escuela.
5. Quiere *quitar* (to take away) las flores. 6. Le ha visto en el

mundo _____ (a few years ago).   7. Barac _____ (resembles) a un diablo.

Select the word or expression in *Column B* closest in meaning or related logically to each term in *Column A*.

A	B
1. _d_ horma	a. diablo
2. _f_ contento	b. pelea
3. _b_ riña	c. creer
4. _a_ infierno	d. zapato
5. _c_ pensar	e. tener mucho dinero
6. _h_ hora	f. feliz
7. _e_ muy rico	g. agua
8. _i_ falta	h. reloj
9. _g_ vaso	i. queda

Study the following expressions.

1. se pone a seguir
2. detrás de
3. dentro de
4. me parece que

5. se parece a
6. no tiene nada que hacer
7. se ríe de
8. da la mano

Now select the appropriate expression from those listed above to complete each of the following sentences.

1. _4_ el Marqués puede ser un buen esposo para ti.
2. El Marqués de la Parrilla ve a una mujer muy hermosa que pasa con una mujer vieja. En seguida _1_ a las dos mujeres.
3. Barac va a la Tierra porque _6_ en el infierno.
4. El hombre camina _2_ la hermosa joven.
5. Su enemigo siempre _7_ él.
6. Cuando entra en la casa, el Marqués le _8_ a Irene.

B. Cognate and Word Formation Exercise

In Spanish, words that end in -**ante** or -**ente** usually have English cognates that end in -*ant*, -*ent* or -*ing*.

ignorante	*ignorant*
persistente	*persistent*
durante	*during*

Many Spanish words ending in **-cia** are equivalent to those that end in -ce or -cy in English.

la importancia	*importance*
la democracia	*democracy*

Find the Spanish cognates of the following English words.

1. inferno	7. Rome
2. much	8. marquis
3. content	9. theatre
4. person	10. moment
5. elegant	11. grace
6. hotel	

STRUCTURES

A. *Past Participles*

Regular past participles are formed by adding **-ado** to **-ar** verbs and **-ido** to **-er** and **-ir** verbs.

hablar	⟶ **hablado**
comer	⟶ **comido**
vivir	⟶ **vivido**

The following Spanish verbs have irregular past participles:

abrir	⟶	**abierto**	morir	⟶	**muerto**
cubrir	⟶	**cubierto**	poner	⟶	**puesto**
decir	⟶	**dicho**	resolver	⟶	**resuelto**
describir	⟶	**descrito**	romper	⟶	**roto**
escribir	⟶	**escrito**	ver	⟶	**visto**
hacer	⟶	**hecho**	volver	⟶	**vuelto**

Give the past participle of the following verbs.

1. cantar	4. ser
2. estar	5. decir
3. morir	6. aprender

The past participle is used with the auxiliary verb **haber** to form the perfect tenses. The present perfect tense is formed by using the present tense of **haber** (**he, has, ha, hemos, habéis, han**) and the past participle of the verb to be conjugated.

Barac no **ha visto** a Jeraní.

Rewrite the following sentences, giving the Spanish equivalent of the words in parentheses.

1. Un señor me ha (told) *dicho* este cuento.   2. Barac ha (read) *leído* mucho.   3. También ha (heard) *oído* muchos cuentos.
4. Nunca ha (gone out) *salido* del infierno.   5. El Marqués ha (been) *estado* en Madrid antes.   6. Ha (seen) *visto* muchas cosas.
7. Ha (lived) *vivido* en el infierno toda su vida.   8. Siempre piensa en lo que ha (said) *dicho* su amigo.   9. La madre de Irene cree que el Marqués no ha (arrived) *llegado* todavía.   10. Desde que está allí, nada ha (happened) *pasado.*
ocurrido
acontecido

B. *Saber / conocer* and *ser / estar*

Review the uses of **saber / conocer** and **ser / estar.** Then select the verb needed to complete each sentence using the appropriate form of the verb. Explain your choice.

EXAMPLE: El (saber / conocer) _____ la ciudad de Madrid.

El ***conoce*** *la ciudad de Madrid.*

1. Como Barac (saber / conocer) *sabe* mucho, los otros diablos no lo quieren.
2. El pobre Barac nunca (ser / estar) *está* muy contento.
3. El alma que Barac debe traer al infierno debe (ser / estar) *ser* la de una joven hermosa.
4. Cuando llega a Madrid, Barac cree que (ser / estar) *está* en otro lugar que no es la Tierra.
5. El (saber / conocer) *conoce* ese lugar.
6. El diablo (saber / conocer) _____ que ahora está en la Tierra.
7. Su traje (ser / estar) _____ muy elegante.
8. El Marqués de la Parrilla no (saber / conocer) _____ a Irene todavía.
9. Barac (ser / estar) _____ muy feliz porque ahora (saber / conocer) _____ algo de Irene.

C. *Gustar*

The verb **gustar** means *to like, to be pleasing.* In constructions with **gustar,** the English subject becomes an indirect object and the English direct object becomes the subject.

(*Subj.*)   (*D.O.*)
We like **chocolate.**

Nos gusta el **chocolate.**
(*I.O.*)   (*Subj.*)

The literal translation of the Spanish sentence is:

Chocolate is pleasing **to us.**
(*Subj.*)   (*I.O.*)

Gustar is usually used in the third person singular or plural, depending on whether the subject is singular or plural. An indirect object pronoun is used with it. (Review indirect objects on p. 31).

Me **gusta** la joven hermosa.

Me **gustan** las jóvenes hermosas.

Complete the following sentences with the appropriate indirect object pronoun to refer to the person in parentheses.

EXAMPLE: (Irene) _____ gusta el teatro.

> *Le gusta el teatro.*

1. (Luzbel)   ¿ _____ gustan los diablos que no trabajan?
2. (tú)   ¿ _____ gusta el infierno?
3. (nosotros)   No, no _____ gustan Irene y su madre.
4. (Barac y Jeraní) Sí, _____ gusta la Tierra.
5. (yo)   Sí, _____ gustan las mujeres hermosas.

The prepositional phrase **a** + *noun* or *pronoun* is used for emphasis or clarity in sentences involving the verb **gustar.** It is placed at the beginning of the sentence.

Irene / gustar / teatro
A Irene le gusta el teatro.

Write complete sentences using the cues given as in the example above. Add any other necessary words.

1. la madre / gustar / olor / Barac
2. Barac / gustar / mujeres / hermoso
3. los / diablos / gustar / almas / bueno
4. Jeraní / gustar / reírse / Barac

D. Uses of **por** and **para**

Para is generally associated with (1) destination; (2) limitation; (3) implied comparison; or (4) purpose. **Por,** on the other hand, is used to indicate: (1) motive; (2) "in exchange for"; (3) length of time; (4) "in favor of, on behalf of, instead of"; (5) "through, along, by, around"; (6) measure; or (7) object of an errand.

Rewrite the following sentences, using **por** or **para.** Explain your choice.

1. _____ tener este gran enemigo, Barac siempre está muy triste.
2. Voy a salir _____ el mundo en seguida.
3. Barac no ha estado en el mundo _____ algunos años.
4. Él anda _____ las calles de una ciudad que conoce.
5. El diablo Barac va a la Tierra _____ el alma de una joven hermosa.
6. Barac va a estar en Madrid _____ algún tiempo _____ conocer la ciudad.
7. El Marqués entra _____ la puerta del teatro.
8. Manda flores _____ Irene.
9. Barac tiene solamente diez minutos más _____ estar en la Tierra.
10. Jeraní hace pasar _____ Irene.

WRITING PRACTICE

Write a short paragraph using some or all of the following words.

Marqués	al mismo tiempo	ir
tomar	veneno	infierno
mano	morir	pero
Irene	doce de la noche	la mujer hermosa
beber	los dos	Jeraní

Your paragraph will be evaluated for grammatical accuracy and vocabulary usage. It should be at least forty-five words in length.

COMMUNICATIVE ACTIVITY

Prepare one of the questions listed below to be discussed in class with two of your classmates. Once the topic has been thoroughly analyzed, your group should present a composite version of the discussion to the other members of the class.

1. ¿Ha encontrado Ud. alguna vez la horma de su zapato? Explique.
2. ¿Qué significa el infierno para Ud.? ¿Existe?
3. ¿Ha experimentado Ud. algo parecido al infierno de Barac?

No hay mal que por bien no venga[1]

RICARDO PALMA

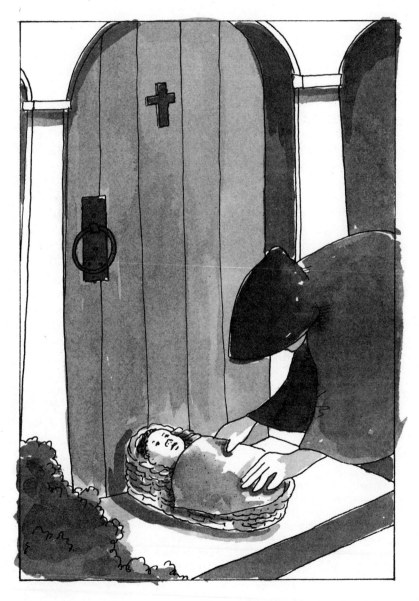

Un zapatero muy pobre, que vivía en la calle de los Gallos, estaba casado con una mujer muy fecunda,[2] que cada año le daba si no mellizos,[3] por lo menos un hijo.

Por ese entonces comenzaron a dejar muchachos a las puer-
5 tas de la casa de huérfanos[4] de Lima, y todos los días de ocho a nueve de la noche abandonaban por lo menos un bebé. La directora de la casa se alarmó mucho con esta invasión de niños abandonados, y especialmente cuando le informaron que un mismo individuo,[5] cubierto con una capa[6] negra, era el que se
10 los dejaba a las puertas de su casa. La buena señora se propuso[7] descubrir la identidad del individuo, y así ordenó vigilar de cerca[8] la llegada del encapuchado[9] misterioso.

Esa misma noche el zapatero decidió llevar a su recién nacido[10] a la casa de huérfanos, pues no tenía recursos[11] para
15 mantener a un hijo más. Al mismo tiempo que los criados[12] que vigilaban la entrada de la casa le caían encima,[13] una mujer enlutada[14] dejaba otro niño a las puertas de la casa de beneficencia.[15]

Cuando los criados llevaron al zapatero a la oficina de la
20 directora, ésta le dijo:

—Ud. no debe traer todas las noches tantos muchachos. ¿Qué se cree Ud.? Puede llevarse inmediatamente los que ha traído esta noche. Si no lo hace, llamo a la policía. ¡Sí, señor! ¡Se los puede llevar ahora mismo! ¡Ud. es un descarado![16]

---

[1] **no hay mal que por bien no venga** every cloud has a silver lining
[2] **fecundo(-a)** fertile; fecund   [3] **mellizos** twins   [4] **huérfano** orphan child
[5] **individuo** person, fellow   [6] **capa** cape, cloak   [7] **proponerse** to decide
to   [8] **vigilar de cerca** to keep a close watch upon   [9] **encapuchado** person
wearing a hood fastened to a cloak   [10] **recién nacido** newborn   [11] **recursos**
means, money   [12] **criado** servant   [13] **caer encima** to fall upon   [14] **enlutado(-a)**
in mourning, wearing black clothes   [15] **casa de beneficencia** orphanage, a
home for orphans   [16] **descarado(-a)** impudent, shameless

Al oír que iban a llamar a la policía, el zapatero asustado contestó temblando:[17]

—Pero, señora directora, sólo uno es mío. Ud. se puede quedar con el otro. Aquí se lo dejo.

—¡Fuera de aquí,[18] insolente! —le contestó la directora.   5

El zapatero no tuvo más remedio[19] que regresar a su casa con los niños bajo la capa. Se los dio a su esposa y luego le contó el resultado de su visita a la casa de beneficencia. La mujer, que se había quedado llorando porque la miseria[20] la obligaba a abandonar a su querido hijo, le dijo a su marido: 10

—En vez de[21] diez hijos vamos a tener una docena que mantener. Dios lo ha querido así. Él nos los ha enviado y con su ayuda vamos a sacar fuerza de flaqueza[22] para buscar dos panes[23] más.

Y después de besar a su hijo con mucho amor, empezó a   15
acariciar[24] y a desnudar[25] al intruso.[26]

—¡Jesús! ¡Este angelito pesa[27] mucho! —dijo la pobre mujer.

Y era verdad que el chico pesaba mucho, pues tenía puesto un cinturón[28] que contenía cincuenta monedas de oro.[29] También traía una nota con las palabras siguientes: "Está bautizado[30] y se   20
llama Carlitos. Ese dinero es para ayudar con los gastos de su crianza.[31] Con la ayuda de Dios sus padres esperan reclamarlo[32] algún día."

Cuando menos lo esperaba[33] el zapatero abandonó la pobreza, pues con las monedas de oro que traía el bebé pudo mejorar   25
su tienda[34] y prosperar en su negocio.[35]

Su mujer crió al niño con mucho cuidado, y al cumplir éste seis años conoció a sus verdaderos padres, quienes, por motivos[36] que ahora no interesan, no habían podido criarlo.

---

[17] **temblar** to tremble; to be afraid   [18] **¡fuera de aquí!** be off!; go away!   [19] **no tener más remedio** to have no other choice   [20] **miseria** poverty   [21] **en vez de** instead of   [22] **sacar fuerzas de flaqueza** to bring strength out of weakness   [23] **pan** bread   [24] **acariciar** to fondle; to caress   [25] **desnudar** to undress   [26] **intruso** intruder   [27] **pesar** to weigh   [28] **cinturón** belt   [29] **monedas de oro** gold coins   [30] **bautizar** to baptize   [31] **crianza** upbringing; **dar crianza** or **criar** to bring up   [32] **reclamar** to reclaim   [33] **cuando menos lo esperaba** when he least expected it   [34] **tienda** shop   [35] **negocio** business   [36] **motivo** reason, cause

EXERCISES

READING COMPREHENSION

Select the word or phrase that best completes each statement according to the story, *No hay mal que por bien no venga.*

1. La mujer tenía muchos hijos. Ella era
   a. muy pobre.
   (b) muy fecunda.
   c. muy mujer.
   d. muy casada.

2. ¿Cuál era la profesión del esposo?
   (a) Zapatero.
   b. Encapuchado.
   c. Criado.
   d. Director.

3. El que abandonaba a los niños en la casa de beneficencia era
   a. un zapatero.
   (b) un individuo encapuchado.
   c. un recién nacido.
   d. un criado.

4. El zapatero regresó a la casa con
   a. unos mellizos.
   b. muchos muchachos.
   c. un bebé.
   (d) dos bebés.

5. El bebé que no era hijo del zapatero y su esposa tenía
   a. un cinturón negro.
   b. unos panes.
   (c) un cinturón con monedas de oro.
   d. un angelito.

VOCABULARY STUDY

A. *Vocabulary Usage*

Write sentences of your own using the following expressions.

   1. por lo menos
   2. vigilar de cerca
   3. al mismo tiempo
   4. llamarse
   5. cumplir años
   6. recién nacido
   7. fecundo(-a)

Select the word or expression in *Column B* closest, most related, or opposite in meaning to each term in *Column A*.

A		B	
1.	_h_ zapatero	a.	recién nacido
2.	_e_ mellizos	b.	esposa
3.	_f_ puerta	c.	doce
4.	_a_ bebé	d.	bien
5.	_b_ marido	e.	dos niños iguales
6.	_c_ docena	f.	casa
7.	_g_ encapuchado	g.	con una capa
8.	_i_ padre	h.	zapato
9.	_d_ mal	i.	hijo
10.	_k_ recursos	j.	director
11.	_j_ oficina	k.	dinero

B. *Cognate and Word Formation Exercise*

It is usually helpful to delete the infinitive ending of a Spanish verb to recognize its English cognate.

present(ar)	*present*
respond(er)	*respond*
permit(ir)	*permit*

Spanish nouns ending in **-tad** or **-dad** usually correspond to nouns that end in -ty in English.

| **la dignidad** | *dignity* |

Spanish nouns ending in **-io, -ia** correspond to nouns that end in -y in English.

| **la historia** | *history* |

Spanish adjectives ending in **-oso, -osa** correspond to adjectives that end in -ous in English.

| **famoso** | *famous* |

Spanish adjectives ending in **-ente** correspond to adjectives that end in -ent in English.

| **inteligente** | *intelligent* |

Spanish verbs ending in **-izar** usually correspond to verbs that end in -ize in English.

> **dramatizar**   *dramatize*

Spanish verbs ending in **-poner** usually correspond to verbs that end in -pose in English.

> **componer**   *compose*

Find the cognates of the following English words in *No hay mal que por bien no venga.*

1. to alarm	6. identity	11. insolent
2. to abandon	7. mysterious	12. fecund
3. to inform	8. baptize	13. dozen
4. to propose	9. director	14. individual (n.)
5. police	10. misery	

STRUCTURES

A. *Direct and Indirect Object Pronouns*

A direct object receives the action of the verb. A direct object pronoun replaces a direct object noun.

> Juan compra **unos panes.**

> Juan **los** compra.

The forms of the direct object pronouns are as follows.

Singular		Plural	
me	*me*	**nos**	*us*
te	*you* (**tú**)	**os**	*you* (**vosotros-as**)
lo	*him, you, it* (*masc.*)	**los**	*them* (*masc.*), *you*
la	*her, you, it* (*fem.*)	**las**	*them* (*fem.*), *you*

An indirect object usually answers the questions to whom? or for whom? An indirect object pronoun replaces an indirect object noun.

> Él compra unos panes para **sus hijos.**

> El **les** compra unos panes.

The forms of the indirect object pronouns are as follows:

Singular		Plural	
me	(to) me	**nos**	(to) us
te	(to) you (**tú**)	**os**	(to) you (**vosotros-as**)
le	(to) him, (to) her, (to) you, (to) it	**les**	(to) them (*masc.*, *fem.*), (to) you

Direct and indirect object pronouns are usually placed directly before a conjugated verb. However, when used with an infinitive, the direct or indirect object pronouns may be placed either in front of the conjugated verb or attached to the infinitive.

D.O.

Quiero leer **este cuento.**
Quiero leer**lo.**

or:

Lo quiero leer.

Rewrite the following sentences, replacing the words in italics with a <u>direct object pronoun</u> in the proper position.

EXAMPLE: El zapatero tiene *las **monedas.***

El zapatero **las** tiene.

1. El encapuchado abandona *a los niños.*   *los abandona*
2. El marido lleva *dos niños* a la casa.   *los lleva*
3. El niño traía *una nota.*   *la traía*
4. El zapatero pudo mejorar *su tienda.*   *la pudo mejorar*
5. Ellos necesitan *dos panes más.*   *los necesitan*

Rewrite the following sentences, replacing the words in italics with an indirect object pronoun in the proper position.

EXAMPLE: María escribe una nota *a **Juana.***

María **le** escribe una nota.

1. La mujer da muchos hijos *al zapatero.*   *le da*
2. El zapatero dijo la verdad *a la directora.*   *le dijo*
3. El marido contó su experiencia *a su esposa.*   *le contó*
4. La directora ordenó *a los criados* vigilar el lugar.   *les ordenó*
5. Ella envía monedas de oro *para mí.*   *me envía*

When both object pronouns are used in the same sentence, the indirect object *always precedes* the direct object.

When both the indirect and the direct object pronoun begin with **l,** the indirect object pronoun changes to **se.**

La directora **le** da **las monedas** a María.

La directora **se las** da.

Rewrite the following sentences, replacing the words in italics with a direct and/or indirect object pronoun.

EXAMPLE: María le escribe ***una nota a Juan.***

María se la escribe.

1. Aquí le dejo *los niños* a Ud.   *se los dejo*
2. Él nos ha enviado *muchos niños;* tenemos que vigilar *la casa.*
3. El zapatero pensó que Dios le había enviado *las monedas.*
4. El marido le trajo *dos recién nacidos* a su esposa.   *se las / se los*
5. Ella envía *monedas para mí.*   *me las*
6. Le puede llevar *los niños* a su esposa.   *se los*

B. *Prepositions*

Rewrite the following sentences, using the correct preposition.

1. El hombre estaba casado _con_ una mujer buena.
2. Dejaron a los muchachos _a_ las puertas de la casa de beneficencia.   *(en)*
3. Ella ordenó vigilar _de_ cerca el edificio.
4. El individuo estaba cubierto _con_ una capa negra.
5. El niño tenía unas monedas _en_ el cinturón.

C. *Use of the Preterit Tense*

The preterit is used to indicate: (1) completed events or actions in the past; (2) the beginning of an action; and (3) the end of an action.

(2) El bebé **comenzó** a caminar.

(3) El zapatero **terminó** los zapatos.

Rewrite the following sentences, using the preterit tense of the verbs in parentheses.

1. Ellos (comenzar) _comenzaron_ a dejar recién nacidos abandonados.
2. La directora se (alarmar) _alarmó_ mucho.
3. Los criados le (informar) _informaron_ que un mismo individuo era el responsable.
4. Nosotros (decidir) _decidimos ?_ buscar la verdad.
5. Uds. (llevar) _llevaron_ al hombre a la policía.
6. Ella se (proponer) _propuso_ descubrir la identidad del enca-puchado.
7. Él no (tener) _tuvo_ más remedio que regresar a su casa.
8. Cuando menos lo esperaba, el zapatero (abandonar) _abandonó_ la pobreza.
9. El hombre (terminar) _terminó_ de trabajar.

D. *Use of the Imperfect Tense*

The imperfect tense is used to indicate: (1) actions in progress; (2) repeated, habitual actions; (3) actions where information on their beginning or ending is unimportant or unknown; (4) time in the past; (5) description; and (6) indefinite actions.

(1) El zapatero **dejaba** a su bebé cuando los criados lo vieron.

(2) El zapatero **trabajaba** todos los días en su zapatería.

(4) ¿Qué hora **era**?

(5) **Era** un hermoso día de invierno.

Rewrite the following sentences, using the imperfect tense of the verbs in parentheses.

1. La familia pobre (vivir) _vivía_ en la calle de los Gallos.
2. El zapatero (estar) _estaba_ casado.
3. Un encapuchado (ser) _era_ el que abandonaba a los niños todos los días.
4. Los criados (vigilar) _vigilaban_ la entrada de la casa de huérfanos.
5. La mujer se (haber) _había_ quedado llorando. Ella todavía (llorar) _lloraba_ cuando su esposo entró.

E. *Use of **ir a** + infinitive*

Ir a + *infinitive* is used in Spanish to express an action or event that is going to take place in the future.

> **El hombre lleva al recién nacido a la casa de beneficencia.**
> *The man brings the newborn child to the orphanage.*

> **El hombre va a llevar al recién nacido a la casa de beneficencia.**
> *The man is going to bring the newborn child to the orphanage.*

Rewrite the following sentences using **ir a** + *infinitive*.

1. Tenemos una docena de hijos.
2. Nosotros sacamos fuerzas de flaquezas.
3. El zapatero abandona la miseria.
4. Los padres verdaderos no pueden criar a su recién nacido.
5. Los criados cogen al zapatero.
6. Necesito dos panes.

F. *Past Participles*

Give the past participle of the following verbs.

1. casar	8. criar
2. vivir	9. cuidar
3. nacer	10. escribir
4. traer	11. ver
5. asustar	12. descubrir
6. poder	13. hacer
7. abandonar	14. poner

WRITING PRACTICE

Write a short paragraph, using some or all of the following words and expressions.

zapatero	vigilar de cerca
recién nacido	no tener más remedio
casa de huérfanos	cinturón
miseria	monedas de oro
abandonar	

Your paragraph will be evaluated for grammatical accuracy and vocabulary usage. It should be at least fifty-five words in length.

COMMUNICATIVE ACTIVITY

Prepare one of the questions listed below to be discussed in class with two of your classmates. Once the topic has been thoroughly analyzed, your group should present a composite version of the discussion to the other members of the class.

1. ¿Qué nos enseña la historia del zapatero?
2. ¿Por qué cree Ud. que los padres abandonaron al recién nacido?
3. ¿Tiene Ud. una familia numerosa? ¿Cuántos son? ¿Cuáles son las ventajas y desventajas de una familia grande?

— en clase

REVIEW EXERCISE

Review the vocabulary and the grammar points covered in *Part 1*. Then rewrite each sentence using the correct form of the word in parentheses.

El diablo Barac no (querer) *quiere* vivir más en el infierno porque (his) *su* enemigo Jeraní siempre se (reír) *ríe* de él. Luzbel le ha (decir) *dicho* a Barac que (tener) *tiene* que ir (use prep.) *a* la Tierra y traer el alma (use prep.) *de* una mujer joven y hermosa. Barac (saber / conocer) *sabe* que (his) *su* trabajo es muy difícil. (Use prep.) *Para* traer a una mujer bella (use *contraction*) *al* infierno, necesita (ser / estar) *ser* muy inteligente. Barac (dormir) *duerme* poco esa noche. Se (arrepentir) *arrepiente* de haber (venir) *venido* a la Tierra. Pero, poco después (ver) *ve* a una mujer joven y muy hermosa que le (gustar) *gusta* mucho. El quiere (saber / conocer) *conocer* a la joven. Primero (use *ind. obj.*) *le* manda flores y después (use *ind. obj.*) *le* manda una carta. Pronto los dos se (saber / conocer) *conocen* Barac cree que (poder) *puede* llevarse a la joven (use *contraction*) *al* infierno, pero descubre que la joven (ser / estar) *es* Jeraní. (Use prep.) *Por* esta razón, (our) *nuestro* amigo Barac (ser / estar) *está* muy triste.

PART
II

Part 2 presents the jungle story *Anaconda* by the Uruguayan writer Horacio Quiroga (1878–1937), one of Latin America's great short-story tellers. Quiroga is reminiscent of Kipling, with whom he is often compared.

One could almost suspect that Quiroga had the language student in mind when he wrote *Anaconda*. Very few uncommon words appear in this story. Aside from the names of a dozen species of snakes, most of the words are basic, useful vocabulary, necessary for further reading. As though to emphasize the key words, Quiroga repeats them frequently. Indeed, few words appear only once.

The story appears here almost as originally written. Because of its length, a few deletions were made, chiefly sentences or fragments involving complex descriptions. What is left is Quiroga's direct prose style, with a half dozen substitutions for uncommon or regional colloquial expressions. New words and expressions appear as footnotes at the bottom of the page where they first occur.

If you like this story and want to know what happens to Anaconda next, the story *El regreso de Anaconda*, referred to in the final paragraph of the text, tells of her adventures many years later.

STUDY AIDS

The following suggestions will help you in your reading of *Anaconda* and in preparing for class activities:

1. Glance over the vocabulary exercises before reading the story.

2. Be sure to review **ser** and **estar;** the use of the infinitive; the imperfect tense; the preterit tense; the use of object pronouns with infinitives; and adverbs. There are exercises reinforcing these grammar points at the end of each set of chapters.

3. Try to guess the general meaning of each sentence before you verify your understanding by means of the footnotes and vocabulary. Reread the story aloud with the aid of the footnotes when necessary.

4. Try to recall the main ideas in each story and list them in order of importance. Then try to recall the expressions you learned in this unit to be sure you know how they are used. Rewrite your ideas in a cohesive paragraph. At the end of this part is a list of key words and phrases to facilitate your composition.

5. Get prepared in advance for the *Communicative Activity*. Write down your thoughts on the topics chosen for discussion and practice saying them aloud several times in order to improve your oral proficiency.

Anaconda

HORACIO QUIROGA

I

Eran las diez de la noche y hacía calor. El tiempo pesaba sobre la selva sin un soplo de viento.[1] El cielo[2] estaba negro y parecía que iba a llover.

Por un camino de la selva pasaba Lanceolada con la lentitud
5 típica de las víboras. Era una hermosísima yarará[3] de un metro cincuenta centímentros de largo.[4] Todavía no había comido. Al llegar a un lugar del camino se detuvo y esperó sin moverse. Por allí debían pasar algunos animales del bosque.

Esperó cinco horas. ¡Mala noche! Comenzaba a romper el
10 día y Lanceolada iba a retirarse cuando cambió de[5] idea. A la luz del nuevo día se veía contra el cielo una inmensa sombra,[6] una casa vieja.

—Voy a pasar cerca de la Casa—se dijo la yarará.

—Hace días que siento ruido y es necesario estar alerta.

15 Y marchó prudentemente hacia la sombra.

La casa a que hacía referencia Lanceolada era un viejo edificio[7] blanco. Desde tiempo inmemorial había estado abandonado. Ahora se sentían ruidos y golpes . . . acaso la presencia del Hombre. ¡Cosa mala!

20 La víbora oyó un ruido de puerta que se abría. Levantó la cabeza y vio una sombra alta y robusta que avanzaba[8] hacia ella. Oyó también el ruido de los pasos que anunciaba al enemigo.

—¡El Hombre! —murmuró Lanceolada y rápidamente se enrolló.[9]

25 La sombra pasó sobre ella. Un enorme pie cayó a su lado, y la yarará, con gran violencia, lanzó la cabeza contra aquello.

El hombre se detuvo; había creído sentir un golpe en las botas. Miró a la tierra pero no vio nada y siguió adelante.[10]

---

[1] **soplo de viento** breath of wind   [2] **cielo** sky   [3] **yarará** viper, poisonous snake   [4] **metro cincuenta centímetros de largo** a meter and fifty centimeters long (*about five feet*)   [5] **cambiar de** to change   [6] **sombra** shadow   [7] **edificio** building   [8] **avanzar** to advance; to go forward   [9] **enrollarse** to coil   [10] **adelante** forward

La yarará se retiró segura de que aquel acto era el prólogo
de un gran drama.

II

Al día siguiente Lanceolada pensó primero en el peligro[11] que
la llegada del Hombre traía sobre todas las especies de víboras.
Hombre y Devastación son sinónimos en el Pueblo de los animales. Las víboras en particular temían dos cosas: el machete[12]
y el fuego.   5
    Era urgente, pues, prevenir[13] aquello. Lanceolada esperó la
noche para ponerse en acción. Sin gran dificultad encontró a dos
amigas que dieron la voz de alarma. A las dos de la mañana el
Congreso de serpientes estaba en sesión, con casi todas las especies presentes.   10
    En el bosque había una caverna que servía de casa a Terrífica,
una vieja serpiente de cascabel.[14] No pasaba de un metro cincuenta de largo, pero en cambio era muy gruesa.[15]
    Allí con Terrífica como presidente, empezó el Congreso de
las Víboras. Estaban allí, fuera de Lanceolada y Terrífica, las otras   15
yararás del país: la pequeña Coatiarita; la hermosa Cruzada que
en el sur llaman víbora de la cruz;[16] también Atroz y Urutú Dorado, una yararacusú[17] negra con bandas de oro.
    Según las leyes de las víboras, ninguna especie poco abun-
dante en el país puede presidir los Congresos. Por esto Urutú   20
Dorado, raro y magnífico animal de muerte,[18] no buscaba este
honor, concediéndolo de buen grado[19] a la víbora de cascabel,
más débil[20] pero más abundante.
    —¡Compañeras! —dijo. —Lanceolada nos ha hablado de la
presencia de Hombre. Estoy segura de que todas nosotras desea-   25
mos salvar[21] nuestro país de la invasión. Hay sólo un modo: la
guerra al Hombre, desde esta misma noche. Todas somos iguales;
no soy ahora una serpiente de cascabel; soy una yarará como

---

[11] **peligro** danger   [12] **machete** machete; cane knife   [13] **prevenir** to prevent
[14] **serpiente de cascabel** rattlesnake   [15] **grueso(-a)** thick; fat   [16] **cruz** cross
[17] **yararacusú** poisonous snake   [18] **de muerte** of death; deadly   [19] **de buen
grado** willingly   [20] **débil** weak   [21] **salvar** to save

ustedes. ¡Nosotros somos la Muerte, compañeras! Y entre tanto,[22] ¿quién tiene un plan de acción?

Todos saben, por los menos[23] en el Imperio de las Víboras, que la Terrífica es tan larga de cuerpo como corta[24] de inteligen-
5 cia. Ella lo sabe también, y aunque no puede hacer plan alguno, tampoco habla mucho.

Entonces Cruzada dijo:

—Es verdad. Necesitamos un plan. Lo que lamento es la falta[25] en este Congreso de nuestras primas, las culebras sin
10 veneno.[26]

—¿Por qué? —exclamó Atroz. —Las culebras no valen mucho.

—Tienen ojos de pescado —añadió la pequeña Coatiarita.

—¡Me dan disgusto! —protestó vivamente[27] Lanceolada.

—¿No es otra cosa lo que te dan? —murmuró Cruzada,
15 mirándola.

—¿A mí? —silbó[28] Lanceolada, levantando la cabeza. —Te digo que quedas mal[29] aquí defendiendo a esa especie miserable.

—Si te oyen las cazadoras[30] —murmuró irónicamente Cruzada, su rival del sur. Pero al oír este nombre cazadoras, el
20 Congreso entero comenzó a silbar.

—¡No hay para qué decir eso! —gritaron las serpientes. —¡Ellas son culebras y nada más!

—Ellas se llaman a sí mismas las cazadoras— respondió Cruzada. —Y estamos en congreso y en el Congreso debemos
25 tener paz.

—¡Vamos, vamos! —intervino[31] Terrífica. —Cruzada va a explicar para qué quiere la ayuda[32] de las culebras que no representan la Muerte como nosotras.

—¡Para esto! —contestó Cruzada. —Es necesario saber lo que
30 hace el Hombre en la Casa. Alguien tiene que ir hasta la Casa misma. No es fácil, porque si nosotras representamos la Muerte, el Hombre también es la Muerte, y mucho más rápida que la nuestra. Es verdad que nosotras podemos ir y ver. ¿Pero volver?

---

[22] **entre tanto** meanwhile; in the meantime   [23] **por lo menos** at least
[24] **corto(-a)** short   [25] **falta** absence; lack   [26] **culebra sin veneno** nonpoisonous snake   [27] **vivamente** vigorously; energetically   [28] **silbar** to hiss   [29] **quedar mal** to make a bad impression   [30] **cazador(-a)** hunter   [31] **intervenir** to interrupt   [32] **ayuda** help

Nadie mejor para esto que la cazadora Ñacaniná. Hace exploraciones todos los días. Puede llegar al techo[33] de la Casa del Hombre, ver, oír y volver a informarnos en seguida.

La proposición era tan clara que esta vez el Congreso entero la aprobó.[34]

—¿Quién va a buscarla? —preguntaron algunas voces.

—Voy yo —dijo Cruzada. —Vuelvo en seguida.

—¡Eso es! —gritó irónicamente Lanceolada desde atrás.[35] —Tú que eres su protectora, puedes hallarla[36] en seguida.

Cruzada tuvo tiempo todavía de volver la cabeza hacia ella y le sacó la lengua.[37]

III

Cruzada halló a Ñacaniná en árbol.

—¡Eh, Ñacaniná! —silbó.

La ñacaniná oyó su nombre, pero no respondió la primera vez.

—¡Ñacaniná! —repitió Cruzada.

—¿Quién me llama? —respondió la culebra al fin.

—Soy yo, Cruzada.

—¡Ah, la prima! ¿Qué quieres, prima mía?

—¿Sabes lo que pasa en la Casa?

—Sí, que ha llegado el Hombre. ¿Qué más?

—¿Y sabes que estamos en congreso?

—¡Ah, no; esto no lo sabía! —respondió la Ñacaniná, deslizándose[38] cabeza abajo[39] contra el árbol. —Debe de ser algo grave. ¿Qué pasa?

—Por el momento, nada; pero nos hemos reunido[40] en congreso para ver lo que debemos hacer. En dos palabras: se sabe que hay varios Hombres en la Casa y que se van a quedar. Es la Muerte para nosotras.

---

[33] **techo** roof [34] **aprobar** to approve [35] **desde atrás** from behind [36] **hallar** to find [37] **sacó la lengua** stuck out his tongue [38] **deslizarse** to glide; to slide [39] **cabeza abajo** head first [40] **reunirse** to meet; to assemble

—Yo creía que ustedes eran la Muerte para sí mismas. ¡No se cansan[41] de repetirlo! —murmuró irónicamente la culebra.

—¡Necesitamos de tu ayuda, Ñacaniná!

—¿Para qué? Eso no me importa a mí.

5 —¡Quien sabe! Para desgracia[42] tuya, te pareces bastante[43] a nosotras las venenosas. Defendiendo nuestros intereses defiendes los tuyos.

—Comprendo —respondió la ñacaniná, después de un momento.

10 —Bueno. ¿Contamos[44] contigo?

—¿Qué debo hacer?

—Muy poco. Ir en seguida a la Casa y ver y oír lo que pasa.

—No es mucho, no —respondió Ñacaniná, frotando[45] la cabeza contra el árbol. —Pero es el caso —añadió—que allí en el 15 árbol tengo mi comida.

—En la Casa del Hombre puedes hallar algo que comer —la consoló Cruzada.

Su prima la miró un momento.

—Bueno, bueno. —dijo la yarará. —Podemos pasar primero 20 por el Congreso.

—¡Ah, no! —protestó la ñacaniná. —¡Eso no! Les hago a ustedes un favor, pero nada más. Podemos ir al Congreso más tarde . . . si vuelvo. ¡Pero ver ahora los cascabeles de Terrífica, los ojos de Lanceolada, y la cara estúpida de Coralina, eso no!

25 —No está Coralina.

—¡No importa! Con las otras tengo bastante.

—¡Bueno, bueno! —respondió Cruzada que no quería hablar más. —Pero si vas tan rápidamente no puedo seguirte.

—¡Pues, adiós! Ya estás cerca de las otras —contestó la cu-30 lebra y se lanzó a toda velocidad, dejando atrás a su prima venenosa.

IV

Un cuarto[46] de hora después, la cazadora llegaba a su destino. Por las puertas abiertas salía mucha luz, y desde lejos la ñacaniná pudo ver a cuatro hombres sentados alrededor de la mesa.

---

[41] **cansarse (de)** to get tired (*of*)   [42] **desgracia** misfortune   [43] **bastante** enough; a lot   [44] **contar con** to rely on   [45] **frotar** to rub   [46] **cuarto** quarter

Para llegar sin peligro sólo faltaba evitar al perro. Ñacaniná
le tenía mucho miedo. Por eso, se deslizó adelante con gran
cautela,[47] sobre todo cuando llegó frente al corredor.

Ya en él, observó con atención. ¡Allí estaba! La culebra podía
ver por entre las piernas de los hombres a un perro negro que   5
dormía. Desde el lugar en que se encontraba, podía oír, pero no
podía ver a los Hombres. Por eso la culebra trepó[48] por una
escalera[49] y se instaló en una viga[50] cerca del techo. Pero a pesar
de sus precauciones, un viejo clavo[51] cayó al suelo y un hombre
levantó los ojos.   10

—¡Se acabó![52] —se dijo Ñacaniná, sin moverse. Otro hombre
miró también hacia arriba.[53]

—¿Qué hay? —preguntó.

—Nada —respondió el primero. —Me pareció ver algo negro
por allá.   15

—Una rata.

—Este hombre no sabe —murmuró para sí la culebra.

—O alguna ñacaniná.

—Tiene razón el otro hombre —murmuró de nuevo[54] la serpiente, preparándose para la lucha. Pero los hombres bajaron[55]   20
de nuevo los ojos y Ñacaniná vio y oyó durante media hora.

V

La Casa, causa del peligro para toda la selva, era un importante
instituto científico. Debido al gran número de víboras en aquel
país, el presidente de la nación había decidido la creación de un
instituto para la preparación de sueros[56] contra el veneno de las   25
víboras. La abundancia de éstas es un punto importante, pues
todos saben que la falta de víboras de que sacar el veneno es la
principal dificultad para una vasta preparación del suero.

El nuevo instituto podía comenzar casi en seguida, porque
contaba con dos animales (un caballo y una mula) ya casi com-   30

---

[47] **cautela** caution   [48] **trepar** to climb   [49] **escalera** ladder   [50] **viga** beam
[51] **clavo** nail   [52] **¡se acabó!** this is the end   [53] **hacia arriba** up   [54] **de
nuevo** again   [55] **bajar** to lower   [56] **suero** serum

pletamente inmunizados.[57] Se había logrado[58] organizar el laboratorio y el serpentario.[59] El instituto había llevado consigo no pocas serpientes, las mismas que servían para la inmunización de los animales mencionados. Pero un caballo en su último grado
5 de inmunización necesita seis gramos de veneno en cada inyección (cantidad suficiente para matar a doscientos cincuenta caballos). Así que debe ser muy grande el número de víboras que necesita un instituto de esta clase.

—Y los animales ¿cómo están hoy? —preguntó un hombre
10 de lentes negros que parecía ser el director.

—Muy enfermos —respondió otro. —Si no podemos encontrar bastante veneno en estos días . . .

La ñacaniná, inmóvil, alerta, comenzaba a calmarse.

—Me parece —se dijo— que no hay que temer a estos
15 hombres.

—Hemos tenido hoy un día malo —añadió alguno. —Cinco tubos de ensayo[60] se han roto . . .

La ñacaniná se sentía cada vez más[61] inclinada a la compasión.

20 —¡Pobre gente! —murmuró. —Se les han roto cinco tubos.

Iba a dejar su lugar para explorar aquella casa inocente cuando oyó:

—En cambio, las víboras están magníficas. El país parece estar lleno de ellas.

25 —¿Eh?— La culebra dio una sacudida[62] jugando rápidamente con la lengua. —¿Qué dice este hombre de traje blanco?

El hombre proseguía.[63]

—Para ellas, sí, el lugar me parece ideal. Y las necesitamos urgentemente.

30 —Pronto vamos a cazar[64] a todas las víboras de este país, —dijo el director. —No hay duda de que es el país de las víboras.

—¡Hum . . . hum . . . hum! —murmuró Ñacaniná. —Las cosas comienzan a ser un poco distintas.[65] Hay que quedarse un poco más con esta buena gente. Se aprenden cosas curiosas.

---

[57] **inmunizado(-a)** immunized, protected   [58] **lograr** to succeed in
[59] **serpentario** snake house   [60] **tubo de ensayo** test tube   [61] **cada vez más**
more and more   [62] **sacudida** start; quiver   [63] **proseguir** to continue
[64] **cazar** to hunt   [65] **distinto(-a)** different

Oyó tantas cosas curiosas que cuando al cabo de[66] media hora la serpiente quiso retirarse, el exceso de sabiduría[67] le hizo hacer un falso movimiento[68] y la tercera[69] parte de su cuerpo cayó contra la pared, haciendo un ruido. Como había caído de cabeza,[70] en un momento la volvió hacia la mesa moviendo la 5 lengua rápidamente.

La ñacaniná es la más valiente de nuestras serpientes. Su propio valor la hace creer que es muy terrible. Se sorprendió, pues, al ver que los Hombres empezaban a reír.

—Es sólo una ñacaniná. ¡Mejor! Así puede matar las ratas 10 de la casa.

—¿Ratas? —exclamó otro. —Una de estas noches la voy a encontrar buscando ratas dentro de mi cama . . .

Y el hombre se levantó y lanzó un palo[71] contra la ñacaniná.

El palo pasó silbando cerca de la cabeza de la serpiente y 15 dio con[72] terrible fuerza[73] en la pared. La ñacaniná se retiró rápidamente.

Rastreada[74] por el perro (lo que le dio nueva idea de aquel animal), la culebra llegó a la caverna. Pasó por encima de[75] Lanceolada y Atroz y se enrolló, casi muerta de fatiga. 20

VI

—¡Por fin! —exclamaron todas. —Creíamos que te ibas a quedar 25 con tus amigos los Hombres . . . *(sarcasmo)*

—¡Hum! —murmuró Ñacaniná.

—¿Qué noticias[76] nos traes? —preguntó Terrífica.

—¿Qué van a hacer los Hombres?

—Es mejor pasar al otro lado del río —respondió Ñacaniná. 30

—¿Qué? . . . ¿Cómo? —exclamaron todas. —¿Estás loca? ¿Qué quieres decir?

Ñacaniná contó todo lo que había visto y oído: la organi-

---

[66] **al cabo de** at the end of   [67] **sabiduría** wisdom   [68] **falso movimiento** accidental movement   [69] **tercero(-a)** third   [70] **de cabeza** headfirst   [71] **palo** stick   [72] **dar con** to hit   [73] **fuerza** force   [74] **rastreado(-a); rastrear** to track; to follow   [75] **por encima de** over   [76] **noticias** news

zación del Instituto, sus fines[77] y el plan de los hombres de cazar las víboras del país.

—¡Cazarnos! —gritaron Urutú Dorado, Cruzada y Lanceolada. —¡Matarnos, quieres decir!

5 —No. Cazarlas, nada más. Ponerlas en una jaula,[78] darles bien de comer y sacarles el veneno cada veinte días. ¿Quieren vida más dulce?

El Congreso quedó inmóvil. Ñacaniná había explicado muy bien el fin de esta preparación del suero, pero lo que no había
10 explicado era los medios para obtener el veneno.

—¡Un suero contra el veneno! Es decir, la inmunización de hombres y animales contra las culebras. ¡La Familia de serpientes iba a morir de hambre en la selva natal![79]

—¡Eso es! —respondió Ñacaniná.— Nada menos.

15 Para la Ñacaniná, el peligro previsto[80] era mucho menor. ¿Qué les importaba a ella y sus hermanas las cazadoras, a ellas que cazaban a fuerza de músculos,[81] la inmunización de los animales? Había sólo una dificultad: que una culebra se parece mucho a una víbora. Esto podía causar confusiones fatales. Por eso
20 tenía interés en destruir[82] el Instituto.

—Yo me ofrezco[83] a empezar el ataque[84]—dijo Cruzada.

—¿Tienes un plan? —murmuró Terrífica, siempre sin ideas.

—Ninguno. Pienso ir mañana de tarde a matar a alguien.

—¡Cuidado![85] —le dijo Ñacaniná con voz irónica.— Hay va-
25 rias jaulas vacías. —Luego, volviéndose a Cruzada de nuevo, murmuró:— ¡Ah, otra cosa! Hay un perro negro . . . Creo que puede rastrear[86] a una víbora. ¡Cuidado!

—Podemos llamar otro congreso para mañana por la noche —empezó Cruzada. —Si yo no puedo estar . . .

30 Pero todas las víboras hablaron a la vez.

—¿Un perro que puede rastrearnos? ¿Estás segura, Ñacaniná?

—Casi. ¡Cuidado con ese perro, porque puede ser de más peligro que todos los hombres de la Casa!

---

[77] **fin** purpose   [78] **jaula** cage   [79] **natal** home   [80] **previsto(-a)** foreseen   [81] **a fuerza de músculos** by sheer strength (*of muscle*)   [82] **destruir** to destroy   [83] **ofrecer** to offer   [84] **ataque** attack   [85] **¡cuidado!** be careful!   [86] **rastrear** to track; to trail

—Yo misma puedo matarlo —exclamó Terrífica, contenta de poder echar veneno sin hacer esfuerzo[87] mental. 🙂

A las tres de la mañana el Congreso se terminó. Cada víbora salió para dar la voz de alarma en su terreno,[88] y a Ñacaniná, que trepaba bien, se le encargó[89] especialmente llevar la noticia   5 a los árboles, lugar preferido de las culebras. Sólo en la caverna, la serpiente de cascabel quedaba enrollada e inmóvil, con su imaginación llena de mil perros muertos por su veneno.

VII

Era la una de la tarde. Detrás de unos árboles, se arrastraba[90] Cruzada hacia la Casa. No llevaba otra idea que matar a sus   10 enemigos los hombres. Llegó al corredor y se enrolló allí esperando. Pasó así media hora. El calor de los últimos tres días comenzaba a pesar sobre los ojos de la yarará cuando un ruido llegó desde la puerta abierta de la Casa. Ante la víbora, a pocos centímetros de su cabeza, corría el perro negro con los ojos casi   15 cerrados a causa de la luz.

—¡Maldito[91] animal! —se dijo Cruzada. —¿Dónde está su amo?

En ese momento el perro se detuvo y volvió la cabeza . . . ¡Tarde ya! Cruzada se lanzó. El perro dio un aullido[92] de sorpresa   20 y movió el hocico mordido.[93]

—Ya voy a matar a este animal —murmuró Cruzada enrollándose de nuevo.

Pero cuando el perro iba a lanzarse sobre la víbora, sintió la llegada de su amo y comenzó a ladrar.[94] El hombre de los lentes   25 negros corrió rápidamente hacia Cruzada.

—¿Qué es? —preguntaron los otros desde la casa.

—Una víbora —respondió el director, e inmediatamente la serpiente se sintió cogida[95] en un lazo[96] al extremo de un palo.

---

[87] **esfuerzo** effort   [88] **terreno** territory; district   [89] **se le encargó** was entrusted   [90] **arrastrarse** to drag oneself   [91] **maldito(-a)** cursed   [92] **aullido** howl   [93] **hocico mordido** bitten nose   [94] **ladrar** to bark   [95] **cogido(-a)** caught   [96] **lazo** loop, noose, snake-catcher

La yarará lanzó su cuerpo a todos lados; trató en vano de enrollar el cuerpo en el palo. ¡Imposible! Le faltaba el punto de apoyo[97] en la cola, el famoso punto de apoyo sin el cual la boa más fuerte es débil. El hombre la llevó en el lazo al serpentario.

5 Éste era un lugar con una barrera de cinc liso,[98] que contenía algunas jaulas para las víboras. Cruzada cayó en tierra y se quedó un momento enrollada.

Un momento después la yarará veía a cinco o seis compañeras. Cruzada las conocía a todas, con la excepción de una gran
10 víbora que se bañaba en una jaula cerrada con tejido de alambre.[99] ¿Quién era? Curiosa, se acercó lentamente.[1]

Se acercó tanto que la otra se levantó. Inmediatamente Cruzada cayó en guardia,[2] enrollada. La gran víbora acababa de hinchar[3] el cuerpo como Cruzada nunca había visto hacerlo a
15 nadie. Quedaba realmente extraordinaria así.

—¿Quién eres? —murmuró Cruzada. —¿Eres de las nuestras, es decir, venenosa?

La otra, convencida de que la yarará no tenía intención de ataque, bajó la cabeza.

20 —Sí —respondió. —Pero no de aquí . . . muy lejos, . . . de la India.

—¿Cómo te llamas?

—Hamadrías . . . o cobra capelo real.[4]

—Yo soy Cruzada.

25 —Sí; no es necesario decirlo. He visto muchas hermanas tuyas ya . . . ¿Cuándo te cazaron?

—Hace un rato.[5] Maté al perro.

—¿Qué perro? ¿El de aquí?

—Sí.

30 La cobra real empezó a reír, a tiempo que[6] Cruzada tenía una nueva sacudida; el perro negro que ella creía haber matado estaba ladrando.

—Cosa rara ¿eh? —exclamó Hamadrías. —A muchas les ha pasado lo mismo.

---

[97] **punto de apoyo** support; fulcrum   [98] **barrera de cinc liso** barrier of smooth zinc   [99] **tejido de alambre** wire netting   [1] **lentamente** slowly   [2] **en guardia** on guard   [3] **hinchar** to swell   [4] **capelo real** Royal Hooded (*a type of cobra*)
[5] **hace un rato** a little while ago   [6] **a tiempo que** while

—Pero es que le mordí la cabeza y el hocico —contestó
Cruzada con mucha sorpresa. —¡No me queda una gota[7] de veneno! ¿No puede morir el perro?

—Sí, pero no a causa de nosotras . . . Está inmunizado. Pero
tú no sabes lo que es esto . . .   5

—¡Sé! —respondió vivamente Cruzada. —Ñacaniná nos
contó . . .

La cobra real la miró atentamente.[8]

—Tú me pareces inteligente.

—¡Tanto como tú, por lo menos! —exclamó Cruzada.   10

El cuello de la cobra se hinchó de nuevo y la yarará cayó en
guardia. Las dos víboras se miraron largo rato y al fin la cobra
bajó la cabeza lentamente.

—Inteligente y valiente —murmuró Hamadrías. —A ti te
puedo hablar . . . ¿Conoces el nombre de mi especie?   15

—Hamadrías, supongo.[9]

—O cobra capelo real. ¿Y sabes lo que comemos?

—No.

—Víboras americanas . . . entre otras cosas —terminó.

Cruzada se fijó[10] rápidamente en el largo de la víbora extran- 20
jera.

—¿Dos metros treinta? —preguntó.

—Cincuenta . . . dos metros cincuenta centímetros, pequeña
Cruzada —respondió la otra que había seguido sus ojos.

—Pues, más o menos el largo de Anaconda, una prima mía. 25
¿Sabes lo que come mi amiga Anaconda?

—Supongo . . .

—Sí, víboras de la India —y miró a su vez a Hamadrías.

—Bien contestado —respondió ésta. Y después de bañarse
la cabeza en el agua, añadió: 30

—¿Prima tuya, dijiste?

—Sí.

—¿Sin veneno, pues?

—Así es, y por esto justamente[11] tiene gran debilidad[12] por
las extranjeras venenosas.   35

---

[7] **gota** drop   [8] **atentamente** attentively   [9] **suponer** to suppose   [10] **fijarse (en)**
to notice; to observe   [11] **justamente** precisely; exactly   [12] **debilidad** weakness
(*a threat—meaning that he really likes foreign snakes.*)

Pero la cobra no la escuchaba[13] ya.

—Oye —dijo al fin, después de pensar unos momentos, —estoy harta[14] de hombres, perros, caballos, mulas y otros animales tontos. Tú me puedes entender. Paso[15] año y medio
5 encerrada[16] en una jaula. Y yo, que tengo valor, y fuerza tengo que dar mi veneno para la preparación de los sueros para la protección de los Hombres. ¿Me entiendes?

—Sí —respondió la otra. —¿Qué debo hacer?

—Una sola cosa. Tú sabes que es necesario un punto de
10 apoyo para poder usar nuestra fuerza. Pero . . .

—¿Pero qué? —preguntó Cruzada y se acercó un poco.

La cobra real miró otra vez fijamente[17] a Cruzada.

—Hay peligro. Puedes morir.

—¿Sola?

15 —¡Oh, no! Ellos, algunos de los Hombres también van a morir.

—Es lo único que deseo. ¿Qué plan tienes?

La conversación continuó un rato en voz tan baja[18] que Cruzada se acercaba más y más a la jaula de la cobra hasta que el
20 cuerpo de la yarará frotaba contra el tejido de alambre. De pronto[19] la cobra se lanzó y mordió tres veces a Cruzada. Las víboras que habían visto de lejos el incidente gritaron:

—¡Ya está! ¡Ya la mató! ¡Es una <u>traicionera</u>![20]

Cruzada, mordida tres veces en el cuerpo, se arrastró por la
25 tierra. Muy pronto quedó inmóvil y fue ella a quien encontró el empleado del Instituto tres horas después. El hombre vio la yarará y con el pie le dio la vuelta.[21]

—Parece muerta . . . está bien muerta —murmuró. —Pero ¿de qué?

30 No fue largo su examen: en el cuerpo y en la cabeza notó huellas[22] de <u>colmillos</u>[23] venenosos.

—¡Hum! —se dijo el empleado. —Ésta no puede ser más que la hamadrías. Veinte veces le he dicho al director que el tejido de alambre está muy abierto. Ahí está la prueba.[24] En fin . . .

---

[13] **escuchar** to listen   [14] **harto(-a) (de)** fed up (*with*)   [15] **pasar** to spend;
paso I (have) spent   [16] **encerrado(-a)** shut up   [17] **fijamente** fixedly,
closely   [18] **bajo(-a)** low   [19] **de pronto** suddenly   [20] **traicionero(-a)** traitor
[21] **dar vuelta** to turn over   [22] **huella** trace   [23] **colmillo** fang   [24] **prueba** proof

—terminó, cogiendo a Cruzada por la cola y lanzándola por encima de la barrera de cinc— ¡una serpiente menos que cuidar!

Fue a ver al director:

—La Hamadrías ha mordido a la yarará que cogimos hace un rato. Vamos a sacarle muy poco veneno. 5

—¡Qué lástima!²⁵— respondió el hombre de los lentes negros. —Y necesitamos para hoy el veneno. No nos queda más que un solo tubo de suero. ¿Murió la víbora?

—Sí y la tiré²⁶ ¿Traigo²⁷ la Hamadrías otra vez?

—No hay más remedio; pero dentro de dos o tres horas. 10

VIII

Al fin Cruzada abrió los ojos. Sentía la boca llena de tierra y sangre. ¿Dónde estaba? El velo²⁸ oscuro de sus ojos empezaba a desaparecer y ya podía ver mejor. Reconoció la barrera de cinc, y al fin recordó todo: el perro negro, el lazo, la inmensa serpiente de la India, el plan de batalla de ésta en que ella misma, Cruzada, 15 iba jugando su vida. También recordaba lo que debía hacer.

Trató de arrastrarse, pero en vano: su cuerpo ondulaba²⁹ en el mismo lugar sin avanzar. Pasó un rato aún, pero todavía estaba débil. ¿Qué podía hacer? ¿Cómo podía llegar al laboratorio?

—¡Y yo no estoy sino a treinta metros! —murmuraba. —¡Dos 20 minutos, un solo minuto de vida, y llego a tiempo!

Y después de nuevo esfuerzo podía deslizarse, arrastrarse hacia el laboratorio.

Cruzó³⁰ el patio y llegó a la puerta. En este momento el empleado, con las dos manos, levantaba en el aire a Hamadrías, 25 mientras el hombre de los lentes negros le introducía³¹ el vidrio de reloj³² en la boca. Cruzada estaba aún en la puerta.

—No llego a tiempo —se dijo, y arrastrándose en un supremo esfuerzo, tendió³³ adelante los blancos colmillos.

---

²⁵ **¡Qué lástima!** what a pity!   ²⁶ **tirar** to throw away   ²⁷ **traer** to bring
²⁸ **velo** veil (*the feeling caused by poison*)   ²⁹ **ondular** to wriggle
³⁰ **cruzar** to cross   ³¹ **introducir** to put in; to introduce   ³² **vidrio de
reloj** vial; small glass bottle for catching poison   ³³ **tender** to extend

El empleado, al sentir la pierna mordida por la yarará, lanzó un grito[34] y se movió. El cuerpo de la cobra real tocó la mesa. La cobra se enrolló rápidamente. Y con ese punto de apoyo, sacó su cabeza de entre las manos del empleado y fue a clavar[35] los
5 colmillos en el brazo[36] izquierdo[37] del director, justamente en una vena.

¡Ya estaba! Con los primeros gritos, las dos serpientes, la cobra de la India y la yarará, huían[38] libres.[39]

—¡Un punto de apoyo! —murmuró la cobra corriendo rá-
10 pidamente. —Nada más que eso me faltaba. ¡Gracias a ti lo hallé por fin!

—Sí —contestó la yarará que corría a su lado, muy dolorida[40] aún. —Pero no quiero repetirlo.

Allá en el Instituto, del brazo del hombre de los lentes negros
15 pendían[41] dos negros hilos de sangre. La inyección de una hamadrías en una vena es muy seria. Ningún hombre puede resistirla largo rato con los ojos abiertos, y los del director del Instituto se cerraban para siempre a los cuatro minutos.

IX

El Congreso estaba en sesión. Además de Terrífica y Ñacaniná y
20 las víboras Urutú Dorado, Coatiarita, Atroz y Lanceolada, había llegado Coralina. Era muy hermosa con sus anillos[42] rojos y negros.

Faltaban varias especies de las venenosas y las cazadoras. Era lamentable la ausencia[43] de la yarará a quien no había sido
25 posible hallar por ninguna parte. Esta víbora puede alcanzar tres metros. Es reina[44] en América. Sólo una es superior en largo y potencia[45] de veneno: la Hamadrías de la India.

Otra faltaba, además de Cruzada; era Anaconda, pero las víboras todas parecían no querer darse cuenta[46] de su ausencia.

---

[34] **grito** shout   [35] **clavar** to stick; to jab   [36] **brazo** arm   [37] **izquierdo(-a)** left
[38] **huir** to flee   [39] **libre** free   [40] **dolorido(-a)** sore   [41] **pender** to hang
[42] **anillo** ring; band   [43] **ausencia** absence   [44] **reina** queen   [45] **potencia** power   [46] **darse cuenta de** to realize

Pero poco después vieron una cabeza de grandes ojos vivos. Había llegado.

— ¿Se puede?[47] ✳

— ¿Qué quieres aquí? —gritó Lanceolada con gran irritación.

— ¡Éste no es tu lugar! —exclamó Urutú Dorado, levantando la cabeza.

— ¿Qué quieres aquí? —gritaron otras.

Pero Terrífica, con silbido claro, logró hacerse oír.

— ¡Compañeras! Estamos en congreso y todas conocemos sus leyes. Aquí no queremos actos de violencia. ¡Adelante, Anaconda!

Y la cabeza viva y hermosa de Anaconda avanzó, arrastrando sus dos metros cincuenta de cuerpo oscuro. Pasó ante todas, cruzando una mirada de inteligencia con la ñacaniná, y fue a enrollarse con silbidos de satisfacción al lado de Terrífica, quien no pudo menos que[48] moverse un poco.

— ¿Te incomodo?[49] —le preguntó cortésmente[50] Anaconda.

— ¡No, de ningún modo! —respondió Terrífica.

Anaconda y Ñacaniná volvieron a cruzar una mirada irónica. Comprendían la hostilidad bien evidente del Congreso hacia la recién llegada. La anaconda es la reina de todas las serpientes del mundo. Su fuerza es extraordinaria, y no hay animal capaz[51] de resistir un abrazo[52] suyo. Cuando empieza a dejar caer del árbol sus diez metros de cuerpo liso con grandes manchas[53] negras, la selva entera tiene miedo. Pero la anaconda es demasiado fuerte para odiar[54] a nadie, con una sola excepción. Si a alguien odia es, naturalmente, a las serpientes venenosas, y esto explica la conmoción de las víboras ante la cortés Anaconda.

Anaconda no era, sin embargo, hija de la región. Había llegado hasta allí en las aguas del Río Paraná[55] y continuaba en la región, muy contenta del país, en buena relación con todos y en particular con Ñacaniná. Era una joven anaconda que no había alcanzado los diez metros de sus padres. Pero los dos metros

---

[47] **¿se puede?** may I come in? [48] **no pudo menos que** could not help but [49] **incomodar** to annoy [50] **cortésmente** courteously [51] **capaz** capable [52] **abrazo** embrace [53] **mancha** spot [54] **odiar** to hate [55] **Río Paraná** Parana River (*a South American river that runs from Brazil to Argentina*)

cincuenta que medía[56] Anaconda ya valían por cinco[57] si se considera la fuerza de esta magnífica boa.

Pero Atroz comenzaba a hablar ante el Congreso.

—Creo que debemos empezar ya —dijo. —Ante todo es ne-
5 cesario saber algo de Cruzada. Prometió estar aquí en seguida.

—Lo que prometió —murmuró la ñacaniná,— es estar aquí lo más pronto posible. Debemos esperarla.

—¿Para qué? —replicó Lanceolada, sin volver la cabeza a la culebra.

10 —¿Cómo para qué? —exclamó Ñacaniná, levantándose.
—Se necesita ser tan tonta como una lanceolada para decir esto. ¡Estoy harta ya de oír en este Congreso cosas tontas! Las Venenosas no representan a la Familia entera. ¿No sabe ésa—y señaló con la cola a Lanceolada— que de las noticias de Cruzada de-
15 pende nuestro plan? ¿Y ella pregunta para qué esperarla?

—Ésos son insultos —le dijo gravemente Coatiarita.

Ñacaniná se volvió a ella:

—¿Y a ti quién te mete en esto?

—Digo que son insultos —repitió la pequeña serpiente.

20 Ñacaniná consideró a Coatiarita y cambió de voz.

—Tiene razón nuestra pequeña prima —terminó con calma.
—Lanceolada, te pido perdón.

—¡No sé nada! —respondió la yarará con hostilidad.

—¡No importa! Pero vuelvo a pedirte perdón.

25 Felizmente[58] en este momento, Coralina, que estaba a la entrada de la caverna, se acercó silbando:

—¡Ahí viene Cruzada!

—¡Al fin! —exclamaron alegres las serpientes.

Pero su alegría[59] se cambió en terror cuando detrás de la
30 yarará vieron entrar a una inmensa víbora totalmente desconocida de[60] ellas. Mientras Cruzada iba a enrollarse al lado de Atroz, la otra se quedó inmóvil en el centro de la caverna.

—¡Terrífica! —dijo Cruzada,— es de las nuestras.

—Somos hermanas —exclamó la de cascabel, observándola
35 con calma.

---

[56] **medir** to measure   [57] **valer por cinco** as good as five   [58] **felizmente**
fortunately   [59] **alegría** happiness   [60] **desconocido(-a)** unknown (*to*)

Todas las víboras, muertas de curiosidad, se arrastraban hacia la desconocida.

—Parece una prima sin veneno —decía una, desdeñosamente.[61]

—Sí —añadió otra. —Tiene ojos grandes.   5

—Y cola larga.

Pero de pronto quedaron mudas[62] porque la desconocida acababa de hinchar el cuello. Un momento más tarde bajó la cabeza lentamente.

—Cruzada, tus hermanas se acercan demasiado. No me gusta.   10

—Quieren darte la bienvenida[63] —exclamó Cruzada. —Porque acabas de salvarme la vida y tal vez la de todas nosotras.

No era necesario más. El Congreso escuchó la narración de Cruzada, que tuvo que contarlo todo: el encuentro[64] con el perro, el lazo del hombre de lentes negros, el magnífico plan de Ha-   15
madrías, con la catástrofe final.

—Resultado:[65] —terminó Cruzada,—un hombre muerto. Ahora tenemos que destruir a los que quedan.

—¡Al caballo y a la mula! —dijo Hamadrías.

—¡Al perro! —añadió Ñacaniná.   20

—Yo creo que a los caballos —insistió la cobra real. —Si quedan vivos la mula y el caballo, un solo hombre puede preparar miles de tubos de suero, con los cuales es posible inmunizar a todo el mundo contra nosotras. Insisto, pues, en que debemos dirigir todo nuestro ataque contra los caballos. En cuanto al perro   25
—terminó con una mirada a Ñacaniná— no me parece de mucha importancia.

Era evidente que desde el primer momento la serpiente de la India y la ñacaniná americana se habían odiado mutuamente. Y así la vieja hostilidad entre serpientes venenosas y no vene-   30
nosas parecía crecer aun más en aquel último Congreso.

—Por mi parte —contestó Ñacaniná —creo que caballos y hombres son de menos importancia en esta lucha. Nos es fácil destruir a los dos; pero esta facilidad no es nada comparada con la que puede tener el perro contra nosotras. Un perro inmunizado   35

---

[61] **desdeñosamente** disdainfully [62] **mudo(-a)** speechless [63] **bienvenida** welcome [64] **encuentro** meeting, encounter [65] **resultado** result(s)

contra cualquier mordedura[66] es nuestro enemigo más terrible,
y sobre todo si se recuerda que ese enemigo puede rastrearnos.
¿Qué crees, Cruzada?

Se sabía bien en el Congreso la amistad[67] curiosa entre la
5 víbora y la culebra.

—Yo creo como Ñacaniná —respondió Cruzada. —Si el
perro vive, estamos perdidas.

Era esto más de lo que podía oír la cobra real. Sus colmillos
estaban llenos de veneno.

10   —No sé hasta qué punto puede tener valor la opinión de
esta señorita—dijo, mirando a Ñacaniná. —El peligro verdadero[68] en esta circunstancia es para nosotras, las Venenosas, que
somos la Muerte. Las culebras saben bien que el Hombre no les
tiene miedo porque no pueden hacerse temer.[69]

15   —¡Bien dicho!—dijo una voz que no había hablado hasta
ahora.

Hamadrías se volvió vivamente porque en el tono quieto de
la voz había creído notar una ironía, y vio dos grandes ojos
brillantes que la miraban.

20   —¿A mí me hablas? —preguntó desdeñosamente.

—Sí, a ti. Lo que has dicho contiene una profunda verdad.

La cobra real volvió a sentir la ironía y se fijó bien en el
cuerpo de su enemiga enrollada en la sombra de la caverna.

—¡Tú eres Anaconda!

25   —¡Tú lo has dicho! —respondió aquélla.

Pero Ñacaniná quería una vez por todas[70] explicar las cosas.

—¡Un momento! —exclamó.

—¡No! —interrumpió Anaconda. —Cuando un animal es ágil
y fuerte, puede dominar a su enemigo con la energía de los
30 músculos. Así cazan el tigre, nosotras y todos los animales de
noble estructura. Pero cuando un animal es poco inteligente y
débil, entonces necesita un par de colmillos como las trai-
cioneras, como esa señorita extranjera que nos quiere causar
miedo con su gran capuchón.[71]

---

[66] **mordedura** bite   [67] **amistad** friendship   [68] **verdadero(-a)** real   [69] **hacerse
temer** to make themselves feared   [70] **una vez por todas** once and for all
[71] **capuchón** hood

En efecto, la cobra real, fuera de sí,[72] había hinchado su monstruoso capuchón para lanzarse sobre Anaconda. Pero también el Congreso entero se había levantado al ver esto.

—¡Cuidado! —gritaron algunas a la vez. —¡El Congreso es inviolable![73]

—¡Abajo[74] el capuchón! —exclamó Atroz.

Hamadrías se volvió a ella con un silbido de odio.

—¡Abajo el capuchón! —añadieron Urutú Dorado y Lanceolada.

Hamadrías tuvo un momento de rebelión pero ante la actitud de ataque del Congreso entero, bajó el capuchón lentamente.

—Está bien —silbó. —Respeto el Congreso pero no deben ustedes provocarme.

—Nadie te provoca —dijo Anaconda.

—¡Y tú menos que nadie, porque me tienes miedo! —respondió la cobra.

—¡Miedo yo! —contestó Anaconda avanzando.

—¡Paz! —exclamaron todas de nuevo. —En vez de luchar es necesario decidir lo que debemos hacer.

—Sí, ya es tiempo de eso —dijo Terrífica. —Tenemos dos planes: el de Ñacaniná y el de la cobra. ¿Comenzamos el ataque por el perro o lanzamos todas nuestras fuerzas contra el caballo y la mula?

Ahora bien: aunque la mayoría[75] quería adoptar el plan de la culebra, la serpiente de la India había impresionado[76] al Congreso en su favor. Éste recordaba aún su magnífico plan de ataque eso, al fin adoptaron el plan de la cobra.

Aunque era ya muy tarde, era también cuestión de vida o muerte llevar el ataque en seguida, y se decidió[77] partir[78] sobre la marcha.

—¡Adelante, pues! —terminó la de cascabel.

—¿Nadie tiene nada más que decir?

—¡Nada! —gritó Ñacaniná. —Pero más tarde vamos a arrepentirnos.[79]

---

[72] **fuera de sí** beside herself   [73] **inviolable** sacred   [74] **¡Abajo!** down with!
[75] **mayoría** majority   [76] **impresionar** to impress   [77] **se decidió** it was decided
[78] **partir** to set out   [79] **arrepentirse** to be sorry, regret

Y las víboras y culebras inmensamente aumentadas[80] por otras especies, se lanzaron hacia el Instituto.

—¡Una palabra! —exclamó aún Terrífica. —¡Durante la batalla estamos en Congreso y en paz unas con otras! ¿Entendido?

5 —¡Sí, sí! —silbaron todas.

La cobra real, a cuyo[81] lado pasaba Anaconda, le dijo mirándola con odio:

—¡Después . . . !

—¡Ya lo creo![82] —le contestó alegremente Anaconda, lan-
10 zándose adelante.

X

Los empleados del Instituto estaban al pie de la cama del enfermo mordido por la yarará. Eran las seis de la mañana. Un hombre se asomó a[83] la ventana, y creyó oír ruido en uno de los otros edificios. Escuchó un rato y dijo:

15 —Me parece que el ruido viene de la caballeriza.[84] ¿Quiere ir, Fragoso?

El empleado encendió el farol de viento[85] y salió mientras los otros quedaban alertos. No había pasado medio minuto cuando sentían pasos[86] rápidos en el patio y Fragoso aparecía,
20 pálido de sorpresa.

—¡La caballeriza está llena de víboras! —gritó.

—¿Llena? —preguntó el nuevo director. —¿Qué es eso? ¿Qué pasa? ¡Vamos!

—¡Daboy! ¡Daboy! —llamó otro hombre al perro. Y corriendo
25 todos entraron en la caballeriza.

Allí, a la luz del farol de viento, pudieron ver al caballo y a la mula luchando[87] a patadas [88] contra muchas víboras que evitaban[89] los golpes de los animales y mordían furiosas.

Los hombres empezaron el ataque. Las serpientes se detu-
30 vieron un momento, para lanzarse en seguida silbando, a un nuevo ataque.

---

[80] **aumentado(-a)** increased [81] **cuyo(-a)** whose [82] **¡ya lo creo!** of course. I should say so! [83] **asomarse a** to lean out [84] **caballeriza** stable [85] **farol de viento** storm lantern [86] **paso** step [87] **luchar** to fight [88] **a patadas** by kicking [89] **evitar** to avoid

Alrededor de los empleados del Instituto había muchas víboras. Fragoso sintió un golpe de colmillos en las botas, cerca de la rodilla, y dio un golpe a la víbora con su palo. El nuevo director partió en dos[90] a otra, y el otro empleado tuvo tiempo de aplastar[91] la cabeza de una gran serpiente que acababa de enrollarse al cuello del perro. 5

Esto pasó en menos de un minuto. Los palos caían con furioso vigor sobre las víboras que avanzaban siempre, mordiendo las botas. Y en medio[92] del ruido, Fragoso, al lanzarse sobre una inmensa víbora, tropezó[93] y cayó. El farol se apagó.[94] 10

—¡Atrás![95] —gritó el nuevo director. —¡Daboy, aquí!

Y corrieron al patio, seguidos por el perro.

—Parece cosa del diablo —murmuró el director. —Nunca he visto cosa igual. ¿Qué tienen las víboras de este país? Ayer, aquel ataque; hoy . . . Por fortuna no saben que nos han salvado a los 15 animales con sus mordeduras.

—Me pareció que allí andaba la cobra real—exclamó Fragoso.

—Sí —añadió otro empleado. —Yo la vi bien.

Volvieron los hombres otra vez al enfermo, cuya respiración[96] era mejor. 20

—Aquí viene el sol —dijo el nuevo director, asomándose a la ventana. —Usted, Antonio, puede quedarse aquí. Fragoso y yo vamos a salir.

—¿Llevamos los lazos? —preguntó Fragoso.

—¡Oh, no! —respondió el director. —Con otras víboras, tal 25 vez, pero no con éstas. Ahora necesitamos el machete.

En la caballeriza las víboras usaban la inteligencia total de todas las especies. La oscuridad cuando se apagó el farol les había advertido[97] el peligro. Comenzaban a sentir ya en el aire la llegada del día. 30

—Si nos quedamos un momento más —exclamó Cruzada, — no podemos escapar. ¡Atrás!

—¡Atrás, atrás! —gritaron todas.

---

[90] **partir en dos** to cut in two   [91] **aplastar** to crush   [92] **en medio de** in the midst of   [93] **tropezar** to stumble   [94] **apagarse** to be extinguished   [95] **¡atrás!** go back!   [96] **respiración** breathing   [97] **advertir** to warn

Y rápidamente, pasando unas sobre las otras, se lanzaron al campo,[98] viendo con miedo que el día comenzaba a romper. Veinte minutos después en la distancia, oyeron al perro. La columna se detuvo.

5 —¡Un momento! —gritó Urutú Dorado. —Es necesario ver cuántas somos y qué debemos hacer.

A la luz del nuevo día, examinaron sus fuerzas. Atroz, Coatiarita y muchas otras serpientes habían muerto en la caballeriza. Las otras, sin excepción, estaban llenas de polvo[99] y sangre.

10 —¡Éste es el éxito[1] de nuestra batalla! —dijo Ñacaniná. —¡Tu plan, Hamadrías!

Pero para sí sola se guardaba[2] lo que había oído detrás de la puerta de la caballeriza: en vez de matar, habían salvado la vida a la mula y al caballo que estaban muriendo por falta de veneno.

15 Sabido es que para un caballo que se inmuniza, el veneno es tan indispensable para su vida como el agua misma, y muere si le falta.

Otra vez oyeron al perro.

—¡Estamos en peligro! —gritó Terrífica. —Está rastreán-
20 donos. ¿Qué hacemos?

—¡A la caverna! —exclamaron todas, deslizándose a toda velocidad.

—¡Pero están locas! —gritó Ñacaniná, mientras corría. —Las van a aplastar a todas. ¡Van a la muerte! ¡Es mejor desbandarnos![3]

25 Las serpientes se detuvieron. A pesar de su miedo, algo les decía que eran buenas las palabras de Ñacaniná. Pero la cobra real, llena de odio para un país que en adelante debía serle muy hostil,[4] prefirió destruirlo todo, arrastrando con ella a las otras especies.

30 —¡Está loca Ñacaniná! —exclamó. —Desbandándonos pueden matarnos una a una. ¡A la caverna!

Ñacaniná vió aquello y comprendió que iba a la muerte. Locas de miedo las víboras iban a morir a pesar de todo. Y con una sacudida de lengua, ella, que podía salvarse por su veloci-

---

[98] **campo** country   [99] **polvo** dust   [1] **éxito** success   [2] **para sí sola se guardaba** she kept it to herself   [3] **desbandarse** to disband; to spread out so as to make the attack more difficult   [4] **hostil** hostile, unfriendly

dad, se dirigió con las otras directamente a la caverna, a la muerte. Sintió un cuerpo a su lado y se alegró al reconocer a Anaconda.

—¡Ya ves! —le dijo. —¡A lo que nos ha traído la cobra!

—Sí, es mala —murmuró Anaconda.

—¡Y ahora las lleva a morir todas juntas! 5

—Ella, por lo menos —advirtió Anaconda con voz grave —no va a tener ese gusto . . .

Y las dos, con un esfuerzo de velocidad, alcanzaron[5] a la columna. Ya habían llegado.

—¡Un momento! —dijo Anaconda. —Ustedes no lo saben, 10 pero yo estoy segura de que dentro de diez minutos no va a quedar viva una de nosotras. El Congreso y sus leyes están, pues, terminados. ¿No es así, Terrífica?

—Sí —murmuró Terrífica. —Están terminados.

—Entonces—continuó Anaconda,—antes de morir quiero 15 . . . ¡Ah, mejor así!—terminó, al ver a la cobra real que avanzaba lentamente hacia ella.

No era aquél probablemente el momento ideal para una lucha. Pero desde que el mundo es el mundo, las Venenosas y las Cazadoras tienen que resolver sus asuntos particulares,[6] a pesar 20 de la presencia del Hombre sobre ellas.

El primer ataque fue favorable a la cobra real: sus colmillos se clavaron en el cuello de Anaconda. Ésta lanzó su cuerpo adelante y envolvió[7] a la hamadrías que en un momento se sintió ahogada.[8] La boa abrazó a su enemiga y cerraba poco a poco sus 25 anillos. Pero la cobra no soltaba presa.[9] Hubo todavía un momento en que Anaconda sintió su cabeza entre los colmillos de la hamadrías. Pero logró hacer un supremo esfuerzo y esto decidió la lucha a su favor. La boca de la cobra se abrió mientras la cabeza de Anaconda mordía el cuello de la hamadrías. 30

Ya estaba terminado. La boa abrió sus anillos y el cuerpo de la cobra real cayó a tierra, muerta.

—Por lo menos, estoy contenta . . . —murmuró Anaconda, cayendo a su vez cansada[10] sobre el cuerpo de la cobra.

---

[5] **alcanzar** to overtake   [6] **asuntos particulares** private conflicts   [7] **envolver** to coil around   [8] **ahogado(-a)** strangled   [9] **soltar presa** to let go (*release pressure*)   [10] **cansado(-a)** tired, weary

Fue en ese momento cuando las víboras oyeron a menos de
cien metros al perro. Y ellas sintieron dentro de sí la llamarada
salvaje[11] de la lucha a muerte por la selva entera.

—¡A la caverna! —gritaron, sin embargo, algunas.

5   —¡No! ¡Aquí mismo! —silbaron todas.

En frente de la caverna con el cuello y la cabeza levantados
sobre el cuerpo enrollado, esperaron.

No tuvieron que esperar mucho. Vieron llegar las dos altas
sombras del nuevo director y Fragoso, con el perro Daboy.

10   —Se acabó. ¡Y esta vez definitivamente! —murmuró Ñacaniná, despidiéndose[12] con esas seis palabras de una vida
bastante[13] feliz, cuyo fin acababa de decidir.

Y con un violento ataque se lanzó al encuentro del perro que
con la boca abierta llegaba sobre ellas. El animal escapó el golpe
15 y cayó furioso sobre Terrífica, que clavó los colmillos en el hocico
del perro. Daboy movió furiosamente la cabeza, sacudiendo[14] en
el aire a la cascabel; pero ésta no soltaba presa. En ese momento
llegaron los hombres y la mataron.

Urutú Dorado fue partido en dos. Lanceolada logró morder
20 la lengua del perro pero un momento después cayó al lado de
las otras.

La lucha continuaba furiosa. Cayeron una tras[15] otra mor-
didas por el perro o aplastadas por los hombres frente a la caverna
de su último Congreso. Y de las últimas cayeron Cruzada y
25 Ñacaniná.

Al fin no quedaba una. Los hombres se sentaron, mirando a
todas las especies muertas. Daboy, cansado a sus pies, mostraba
algunos síntomas de envenenamiento[16] a pesar de estar inmunizado. Había sido mordido cincuenta y cuatro veces.

30 Cuando los hombres se levantaban para irse, se fijaron por
primera vez en Anaconda que comenzaba a moverse.

—¿Qué hace esta boa por aquí? —preguntó el nuevo director.

—No es éste su país. A lo que parece, ha luchado contra la cobra
real y nos ha vengado[17] a su modo. Si logramos salvarla, haremos

---

[11] **llamarada salvaje** savage rage   [12] **despedirse (de)** to take leave of; to say
good-bye to   [13] **bastante** rather   [14] **sacudir** to shake   [15] **tras** after;   **una tras
otra** one after the other   [16] **síntomas de envenenamiento** symptoms of
poisoning   [17] **vengar** to revenge; to avenge

una gran cosa, porque parece terriblemente envenenada.[18] Vamos a llevarla a casa. Un día puede salvarnos a nosotros.

Y se fueron llevando en un palo que cargaban sobre los hombros a Anaconda, que herida[19] y sin fuerzas iba pensando en Ñacaniná, cuyo destino,[20] con un poco menos de valor, podía haber sido como el suyo.

Anaconda no murió. Vivió un año con los Hombres, observándolo todo, hasta que una noche se escapó. Pero la historia de su vida por largo tiempo en el Río Paraná, el viaje que hizo Anaconda más tarde con sus hermanas sobre las aguas de una gran inundación[21]—toda esta historia de rebelión se cuenta en otro libro.

EXERCISES

I–III

READING COMPREHENSION

Change the false statements to make them agree with the story, *Anaconda.*

1. La yarará nunca había visto la Casa.
2. La víbora creía que la presencia de las culebras era mala.
3. Terrífica presidía el Congreso porque era la víbora más inteligente y venenosa de la selva.
4. La cazadora Ñacaniná podía entrar en la Casa y matar a todos los hombres.
5. Cruzada podía correr tan rápidamente como su prima Ñacaniná.

---

[18] **envenenado(-a)** poisoned   [19] **herido(-a)** wounded   [20] **destino** fate
[21] **inundación** flood

Select the word or phrase that best completes each statement according to the story.

1. ¿Por qué Cruzada quiere la ayuda de las culebras sin veneno?
   a. Porque no representan la Muerte y pueden estar cerca del Hombre.
   b. Porque tienen ojos de pescado y ven muy bien.
   c. Porque son fuertes y saben cazar.
   d. Porque son sus primas y quieren ayudar.

2. Para las víboras la presencia del Hombre significaba
   a. un gran acto.
   b. unos pasos.
   c. una devastación.
   d. un pueblo.

3. La Terrífica vivía en
   a. una casa.
   b. una caverna.
   c. un país.
   d. una cama.

4. Según Terrífica, hay que declarar _____ al Hombre para salvar su territorio de ese peligro.
   a. la invasión
   b. la igualdad
   c. la guerra
   d. la muerte

VOCABULARY STUDY

A. *Vocabulary Usage*

Write sentences using each of the following words or phrases.

1. desde atrás
2. de muerte
3. ponerse en acción
4. parecerse
5. por lo menos
6. fuera de
7. cambiar de idea
8. cerca de
9. hacer referencia
10. presidir

B. *Cognate and Word Formation Exercise*

Find the cognates of the following English words in *Sections I–III* of *Anaconda*.

1. centimeter
2. animal
3. to commence
4. to retire

5. immense	15. drama
6. necessary	16. devastation
7. prudently	17. present
8. reference	18. cavern
9. edifice	19. inform
10. immemorial	20. grave (*adj.*)
11. abandoned	21. to murmur
12. presence	22. to explicate
13. robust	23. favor
14. prologue	24. velocity

STRUCTURES

✓A. *The Present Tense*

Rewrite the following sentences, using the present tense of the verbs in parentheses.

1. Nosotras (desear) _deseamos_ salvar nuestro país de la invasión del Hombre.   2. Las serpientes venenosas (ser) _son_ la Muerte para todos.   3. Las culebras sin veneno no (valer) _valen_ mucho.   4. Las serpientes (saber) _saben_ que en el Imperio de las Víboras, la Terrífica no (ser) _es_ muy inteligente.   5. Ellas (necesitar) _necesitan_ un buen plan.   6. Como la Terrífica no (poder) _puede_ hacer plan alguno, tampoco (hablar) _habla_ mucho.   7. Yo (ir) _voy_ a buscarla.   8. Tú que (ser) _eres_ su protectora, (poder) _puedes_ hallarla en seguida.   9. ¿Quién me (llamar) _llama_?   10. ¿(Saber-tú) _Sabes_ lo que pasa en la casa?   11. Yo (tener) _tengo_ mi comida en el árbol.   12. Yo les (hacer) _hago_ a Uds. un favor.

B. *Ser* and *Estar*

Rewrite the following sentences, using the appropriate form of **ser** or **estar**. Explain your choice.

1. _Son_ las diez de la noche.   2. La casa _está_ en la selva.   3. Siempre _es_ necesario _estar_ alerta.   4. La sombra _es_ de ella.   5. La llegada del Hombre _es_ cosa mala.   6. El Congreso de Serpientes _está_ en sesión.   7. Terrífica _es_ muy gruesa.   8. La hermosa Cruzada _es_ rival de Lanceolada.   9. La caverna _está_ en el bosque.   10. Yo no _soy_ ahora una serpiente de cascabel.

C. *Prepositions*

Supply the correct preposition.

1. Lanceolada pensó _~~de~~ en_ el peligro.   2. Hacía calor y el tiempo pesaba _como_ un soplo de viento.   3. Iba a pasar cerca _de_ la casa.   4. Marchó prudentemente _hacia_ la sombra.   5. Una enorme bota cayó _a_ su lado.   6. La yarará lanzó la cabeza _hacia_ la pierna del hombre.   7. En el Congreso faltan las culebras _de_ veneno.   8. Cruzada va _a_ explicar para qué quiere la ayuda de las otras.   9. Podemos pasar primero _por_ el Congreso.   10. _Por_ allí debían pasar algunos animales del bosque.   11. La sombra pasó _sobre_ ella.   12. Lanceolada esperó la noche _para_ ponerse en acción.

D. *Use of the Infinitive*

Most Spanish verbs can be followed by an infinitive. Infinitives are also used as objects of prepositions, as nouns, and with **al** to express *upon doing something.*

Pensamos **estudiar** mucho.

Después de **enroscarse** atacó a su enemigo.

Cazar sin veneno es difícil.

Al cruzar el camino vio una serpiente venenosa.

Rewrite the following passage, using these infinitives: **moverse, ir, salir, llegar, cazar, enroscarse, hacer, volver.**

Al _llegar_ a un lugar del camino, Lanceolada se detuvo. Esperó cinco horas sin _moverse_ porque, como tenía mucha hambre, quería _cazar_ un animal pequeño del bosque. Era tarde. ¿Qué debía _hacer_? _Ir_ a Casa del Hombre era peligroso. De pronto, la víbora oyó un ruido. Un hombre acababa de _salir_ rápidamente de la casa. Lanceolada estaba muy cansada y no tuvo tiempo de _enroscarse_ la cabeza, ni de _volver_. Una enorme bota había caído a su lado.

IV–VI

READING COMPREHENSION

Change the statements that are incorrect to make them agree with the story, *Anaconda*.

1. Ñacaniná tenía más miedo del perro que de los hombres.
2. La culebra se instaló debajo de la mesa.
3. El presidente de la nación quería establecer un serpentario para proteger las pocas víboras del país.
4. El caballo y la mula estaban completamente inmunizados y no necesitaban más inyecciones de veneno.
5. La Ñacaniná es la serpiente más valiente de la selva.

Select the word or phrase that best completes each statement according to the story, *Anaconda*.

1. El director del laboratorio pensaba _____ todas las víboras del país.
   a. inyectar
   b. cazar
   c. envenenar
   d. inmunizar

2. Ñacaniná tenía interés en destruir el Instituto porque
   a. las víboras iban a morir de hambre.
   b. las culebras solamente cazaban a fuerza de músculo.
   c. los animales iban a estar inmunizados.
   d. los hombres podían confundir las cazadoras con víboras.

3. ¿Qué recomienda Ñacaniná?
   a. Pensar en una solución.
   b. Pegarle al perro.
   c. Ponerse en una jaula.
   d. Pasar al otro lado del río.

4. Después del Congreso cada víbora salió a
   a. trepar los árboles.
   b. dar la voz de alarma.
   c. llevar la batalla al hombre.
   d. matar a alguien.

VOCABULARY STUDY

A. *Vocabulary Usage*

Select the word in *Column B* closest in meaning or related logically to each term in *Column A*.

A		**B**
1. ___ jefe de una nación		a. suero
2. ___ plan de acción		b. cascabel
3. ___ boca		c. cueva
4. ___ techo		d. lucha
5. ___ tubos de ensayo		e. laboratorio
6. ___ guerra		f. presidente
7. ___ caverna		g. programa
8. ___ líquido que sirve para inmunizar		h. viga
9. ___ víbora		i. la Casa
10. ___ un instituto científico		j. lengua

Write sentences of your own using the following expressions.

1. al cabo de
2. haber que
3. al otro lado
4. a causa de
5. contar con

B. *Cognate and Word Formation Exercise*

Spanish verbs ending in **-tener** usually correspond to verbs that end in *-tain* in English.

contener   *contain*

Approximate cognates do not follow specific rules. They can, however, be recognized because they usually have some linguistic elements in common.

examen   *exam*
aeropuerto   *airport*

Find the cognates of the following English words in *Sections IV–VI* of *Anaconda*.

1. install
2. precaution
3. to respond
4. rat

5. to prepare
6. abundance
7. difficulty
8. institute
9. to immunize
10. to organize
11. laboratory
12. infirm

13. ideal
14. curious
15. terrible
16. false
17. valiant
18. to obtain
19. imagination
20. to maintain

STRUCTURES

A. *Use of the Past Participle as an Adjective*

Past participles used as adjectives agree in gender and number with the nouns they modify. When used with the verb **estar**, they generally indicate the result of an action.

La puerta **está cerrada.**

Give the past participle of each infinitive, making sure it agrees with the noun.

EXAMPLE: serpiente / cazar

> ***serpiente / cazada***

1. puertas / abrir
2. hombres / sentar
3. escalera / recostar
4. instituto / conocer
5. animales / inmunizar

6. animal / mencionar
7. tubos / romper
8. perros / morir
9. cabeza / inclinar
10. noticias / oír

Rewrite each sentence using the present tense of **estar** and a past participle.

EXAMPLE: El hombre encierra la serpiente en una jaula.

> ***La serpiente está encerrada en una jaula.***

1. El veneno inmuniza al caballo.
2. El hombre abre la puerta.
3. El empleado prepara el veneno.
4. El empleado rompe el tubo.
5. La culebra mata al perro.

B. *The Imperfect Tense*

Rewrite the following sentences, using the imperfect tense of the verbs in parentheses.

1. Poco después la cazadora (llegar) _____ a su destino.
2. La causa del peligro (ser) _____ el Instituto.
3. Allí (estar) _____ los hombres de la casa.
4. La serpiente (subir) _____ con mucho cuidado.
5. Nosotros (creer) _____ que no ibas a venir.
6. Ñacaniná (tener) _____ interés en destruir el Instituto.
7. ¡La familia de las serpientes (ir) _____ a morir!
8. Cada víbora (salir) _____ para dar la voz de alarma.
9. Ellas (trepar) _____ bien a los árboles.
10. Tú (poder) _____ empezar casi enseguida.
11. (Ser) _____ las cuatro de la mañana.
12. (ser) _____ la una de la mañana.

C. *The Preterit Tense*

Rewrite the following sentences, using the preterit tense of the verbs in parentheses.

1. La culebra (trepar) _____ por una escalera.
2. El primer hombre no (responder) _____ nada.
3. Me (parecer) _____ ver algo.
4. (Acabarse) _____ la paz en la selva.
5. El científico le (preguntar) _____ al empleado por los animales.
6. Ellos no (añadir) _____ nada interesante.
7. Su cuerpo (caer) _____ contra la pared.
8. Ella (oír) _____ muchas cosas curiosas.
9. El señor (proseguir) _____ hablando.
10. Todas (hablar) _____ a la vez.

D. *Use of Object Pronouns with Infinitives*

When used with infinitives, object pronouns may be attached to the infinitive or they may precede the conjugated verb.

¿Quién **la** va a buscar?
¿Quién va a buscar**la**?

Rewrite the following sentences placing the object pronoun in the alternative position as shown in the example above.

1. Ñacaniná nos va a informar. 2. La serpiente se quiso retirar.
3. Así las puede matar. 4. Los Hombres del Instituto nos van
a matar. 5. Las quieren cazar. 6. Piensan ponerlas en una
jaula. 7. Para producir el suero les tienen que sacar el veneno a
las víboras. 8. Les van a dar de comer. 9. No les querían hablar
más. 10. Hay un perro que puede rastrearnos.

E. *Prepositions*

Supply the correct preposition.

1. Ñacaniná trepó _____ un árbol. 2. Ellas eran la Muerte _____
sí mismas. 3. Puedo yo contar (*on you*) _____ . 4. No podía ver
_____ los hombres _____ el lugar _____ que se encontraba. 5. La
escalera estaba recostada _____ la pared _____ el corredor. 6. El
presidente había decidido la creación _____ un Instituto _____ la
preparación _____ sueros _____ el veneno _____ las víboras.

VII–VIII

READING COMPREHENSION

Answer the following questions.

1. ¿A quién quería matar Cruzada?
2. ¿Por qué no pudo matar al director?
3. ¿Adónde la llevaron?
4. Según Cruzada, ¿qué come Anaconda?
5. ¿Qué plan de batalla hicieron las víboras?
6. ¿Dónde estaba Hamadrías cuando Cruzada llegó al laboratorio?

Select the word or phrase that best completes each statement according to the story, *Anaconda.*

1. Cruzada no pudo matar al perro porque
   a. no tenía más veneno.
   b. entró su dueño.
   c. estaba inmunizado.
   d. no pudo morderlo.
2. Hamadrías estaba harta del serpentario porque tenía que
   a. dar su veneno para la preparación de sueros.
   b. usar su fuerza contra las víboras americanas.
   c. morder a los empleados del laboratorio.
   d. comer extranjeras venenosas.

3. ¿Por qué Hamadrías mordió a Cruzada?
   a. La culebra de la India era traicionera.
   b. El cuerpo de Cruzada estaba muy cerca del tejido de alambre.
   c. La cobra tenía mucha hambre.
   d. La mordida era parte de su plan de batalla.

4. ¿Qué le pasó al director del Instituto?
   a. Cerró los ojos cuatro minutos.
   b. Murió de la mordida de la víbora.
   c. Estaba completamente inmunizado.
   d. Se puso una inyección de veneno.

VOCABULARY STUDY

A. *Vocabulary Usage*

Select the word in *Column B* closest in meaning or most logically related to each term in *Column A*.

A	B
1. ____ vena	a. colmillos
2. ____ perro	b. jaula
3. ____ cabeza	c. sangre
4. ____ bañarse	d. hocico
5. ____ boca	e. rastreador
6. ____ armazón de madera y tejido de alambre	f. agua
	g. batalla
7. ____ ojos	h. centímetros
8. ____ cerrar los ojos para siempre	i. lentes
9. ____ lucha	j. morir
10. ____ metros	

Translate the following sentences, paying particular attention to the words in italics.

1. Llegó al corredor y *se enrolló allí esperando.* 2. Inmediatamente Cruzada *cayó en guardia.* 3. El perro negro *estaba ladrando.* 4. *Tú me pareces* inteligente. 5. Cruzada, mordida tres veces en el cuerpo, *se arrastró* por la tierra. 6. *Al fin,* Cruzada abrió los ojos. 7. No estoy sino *a treinta metros.* 8. No llego *a tiempo.*

B. *Cognate and Word Formation Exercise*

Find the cognates of the following English words in *Sections VII–VIII* of *Anaconda*.

1. idea	6. serpentarium	11. mule
2. enemy	7. zinc	12. incident
3. director	8. extraordinary	13. exam
4. extreme	9. intention	14. undulate
5. vein	10. attentively	15. injection

STRUCTURES

A. *Adverbs*

Many adverbs are derived from the feminine form of the adjective plus the suffix **-mente**. Other adjectives, such as **fácil**, which have no feminine form, become adverbs simply with the addition of **-mente**.

completamente

sutilmente

Change the following adjectives into adverbs. Then use them in sentences of your own.

1. rápido	6. justo
2. inmediato	7. fijo
3. real	8. cortés
4. lento	9. feliz
5. vivo	10. mutuo

B. *Numbers*

Write out the following numbers.

1. 21 veces	6. 6 compañeras
2. 51 metros	7. 150 hombres
3. 30 centímetros	8. 2 minutos
4. 500 tubos	9. 100 mesas
5. 1.000 perros	10. 367 árboles

IX

READING COMPREHENSION

Select the word or phrase that best completes each statement according to the story, *Anaconda*.

1. ¿Por qué las víboras no querían a Anaconda?
   a. Porque era la reina de las serpientes.
   b. Porque había llegado tarde.
   c. Porque tenía la cabeza grande y los ojos vivos.
   d. Porque odiaba a las serpientes venenosas.

2. ¿Qué había prometido Cruzada?
   a. Venir al Congreso inmediatamente.
   b. Regresar en seguida.
   c. Estar presente lo más pronto posible.
   d. Llegar muy rápidamente.

3. ¿Por qué Ñacaniná quería esperar a Cruzada?
   a. Porque eran primas.
   b. Porque regresaba en seguida.
   c. Porque traía noticias importantes.
   d. Porque era enemiga de Lanceolada.

4. ¿Cuándo se cambió en terror la alegría de las víboras?
   a. Cuando Cruzada se enrolló al lado de Atroz.
   b. Cuando vieron la víbora que entraba con Cruzada.
   c. Cuando Coralina anunció la llegada de Cruzada.
   d. Cuando Ñacaniná peleó con Lanceolada.

5. ¿Quién quería dirigir el ataque contra los caballos?
   a. Ñacaniná.
   b. Anaconda.
   c. Hamadrías.
   d. Cruzada.

6. La vieja _____ entre serpientes y culebras parecía crecer más y más.
   a. compasión
   b. atracción
   c. amistad
   d. hostilidad

7. Ñacaniná quería eliminar al perro porque éste
   a. podía morderlas con los colmillos venenosos.
   b. podía inmunizar a todo el mundo contra las víboras.
   c. podía rastrearlas y estaba inmunizado.
   d. podía hacerse temer de todas.

8. El tono de la voz de Anaconda era
   a. irreal.
   b. irracional.
   c. irritado.
   d. irónico.

9. ¿Cómo estaba Hamadrías?
   a. Fuerte.
   b. Fuera de sí.
   c. Afuera.
   d. Alegre.

10. Durante la batalla contra los hombres las serpientes tenían que estar en _____ unas con otras.
    a. guerra
    b. lucha
    c. paz
    d. hostilidad

VOCABULARY

A. *Vocabulary Usage*

Write the noun, verb, or adjective that is contained in each of the following words.

EXAMPLE: empleado

> ***emplea***

1. cazadoras	7. monstruoso	13. preparar
2. darse	8. exclamaron	14. recuerda
3. cortésmente	9. abrazo	15. vivamente
4. hostilidad	10. naturalmente	16. adelante
5. extraordinaria	11. venenosas	17. admirar
6. traicioneras	12. desconocida	

B. *Cognate and Word Formation Exercise*

Spanish adjectives ending in -**ico** usually correspond to adjectives that end in -*ic* or -*ical* in English.

hispánico	*Hispanic*
mecánico	*mechanical*

The Spanish prefix **des-** usually corresponds to *dis-* or *un-* in English.

desorden	*disorder*
desempleado	*unemployed*

Find the cognates of the following English words in *Section IX* of *Anaconda.*

1. session	8. to resist	15. hostilely
2. possible	9. insults	16. gravely
3. absence	10. potency	17. facility
4. irritation	11. disappear	18. circumstance
5. violence	12. curiosity	19. irony
6. satisfaction	13. structure	20. mutually
7. ironical	14. importance	

STRUCTURES

A. *The Present Tense*

Rewrite the following sentences, using the present tense of the verbs in parentheses.

1. ¿Qué (querer) _____ tú?   2. Nosotras (estar) _____ en congreso y todas (conocer) _____ sus leyes.   3. La boa (ser) _____ demasiado fuerte para odiar.   4. Las venenosas no (representar) _____ a la familia entera de las serpientes.   5. Yo no (saber) _____ nada. 6. Ella (volver) _____ a pedirle perdón.   7. ¡Ahí (venir) _____ Cruzada!   8. ¡Tú (ser) _____ Anaconda!   9. El tigre y los animales nobles (cazar) _____ utilizando la energía de sus músculos.   10. Esta extranjera nos (querer) _____ causar miedo con su capuchón.

B. *Use of the Imperfect and the Preterit Tenses*

The imperfect is used to emphasize indefinite duration of time and action in progress, while the preterit expresses completed actions or events. Also, the imperfect is descriptive, while the preterit reports events in the past, indicating their beginning or end.

El empleado **trabajaba** en el laboratorio.
El empleado **trabajó** dos horas en el laboratorio.

Anaconda **era** noble y fuerte.
Anaconda **comenzó** una nueva aventura.

Verbs dealing with mental processes are often expressed in the imperfect tense. These are the most common verbs of this type: **creer, desear, pensar, poder, preferir, querer, saber** and **sentir.**

Anaconda no **quería** luchar contra los hombres.
(*did not want to*)

When these verbs are used in the preterit, their meaning is different.

Anaconda no **quiso** luchar contra los hombres.
(*refused*)

Rewrite the following paragraphs in the past tense, using the imperfect or the preterit tense of the verbs in italics, as appropriate.

El Congreso *está* en sesión. *Es* una noche muy clara, y casi todas las serpientes *están* presentes. Sin embargo, *es* lamentable la ausencia de la yarará a quien no *pueden* hallar por ninguna parte. También *falta* Anaconda, pero las víboras no *parecen* querer darse cuenta de su ausencia. De pronto se *oye* un ruido y después un leve movimiento hacia la entrada de la caverna. Las serpientes se *enroscan* y *esperan*. Poco después *ven* una cabeza de grandes ojos vivos. *Es* Anaconda que *viene* a participar en la reunión.

Las serpientes *discuten* su plan de acción y *deciden* atacar el Instituto esa noche. *Quieren* entrar en la caballeriza y destruir al caballo y a la mula para así limitar las actividades de los hombres. Sin caballos los hombres no *pueden* preparar el suero. Todas *están* seguras del plan de batalla. Contentas se *van* a dormir y a esperar la hora del ataque.

X

READING COMPREHENSION

Change the false statements to make them agree with the story, *Anaconda*.

1. La pelea entre los hombres y las víboras duró varias horas.
2. Los hombres llevaban lazos para cazar las víboras.
3. Las víboras se lanzaron al campo cuando vieron que la noche se acercaba.

4. Las serpientes habían salvado la vida de la mula y del caballo.
5. Los hombres se lanzaron al campo cuando vieron que amanecía.

Select the word or phrase that best completes each statement according to the story, *Anaconda*.

1. Fragoso fue a la caballeriza porque
   a. oyó un ruido.
   b. lo mandaron.
   c. necesitaba un farol.
   d. sintió pasos rápidos.

2. La lucha entre los hombres y las serpientes quedó suspendida porque
   a. las víboras mordían furiosas.
   b. los empleados estaban rodeados de víboras.
   c. los animales estaban heridos.
   d. el farol se apagó.

3. El que dirige el ataque de los hombres es
   a. el hombre de los lentes negros.
   b. el viejo director.
   c. el nuevo director.
   d. el empleado del farol.

4. Daboy es
   a. un empleado.
   b. una serpiente.
   c. un perro.
   d. un caballo.

5. —Debemos _____ , —gritó Ñacaniná, mientras corría.
   a. desbandarnos
   b. ir a la caverna
   c. destruirlos
   d. deslizarnos

6. Ñacaniná sabía que para las víboras el plan de Hamadrías significaba un nuevo _____ , porque ahora los animales estaban inmunizados.
   a. éxito
   b. peligro
   c. veneno
   d. salvación

7. Para un animal que se inmuniza el veneno es
   a. indeseable.
   b. inmunizable.
   c. inseparable.
   d. indispensable.

8. Para las serpientes la peor arma de los hombres era
   a. el colmillo.
   b. el machete.
   c. el palo.
   d. el lazo.

9. Inmediatamente después de luchar con la cobra real, Anaconda
   a. fue llevada al Instituto.
   b. se escapó por el río Paraná.
   c. murió terriblemente envenenada.
   d. organizó una rebelión histórica.

VOCABULARY STUDY

A. *Vocabulary Usage*

Select the word in *Column B* closest in meaning or related logically to each term in *Column A*.

A	B
1. ___ caballeriza	a. luz
2. ___ noche	b. sol
3. ___ serpentario	c. Terrífica
4. ___ selva	d. caballo
5. ___ bota	e. oscuridad
6. ___ sin fuerza	f. venganza
7. ___ farol	g. víboras
8. ___ odio	h. pie
9. ___ día	i. salvaje
10. ___ mala	j. débil

Select the two words that are opposite in meaning in each of the following groups.

1. vida / sangre / muerte
2. buena / feliz / mala
3. ataque / guerra / paz
4. cazadoras / víboras / serpentario
5. noche / tarde / día

B. *Cognate and Word Formation Exercise*

Some Spanish verbs ending in -**ar** have an English cognate ending in
-*ate*.

separar	*separate*
complicar	*complicate*

Find the cognates of the following English words in *Section X* of
Anaconda.

1. alert	6. to examine	11. directly
2. furious	7. exception	12. furiously
3. respiration	8. to disband	13. terribly
4. moment	9. to terminate	
5. distance	10. rebellion	

STRUCTURES

Use of the Imperfect and the Preterit Tenses

Study the following verbs in their original sentences in *Section X*
of *Anaconda* and give the reason for the use of the imperfect or
the preterit.

1. estaban (p. 60 l. 11)	6. comprendió (p. 62 l. 32)
2. eran (p. 60 l. 12)	7. examinaron (p. 62 l. 7)
3. salió (p. 60 l. 17)	8. lanzó (p. 64 l. 13)
4. avanzaban (p. 61 l. 8)	9. logró (p. 64 l. 19)
5. corría (p. 62 l. 23)	10. comenzaba (p. 64 l. 31)

WRITING PRACTICE

Write a short composition describing the encounter between Anaconda and Hamadrías. Use some or all of the following words and
expressions.

fuera de sí	esfuerzo
hostilidad	morder
se habían odiado mutuamente	cuello
lucha	decidir
colmillos	a su favor

clavarse   cerrar los anillos
sentirse ahogada   morir

Your composition will be evaluated for grammatical accuracy and
vocabulary usage. It should be at least seventy-five words in length.

COMMUNICATIVE ACTIVITY

Interview one or two of your classmates about one of the topics
below. Report your findings to the rest of the class.

1. **Las serpientes venenosas.** ¿Les tiene miedo? ¿Por qué? ¿Qué
   serpientes venenosas hay en esta región? ¿Ha visto alguna?
   ¿Dónde? ¿Cuál fue su reacción?
2. **Anaconda.** ¿Le gusta Anaconda? ¿Cómo es? ¿Les tiene miedo
   Ud. a las culebras? ¿Por qué? ¿Cree Ud. que se deben destruir?
   Justifique su respuesta.
3. **Uso de animales en experimentos científicos.** ¿Cree Ud. que
   está bien usar animales en laboratorios dedicados a la inves-
   tigación científica? ¿Participaría Ud. en este tipo de investi-
   gación? Justifique su respuesta usando ejemplos específicos.

REVIEW EXERCISE

Review the grammar points covered in *Part 2*. Then rewrite each
sentence in the passage using the correct form of the word in
parentheses.

El hombre (caminar) _____ por entre los árboles cuando (sentir)
_____ un fuerte dolor en la pierna izquierda. Acababa de (lo /
morder) _____ una yarará que estaba (esconder) _____ debajo de
unas hojas secas. Al (ver) _____ a su amo (herir) _____ por ese magnífico y raro animal de muerte, el perro (dar) _____ un ladrido feroz
y se (lanzar) _____ con violencia (use prep.) _____ la víbora que se
(preparar) _____ para (atacar) _____ de nuevo. La yarará movió
(rápido) _____ la cabeza y (clavar) _____ los colmillos (envenenar)
_____ en el hocico (use prep.) _____ el perro. Mientras los animales
(luchar) _____ el hombre sacó (use prep.) _____ su camisa un suero
(use prep.) _____ el veneno y se lo (inyectar) _____ en la vena. Un
momento después, con el machete en la mano, partió en dos la

peligrosa víbora. El perro (cansar) _____ a sus pies (mostrar) _____
ya síntomas de envenamiento. (Ser) _____ imposible (lo / salvar)
_____ . (Haber) _____ sido mordido tres veces. Al (ver) _____ a su
fiel amigo casi (morir) _____ y (use prep.) _____ fuerzas, el hombre
lo cargó (use prep.) _____ sus hombros y lo (llevar) _____ al Instituto. Ese podía haber sido su propio destino: (morir) _____ a causa
(use prep.) _____ una yarará.

PART
III

Part 3 contains three stories: *Las montañas, los barcos y los ríos del cielo, La joya del inca,* and *Historia del hombre que se casó con una mujer muy brava.*

Las montañas, los barcos y los ríos del cielo was adapted from the original by Germán Pinilla (1935), a Cuban writer who in 1967 was a finalist in the first literary competition "Concurso DAVID," sponsored by UNEAC (Unión de Escritores y Artistas de Cuba). This selection is part of *Polígafos,* a collection of science-fiction stories. *Las montañas* . . . gives a glimpse of the confused mind of a child who believes that he is in contact with extraterrestrial beings.

La joya del inca has been adapted from *Cuentos del Alto Perú,* edited by Willis Knapp Jones. The story deals with a mystery surrounding the painting of a beautiful Incan woman by a Peruvian artist.

Historia del hombre que se casó con una mujer brava was adapted from *El conde Lucanor* by Don Juan Manuel (1282–1348), the most famous book of brief narratives of the Middle Ages. Written in the tradition of the *exemplum* (story that teaches a lesson), this selection is a delightful account of the taming of a shrewish wife. The story was told in the Middle Ages for the instruction of young men who might be considering marriage to quick-tempered women. If you are familiar with the plot of

Shakespeare's *The Taming of the Shrew* or of *Kiss Me Kate*, you will probably notice their similarity to this tale.

The three selections in this part are more difficult than the previous ones. All three stories have been carefully edited without significantly altering their original structure and meaning. To make learning easier, each new word and idiomatic expression has been repeated at least twice in the text and in the exercises. New vocabulary words appear as footnotes at the bottom of the page where they first occur.

STUDY AIDS

The following suggestions will help you in your reading of the selections and in communicating in Spanish with your classmates.

1. Glance over the vocabulary exercises before reading the story.
2. Be sure to review the use of **iba a** + *infinitive*; the formation of diminutives; the reflexive construction; the present participle; and the progressive tense before reading *Las montañas, los barcos y los ríos del cielo.*

    Review affirmative and negative words; formal commands; and demonstratives before reading *La joya del inca.*

    Also review informal commands; reflexives; infinitives; and the use of **lo que** before reading *Historia del hombre que se casó con una mujer muy brava.*
3. If you have problems, read the story a second time with the aid of the footnotes when necessary. Close the book and try to recall the main ideas in each short story.
4. Get prepared in advance for the *Communicative Activitiy.* Write down your thoughts on the topics chosen for discussion and practice saying them aloud several times in order to improve your oral proficiency.

Las montañas, los barcos y los ríos del cielo[1]

GERMÁN PINILLA

Me llamo Juan, tengo once años y soy huérfano de padre. Todos
mis amigos tienen padre y madre, pero yo soy el único huérfano
del barrio. Hay un muchacho que hace poco se le murió un tío;
pero un tío no es igual que el padre de uno.

5   Mi madre es muy buena conmigo y sé que me quiere mucho.
Siempre cree todo lo que le digo y nunca me regaña.² Cuando
le conté lo del barco que volaba,³ me dijo que lo quería ver también y que la próxima vez quería salir para poder mirarlo conmigo. Mi padre se puso bravo cuando ella me dijo esto y se
10 puso a pelear⁴ diciendo que no debía escuchar mis boberías,⁵
porque me iba a convertir en un mentiroso.⁶ Lo que pasa es que
la gente, cuando crece, deja⁷ de ver ciertas cosas. Claro que ése
no es el caso de mi mamá. A veces, cuando mi padre se quedaba⁸
hasta tarde en el trabajo, nos sentábamos en el portal⁹ y mirá-
15 bamos las estrellas.¹⁰ Entonces mi madre me contaba cosas del
cielo y los planetas y de como si uno dibuja¹¹ unas rayitas¹² de
unas estrellas a otras, se forman las constelaciones, que son como
el cuerpo de una figura. Yo nunca me acuerdo de los nombres
que tienen las figuras, pero sí sé que algunas son como barcos y
20 otras como montañas, y hasta hay una que se parece a un río. A
veces pasábamos largo rato¹³ mirando estas cosas, pero cuando
llegaba mi padre, mamá me dejaba solo y se iba a prepararle la
comida, y entonces no veía ni las montañas, ni los barcos, ni
nada.

25   Mi madre y yo no queríamos compartir¹⁴ estos momentos
con papá. Era nuestro secreto. Pero el día que vi el barco volando
no pude aguantarme¹⁵ y fui a decírselo, sin darme cuenta de que
papá estaba ahí. Entonces fue que empezaron a pelear y mamá

---

¹ **las montañas, los barcos y los ríos del cielo** the mountains, the ships, and
the rivers of the sky   ² **regañar** to scold   ³ **volar** to fly   ⁴ **pelear** to argue,
fight   ⁵ **boberías** foolishness, nonsense   ⁶ **mentiroso(-a)** liar;   **mentira** lie
⁷ **dejar** to stop; to cease; to fail to   ⁸ **quedarse** to stay   ⁹ **portal** porch
¹⁰ **estrella** star   ¹¹ **dibujar** to draw   ¹² **raya** line;   **rayita** small line
¹³ **largo rato** a long time   ¹⁴ **compartir** to share   ¹⁵ **no pude aguantarme**
I could resist no longer

hasta lloró por su culpa.[16] Cuando vi que ella estaba llorando, le di una patada; pero él, en vez de pegarme,[17] nada más que me miró y se fue a su cuarto. Esa noche, cuando me acosté, mamá me dijo que lo que yo había hecho era muy malo y que mi padre estaba muy triste. Pero yo sabía que era mentira y que mi padre 5
quería engañarla.[18]

Durante unos días me dejaron[19] hacer todo lo que quería. Hasta correr sin zapatos por el patio. Yo sabía que tenían algún plan porque un día los oí hablando en la cocina de que iban a mandarme por un tiempo a casa de mi tía, en Camagüey.[20] Mi 10
padre decía que era por mi bien, que allá podía jugar con mis primos. Pero es que él estaba celoso,[21] porque sabía que mamá me quería más que a él.

Tenía que hacer algo para no separarme de mi madre. Me senté a pensar debajo de la mata de mamoncillo[22] que está en el 15
patio. Fue en eso cuando vi la bola.[23]

No sé cómo llegó, pues nunca la había visto hasta ese momento. Era como de cristal y brillaba mucho y se movía a gran velocidad. Rodaba[24] de un lugar a otro del patio, como buscando algo, y poco a poco se fue acercando al lugar donde yo estaba. 20
Sin hacer ruido me levanté y corrí hacia el garaje. Sabía que papá tenía un jamo[25] allí guardado para cuando iba a pescar.[26] Con el jamo podía cazar la bola. No me fue muy difícil hacerlo.

Cuando regresé al patio lo hice muy despacito[27] para no asustarla.[28] Pude ver entonces que la bola también estaba ca- 25
zando. En el tronco[29] del mamoncillo había una lagartija[30] con la cabeza para abajo. La bola se le acercaba brillando[31] cada vez más y la lagartija movía el cuello,[32] pero no huía.[33] No sé qué tiempo estuve mirando; lo único que recuerdo es que de pronto la lagartija desapareció y la bola se quedó quietecita,[34] ponién- 30
dose más grande y más chiquita. Estaba masticando,[35] y hasta podía oír cómo partía los huesitos[36] de la lagartija.

---

[16] **por su culpa** because of him   [17] **pegar** to beat   [18] **engañar** to deceive
[19] **dejar** to allow; to permit   [20] **Camagüey** city in Cuba   [21] **celoso(-a)** jealous
[22] **mata de mamoncillo** honey-berry tree   [23] **bola** ball   [24] **rodar** to roll
[25] **jamo** net   [26] **pescar** to fish   [27] **despacito** slowly, silently   [28] **asustar** to
scare   [29] **tronco** trunk of a tree   [30] **lagartija** small lizard   [31] **brillar** to shine;
to gleam   [32] **cuello** neck   [33] **huir** to flee   [34] **quietecita** very quiet; still
[35] **masticar** to chew

Cuando le eché[37] el jamo por poco me lo arranca[38] de la mano, pero la aguanté[39] bien duro y al poco rato dejó de brincar[40] y de moverse. Al fin pude darle vuelta y la bola quedó en el fondo del jamo. Su luz subía y bajaba, y por eso me di cuenta de que estaba muy cansada. Así que aproveché[41] y corrí hasta la casa para esconderla.[42]

Mi casa es una casa antigua que tiene un desván[43] al que se sube por una escalerita de mano[44] desde el segundo piso. Allí es donde se guardan[45] las cosas viejas, y algunas veces, cuando mi padre estaba en la casa, yo me metía allí a jugar. Llevé la bola al desván y la puse en una caja vieja de zapatos, echándole primero un poco de algodón[46] y algunos trapos[47] para ponerla cómoda.[48] Como no sabía si tenía hambre todavía bajé al patio y cogí dos o tres lagartijas. Cuando se las eché en la caja desaparecieron de la misma forma que la que ella había cazado. Entonces sentí una cosa muy rara[49] dentro de la cabeza. Parecía que me hablaban, aunque no oía nada. Pensé que me llamaban y bajé, pero mi padre y mi madre estaban conversando en la cocina y cuando entré se callaron.[50] Mi madre se me acercó y me abrazó, preguntándome si no me aburría solo en la casa. Yo le dije que no y por poco le cuento lo de la bola, pero me aguanté porque papá estaba ahí y a lo mejor me la botaba.[51]

—¿Quieres ir a casa de tu tía por unos días? —me preguntó papá.

—No quiero ir a ningún lado. Estoy bien aquí.

Mamá me dijo que allí podía jugar con mis primos y montar a caballo[52] y bañarme en el río. Le pregunté que si ella iba a ir conmigo y me contestó que ella tenía que quedarse para cuidar a papá.

—Entonces no voy—le dije a mi padre.

—Tienes que ir porque tu madre y yo nos vamos de viaje.

Miré a mamá y me di cuenta que era verdad. Papá se la

---

[36] **hueso** bone   [37] **echar** to throw   [38] **arrancar** to wrest   [39] **aguantar** to hold   [40] **brincar** to jump   [41] **aprovechar** to take advantage of   [42] **esconder** to hide   [43] **desván** attic   [44] **escalera de mano** portable ladder   [45] **guardar** to put away; to keep   [46] **algodón** cotton   [47] **trapo** rag   [48] **ponerla cómoda** to make it comfortable   [49] **raro(-a)** weird; odd   [50] **callarse** to stop talking   [51] **botar** to throw away   [52] **montar a caballo** to go horseback riding

llevaba y quería quitarme de en medio.[53] Salí corriendo de la cocina y subí al desván. Tenía que hacer algo. Quería robarse[54] a mi madre.

Cuando entré al desván lo primero que hice fue buscar la bola. No estaba en la caja de zapatos y pensé que se había escapado, pero entonces la vi en un rincón.[55] Había crecido hasta casi el doble del tamaño que tenía cuando la dejé y me asusté un poco. Iba a salir corriendo cuando sentí lo mismo que un rato antes. Una cosa muy rara dentro de la cabeza. No sé por qué pensé que aquello tenía que ver[56] con la bola. Me acerqué a ella y me di cuenta de que me hablaba. No con palabras, sino con aquello que sentía dentro de la cabeza. Me dio las gracias por las lagartijas y me dijo que cuando la encontré estaba a punto de morirse de hambre,[57] porque ya casi no le quedaban fuerzas[58] para cazar. Venía desde muy lejos y se había perdido. No venía sola, pero sus compañeras habían muerto al llegar y ahora no sabía qué hacer. Le dije que si quería se podía quedar. Prometí traerle lagartijas y jugar con ella.

Sentí una gran sensación de agradecimiento[59] y de cariño de parte de aquella cosa y casi me olvidé de lo que había dicho papá. De pronto me acordé. ¿Qué iba a hacer la bola durante mi ausencia? Pensé que a lo mejor no volvía nunca y entonces no iba a ver más a mi madre ni a mi bola. Ella pareció darse cuenta. Comenzó a brillar y a brillar que parecía que iba a estallar.[60] Sentí la pregunta: "¿Por qué iban a mandarme lejos?" Era la primera vez que tenía alguien a quien contarle mis problemas. Le dije cómo mi padre quería robarme a mi madre y cómo nunca creía nada de lo que yo decía. Ahora quería mandarme a casa de mi tía y entonces no íbamos a poder jugar juntos, ni yo le iba a poder traer lagartijas.

La bola pareció crecer más y más. Sentía dentro de mí el odio que crecía en la bola hacia mi padre. "Mátalo, mátalo," decía la bola dentro de mi cabeza. Parecía querer romperlo[61] todo.

---

[53] **quitar de en medio (a uno)** to get rid of (*someone*); to get (*someone*) out of the way   [54] **robar** to steal   [55] **rincón** inside corner   [56] **tener que ver** to have to do with   [57] **a punto de morirse de hambre** on the point or verge of dying from hunger   [58] **fuerzas** strength   [59] **agradecimiento** gratitude; **agradecer** to thank, to show gratitude   [60] **estallar** to explode; to burst   [61] **romper** to break

Se revolvía[62] en el rincón y destrozaba,[63] nada más que de tocarlos, los trapos y palos viejos que estaban a su alrededor. "Mátalo, mátalo," repetía. En esto oí que me llamaban. Le dije a la bola que iba a volver más tarde, y bajé corriendo a la cocina,
5 quitando antes la escalera que sube al desván.

Papá y mamá me esperaban muy sonrientes.[64]

—Queremos llevarte con nosotros en el viaje —dijo papá.

Yo sabía que aquello era un truco[65] para tranquilizarme.

Seguramente íbamos a ir los tres a Camagüey, pero una vez
10 allí me iban a dejar en casa de mi tía y ellos se iban a escapar a otro lugar difícil de encontrar. Pensé que era mejor seguirles la corriente.[66] Miré a mamá y la vi muy sonriente. Comprendí que papá la había engañado por completo.

—¿Puedo llevar mi bola?—pregunté a papá.

15 —No te hará falta. Tus primos tienen toda clase de juguetes.

—Mi bola no es un juguete. Está viva.

Mis padres se miraron y mamá bajó la cabeza, dejando de sonreir.

—Ya estás otra vez con tus mentiras—gritó papá.

20 —No es mentira—dije llorando. —La encontré en el patio y le di lagartijas y si me mandas para Camagüey te va a matar.

Cuando mamá oyó esto se levantó y le dijo a papá que me había puesto nervioso y que era mejor dejarme tranquilo,[67] que a lo mejor había encontrado cualquier cosa en el patio y que ya
25 se me iba a pasar. Papá dijo que sí, que a lo mejor era una tarántula o una cascabel, pero parecía más calmado.

—Está bien, puedes llevar tu bola —dijo.

Yo no podía creerlo. Mi padre sonreía y mamá estaba de lo más contenta.

30 —Ven a verla. La tengo en el desván.

Papá no se decidía, pero mamá le sonrió y le habló bajito.[68]

—Bueno, vamos.

Subí corriendo la escaleras y esperé a papá en el segundo piso.[69] Cuando lo vi venir y le miré la cara, me di cuenta de que

---

[62] **revolver** to turn over   [63] **destrozar** to destroy; to break into pieces
[64] **sonriente** smiling   [65] **truco** trick   [66] **seguir la corriente** to go along with
[67] **dejar tranquilo(-a)** to leave alone   [68] **hablar bajito** to speak softly
[69] **piso** floor

me había engañado otra vez. No creía en mi bola ni en nada. Lo estaba haciendo nada más que para engañar a mamá.

—Tú no crees en mi bola, ¿verdad?

—Sí, hijo, sí. De verdad.

"Bola, bola", pensaba yo, "no me cree, me ha engañado". 5

—¿Aquí? —preguntó, siguiendo la corriente.

—No, en el desván. Sube —le dije,— allí está la escalera.

La apoyó contra la pared y subió. Yo lo seguí. Cuando entró en el desván cerré la trampa que servía de puerta[70] y quité[71] la escalera, quedándome abajo. Oí cuando me llamaba, pero no 10 contesté. Y entonces sentí a mi bola. Y a mi padre gritando, pero los gritos no se oían abajo. De pronto supe que todo había terminado.[72] Ya no me iba a ir a Camagüey ni mi padre se iba a llevar a mi madre. Bajé a la cocina y la encontré preparando la comida. Me preguntó por papá y le dije que en seguida venía. 15 Le pedí ir al portal para mirar las estrellas.

Salimos y nos sentamos en el portal como hacíamos siempre y entonces me enseñó las montañas y los barcos y los ríos que hay en el cielo.

—Mami —le dije,—mañana te voy a enseñar mi bola. Te va 20 a gustar mucho.

Me abrazó, me dio un beso y me quedé dormido.

EXERCISES

READING COMPREHENSION

Change the statements that are incorrect to make them agree with the story, *Las montañas, los barcos, y los ríos del cielo*.

1. El padre de Juan nunca lo regañaba.
2. Cuando la gente crece no puede ver muchas cosas.
3. Juan quería compartir sus secretos con su padre.
4. Cuando vio que su padre lloraba, le dio una patada a su madre.
5. Sus padres querían mandarlo por un tiempo a casa de su tía.

---

[70] **trampa que servía de puerta** trapdoor [71] **quitar** to remove [72] **terminar** to end; to finish

Select the word or phrase that best completes each statement according to the story, *Las montañas, los barcos, y los ríos del cielo*.

1. Juan vio la bola por primera vez cuando
   a. estaba hablando con su mamá.
   b. estaba sentado debajo de la mata de mamoncillo.
   c. estaba cazando lagartijas.

2. Juan se sentó a _____ debajo de la mata de mamoncillo.
   a. cazar
   b. brillar
   c. pensar

3. Juan se dio cuenta que la bola estaba muy cansada porque
   a. se quedó quietecita.
   b. se ponía más grande y más chiquita.
   c. su luz subía y bajaba.

4. Cuando su padre estaba en casa, algunas veces Juan jugaba en
   a. el desván.
   b. el segundo piso.
   c. el portal.

5. Juan cree que su padre
   a. quiere robarse a su madre y quitarlo de en medio.
   b. quiere robarse la bola y quitarla de en medio.
   c. quiere robarse la bola y quitarlo de en medio.

6. ¿Qué le promete el niño a la bola?
   a. jugar con ella y traerle a su padre.
   b. traerle lagartijas y jugar con su padre.
   c. jugar con ella y traerle lagartijas.

7. ¿Qué hizo Juan cuando su padre entró en el desván?
   a. quitó la escalera y llamó a la bola.
   b. cerró la puerta y lo mató.
   c. cerró la puerta y quitó la escalera.

VOCABULARY STUDY

A. *Vocabulary Usage*

Select the word or expression in *Column B* closest in meaning or related logically to each term in *Column A*.

A	B
1. _____ huérfano	a. oír
2. _____ árbol	b. cielo
3. _____ escuchar	c. líneas pequeñas

4. ___ masticar
5. ___ estrellas
6. ___ brincar
7. ___ rayitas
8. ___ primo
9. ___ silenciosamente
10. ___ lagartija
11. ___ portal
12. ___ conversar

d. sin hacer ruido
e. tronco
f. hijo de mi tía
g. sin padres
h. triturar los alimentos con la boca
i. hablar
j. reptil
k. saltar
l. frente de la casa

Select the word that best completes each sentence.

1. El hermano de mi madre es
   a. mi papá.
   b. mi primo.
   c. mi abuelo.
   d. mi tío.

2. La persona que no dice la verdad es
   a. una bobería.
   b. un mentiroso.
   c. una gente.
   d. una constelación.

3. El jamo se usa para
   a. jugar.
   b. pescar.
   c. brillar.
   d. pensar.

4. Un grupo de estrellas que forman una figura es
   a. un planeta.
   b. un cielo.
   c. una constelación.
   d. un cuerpo.

5. La parte más ___ de algunas casas es el desván.
   a. baja
   b. grande
   c. alta
   d. pequeña

Write sentences of your own, using the following expressions.

1. darse cuenta
2. por su culpa
3. ponerse cómodo
4. callarse
5. quitar de en medio
6. tener que ver
7. a punto de morir de hambre
8. seguir la corriente
9. dejar tranquilo(-a)
10. quedarse

Select the word or expression in *Column B* opposite in meaning
to each term in *Column A*.

	A		**B**
1.	_____ mentir	a.	vivo
2.	_____ muerto	b.	malo
3.	_____ dormido	c.	decir la verdad
4.	_____ alto	d.	bajito
5.	_____ bueno	e.	despierto
6.	_____ odio	f.	difícil
7.	_____ fácil	g.	amor
8.	_____ contento	h.	triste

The following paragraph contains four new words that are not included in the reading selection *Las montañas, los barcos, y los ríos
del cielo*. Figure out the English equivalents of the italicized words
by studying the context in which they are used.

La *pelota* se *infló* más y más. Ahora estaba muy grande y dentro
de mí *capté* el terrible *rencor* que sentía la pelota hacia mi padre.
"Mátalo," decía la pelota dentro de mi cabeza. Su rencor crecía
más y más y su tamaño era más y más grande. La inmensa pelota
se revolvía en el rincón y destrozaba todo a su alrededor. "Mátalo,
mátalo," repetía llena de rencor mientras se inflaba más y más y
parecía que iba a estallar.

B. *Cognate and Word Formation Exercise*

Not all Spanish and English words that appear to be of similar origin
are true cognates. These misleading words are called *false cognates*
because their meanings are very different. Context will help you recognize a false cognate.

embarazada (*pregnant*) ≠ *embarrassed* (**apenada**)

parientes (*relatives*) ≠ *parents* (**padres**)

lectura (*reading*) ≠ *lecture* (**conferencia**)

Find the cognates of the following English words in *Las montañas,
los barcos, y los ríos del cielo*. Are there any false cognates?

1. unique   2. brave   3. certain

4. planets	10. crystal	16. complete
5. constellations	11. velocity	17. nervous
6. figure	12. to rob	18. tarántula
7. mountains	13. rare	19. calm
8. secret	14. companion	20. content
9. to separate	15. problems	

STRUCTURES

A. *Iba a* + *Infinitive*

Rewrite the following sentences, changing the italicized verb form to **iba a** + *infinitive*.

EXAMPLE: Mi primo dijo que **venía** hoy.

Mi primo dijo que ***iba a venir*** *hoy.*

1. Mi padre pensaba que *era* un mentiroso.
2. Yo creía que ellos *jugaban* juntos.
3. Le dije a la bola que *volvía* más tarde.
4. Pensé que a lo mejor no *veía* más a mi madre.
5. Ellos me *dejaban* en casa de mi tía.

B. *Diminutives*

The use of diminutives is quite common throughout the Spanish-speaking world, especially in Spanish America. Diminutives indicate: (1) a reduction of size, (2) a young or small person, or (3) friendliness or affection. The most commonly used diminutive suffix in Spanish America is **-ito, -ita**. Usually the last vowel of a word ending in **-a** or **-o** is dropped when **-ito(-a)** is added. If a word ends in a consonant other than **-n** or **-r**, **-ito(-a)** is added to the word as it is. If a word ends in **-n**, **-r** or **-e**, the suffix **-cito(-a)** is added.

niño ⟶ **niñito**

metal ⟶ **metalito**

mujer ⟶ **mujercita**

Write the diminutive of each of the following words.

1. hueso	3. chica	5. bola
2. escalera	4. árbol	6. bajo

7. cristal	9. limón	11. favor
8. rápido	10. coche	12. pantalón

C. Reflexive Constructions

Reflexive verbs are conjugated with the reflexive pronouns (**me**, **te**, **se**, **nos**, and **se**). The reflexive pronoun precedes the conjugated form of the verb. It may also be attached to the end of an infinitive.

Nosotros **nos** levantamos.
Nos vamos a levantar.
Vamos a levantar**nos**.

Rewrite the following sentences, using the imperfect tense of the reflexive verbs in parentheses.

1. Yo (llamarse) _____ Juan.
2. Mi padre (ponerse) _____ bravo cuando le pedía el jamo.
3. Mi madre iba a (quedarse) _____ hasta tarde preparando la comida.
4. Yo nunca (acordarse) _____ de los nombres de las constelaciones.
5. Mis primos (bañarse) _____ en el río.
6. Mi tía (aburrirse) _____ sola en casa.
7. Ellos (acercarse) _____ a la bola sin hacer ruido.
8. Cuando estaba muy cansado (quedarse) _____ dormido en el desván.
9. La bola (revolverse) _____ en un rincón.

D. Present Participles

The present participle (the -ing form in English) of most Spanish verbs is formed by adding -**ando** to the stem of -**ar** verbs and -**iendo** to the stem of -**er** and -**ir** verbs.

hablar ⟶ **hablando**

comer ⟶ **comiendo**

vivir ⟶ **viviendo**

Give the present participle of the following verbs.

1. preguntar
2. mirar
3. volar
4. llorar
5. poner

6. correr
7. gritar
8. vivir
9. subir
10. pelear

The imperfect tense of the verb **estar** may be combined with the present participle to form the past progressive tense.

El niño miraba las constelaciones.
El niño **estaba mirando** las constelaciones.

Change the following sentences to the past progressive.

1. La madre lloraba.
2. La bola cazaba lagartijas.
3. Los padres de Juan conversaban en la cocina.
4. Él lo hacía para engañar a mamá.
5. Mis primos gritaban mucho.

WRITING PRACTICE

Write a short composition using some or all of the following words and expressions.

huérfano	bola	estrellas
querer	brillar	constelaciones
compartir	triturar alimentos	líneas pequeñas
momentos	boca	esconder
padres	cazar	desván
poder aguantarse	jamo	inflarse
contar		

Your composition will be evaluated for grammatical accuracy and vocabulary usage. It should be at least one hundred words in length.

COMMUNICATIVE ACTIVITY

Your instructor will ask you to discuss one of the following topics in Spanish. You may find it useful to practice your answers aloud before coming to class.

1. **La actitud de Juan hacia su padre no es normal.** ¿En qué momentos del cuento podemos notar su rencor hacia su padre?
2. ¿Cree Ud. que Juan está loco? ¿Necesita tal vez la ayuda de un siquiatra?
3. ¿Cuáles son los elementos irreales más importantes del cuento? ¿Ha visto Ud. alguna vez objetos extraterrestres? ¿Cree que existen los platillos voladores?
4. **No debe haber secretos entre padres e hijos.** ¿Cree Ud. que parte del problema de Juan se debe a que no quiere compartir sus secretos con su padre?
5. ¿Ha visto Ud. alguna película que tenga como tema la visita de algún ser extraterrestre a la tierra? ¿Cómo se llama? ¿Puede decirnos algo sobre su argumento?

La joya del inca

(FROM *CUENTOS DEL ALTO PERÚ*)

Al entrar en su estudio, el artista peruano Armando Donoso se encontraba muy inquieto. Se quitó el sombrero y el saco, pero no empezó a trabajar. Parecía que tenía miedo de quitar la tela[1] que cubría el cuadro.[2] Al fin quitó la tela y miró el cuadro. Lo
5 que descubrió lo dejó muy sorprendido. Observó el cuadro otra vez con gran sorpresa. —¡Qué veo! —exclamó.

El cuadro era una joven de cuerpo entero,[3] de ojos llenos de sueño. Parecía una persona viva que acababa de despertar. Un detalle le llamó la atención al artista: la señorita llevaba alrededor
10 del cuello[4] una cadena de plata[5] con una piedra[6] de color verde.

Donoso volvió a mirarla. Al fin, tocó[7] el cuadro. Estaba seco.[8]

—¡Cosa más rara! —se dijo el artista peruano. —No estaba así ayer.— Dio algunos pasos por el estudio. Se detuvo y se acercó otra vez al cuadro y examinó la cadena y la piedra con mucha
15 atención. Pudo ver que eran como las de los incas.

—¡Rojas debe ver esto! —exclamó.— Pero, ¿cómo ha aparecido aquí? Estoy seguro que yo nunca la pinté.[9]

Tomó su pincel[10] para firmar[11] el cuadro, y otra vez se detuvo mirándolo. —¿Debo firmar lo que no pinté? —murmuró.
20 Pero al fin firmó su nombre, puso el año y lavó el pincel. Luego empezó a preparar una caja para mandar el cuadro a la exhibición de Bellas Artes[12] en Santiago de Chile. Puesto que iba a empezar dentro de pocos días, Donoso no tenía mucho tiempo.

25 Media hora más tarde fue interrumpido por la llegada de su amigo Rojas, director del museo de Lima.

—¿Cómo te va,[13] amigo Donoso? Siento no poder jugar al tenis contigo hoy. El doctor Carrera llegó esta mañana con muchas cajas de su exploración en los Andes y yo tengo que ayudarle
30 todo el día.

---

[1] **tela** cloth   [2] **cuadro** picture   [3] **de cuerpo entero** full-length   [4] **alrededor del cuello** around her neck   [5] **cadena de plata** silver chain   [6] **piedra** stone   [7] **tocar** to touch   [8] **seco** dry   [9] **pintar** to paint   [10] **pincel** brush   [11] **firmar** to sign   [12] **bellas artes** fine arts   [13] **¿cómo te va?** how are you?

En aquel momento vio el cuadro.

—¡Hombre, qué hermosa es la figura! ¿Quién es?

—No sé —confesó Donoso.

—¿Cómo que no sabes?

—¡Palabra![14]   5

—Pero ¿tu modelo? ¿Quién fue tu modelo?

—No tuve modelo.

Al ver la cara de su amigo, Donoso trató de explicar:

—Hace un año que yo veo a esta mujer en mi imaginación.
No tuve más remedio que pintarla.   10

Rojas se acercó al cuadro. Lo miró un momento.

—Por lo visto,[15] es la mujer de tus ensueños, pero ¿qué es
esto? —añadió señalando la cadena y la joya.[16] —Cosas de los
incas, ¿no? ¿Tienes interés por esas cosas?

—No. Tengo más interés en los vivos que en los muertos.   15
No sé nada de los incas con excepción de lo que he visto en tu
museo.

—Pero, ¿dónde obtuviste los detalles de esta joya? La piedra
es muy buena, excepto por el color. Los incas nunca tuvieron
piedras tan verdes. Esa es china[17] en vez de peruana. Por lo demás   20
. . . ¿En dónde la viste?

—No sé. Estaba aquí esta mañana cuando llegué. Yo no la
pinté.

—¡Cómo no![18] ¡Tal vez la criada la pintó en la noche!

Los labios del director del museo mostraron su sarcasmo.   25

—No, es la pura verdad. Ayer no pude terminar el cuello,
hasta que al fin abandoné el trabajo y me fui a casa, y esta mañana . . .

Señaló dramáticamente la cadena.

—Lo creo. Claro que lo creo— respondió Rojas. —¿Quieres   30
decirme otro cuento fantástico?

—Pero es verdad, te digo. Y no es la primera vez. En otra
ocasión encontré dificultades para pintar uno de los ojos y a la
mañana siguiente[19] alguien lo había pintado. Esta mano también
es trabajo de no sé quién.   35

---

[14] **¡palabra!** on my word of honor!   [15] **por lo visto** apparently   [16] **joya** jewel,
gem   [17] **chino(-a)** Chinese   [18] **¡cómo no!** of course! naturally!   [19] **a la mañana
siguiente** the next morning

—¿Seguimos con las *Mil y una noches*?[20]

—Parece un cuento fantástico, como dices. No lo puedo explicar. Traté de descubrir el misterio. Dormí en mi estudio varias noches, pero no vi ni oí nada. Una noche me desperté. Me pareció
5 que el aire tenía un olor especial, muy penetrante,[21] que me pesaba[22] mucho. Aunque ningún ruido rompió el silencio, yo estaba seguro de que algo raro ocurría. Me quedé quieto durante un momento. Por último me levanté y encendí[23] la luz. Alguien había terminado la mano que yo había empezado. Es todo cuanto
10 te puedo decir. Comprendo que esto no explica nada, pero es la verdad.

—Armando, tú estás algo mal de la cabeza. Necesitas olvidar todo esto. Vamos inmediatamente a jugar al tenis. Las cajas del profesor Carrera pueden esperar hasta la tarde.
15 —No puedo, amigo. Tengo que preparar mi cuadro para la exhibición. Debe salir mañana para Chile. Cualquier otro día . . .

—Bien, bien, pero de todos modos, te invito a comer conmigo esta noche.

—Tengo mucho que hacer, pero . . .
20 —Y durante la comida puedes darme más detalles para probar tu cuento —dijo Rojas al salir.

Durante mucho tiempo el artista miró el cuadro. Luego volvió a mirar la paleta.[24] Después corrió a llamar a su amigo, pero Rojas ya había salido. Donoso quería mostrarle que entre todos
25 los colores de la paleta, no había nada de ese color verde tan peculiar de la joya. Pero no se detuvo mucho en su observación. Recordó la exhibición y empezó a preparar el cuadro.

Una hora más tarde alguien llamó a la puerta. Era un empleado del museo con una carta de Rojas.

30 Amigo Donoso:

¿Puedes venir en seguida al museo y traer tu cuadro? El empleado puede ayudarte. He encontrado algo que te debe interesar mucho.

MIGUEL ROJAS

---

[20] *Mil y una noches* Arabian Nights   [21] **penetrante** penetrating   [22] **pesar** to weigh (upon)   [23] **encender** to light   [24] **paleta** palette

Donoso iba a escribir a su amigo que no tenía tiempo, pero al volver a leer la carta, sintió mucha curiosidad.

—Bien —dijo al empleado. —Llévelo. Pero tenga mucho cuidado ¿eh?

En la calle llamó un coche y cinco minutos más tarde estaba en el museo. Allá Rojas lo esperaba. 5

—¿Quieres saber lo que encontré en la primera caja del profesor Carrera? Pues, una joya como la que pintaste. Por eso, quería comparar las dos. ¿Quieres llevar tu cuadro al depósito?[25]

En el depósito había muchas cajas. El director señaló una que estaba abierta sobre una mesita. 10

—Fue la primera caja que abrí —volvió a decir Rojas. —Contenía varias cosas de un sepulcro de los incas que el doctor Carrera descubrió y ¡esto es lo que encontré!

Era una cadena de plata con una piedra preciosa que se parecía a la del cuadro. Cuando Donoso las comparó, encontró que eran idénticas. 15

—Ahora ¡qué me vas a decir de mi "cuento fantástico"? —le preguntó a Rojas.

—No digo nada. Pero ¡un momento! Voy a llamar al profesor Carrera. 20

Rojas salió en dirección de su oficina.

Mientras se quedó solo, Donoso volvió a examinar la piedra del sepulcro de los incas. Tenía el mismo color que la del cuadro. En este momento sintió algo raro. Era . . . Sí, era el olor penetrante que había llenado su estudio cuando casi descubrió el misterio del cuadro. La atmósfera del museo le pesaba mucho. El artista cerró los ojos. Tenía mucho sueño. 25

De pronto oyó voces detrás de él. Había una mujer y un hombre que llevaban trajes raros, tales como las figuras en los muros[26] del museo. El hombre llevaba un traje largo y en la cabeza tenía cuatro plumas.[27] Además, alrededor de las piernas, inmediatamente debajo de las rodillas,[28] colgaba otro grupo de plumas en forma de círculo. En los pies llevaba unas sandalias. 30

Pero cuando la mujer se volvió, Donoso ya no tenía interés en el hombre. ¡Era ella, el modelo de su cuadro! ¡Era la mujer 35

---

[25] **depósito** storeroom   [26] **muro** wall   [27] **pluma** feather   [28] **rodilla** knee

de sus ensueños! Llevaba un traje rojo, y de los hombros le caía un pedazo de tela blanca y transparente. Para adornar el pelo, llevaba otro pedazo amarillo alrededor de la cabeza.

Mientras los dos hablaban, ella observó el cuadro. Donoso
5 vio como la mujer le mostraba al hombre la figura, pero el artista no comprendió sus palabras. No hablaban español. La mujer se puso furiosa. Parecía querer limpiar el cuadro. El hombre no quería hacerlo, pero al fin movió la cabeza, y fue hacia una de las cajas del profesor Carrera. Sacó un pincel y una tableta[29] de
10 color, de ese color verde de la piedra en el cuadro. Se acercó al cuadro de Donoso.

—¡No, no!

Donoso trató de gritar más, pero le pareció que una mano fría lo callaba. No podía hablar ni moverse. El mundo se puso
15 negro. Perdió el sentido.[30] Y cayó al suelo.

❧

—¿Qué te pasó, Donoso? ¿Estás malo?

El artista peruano abrió los ojos. Vio que su cuadro se había caído al suelo invertido. Pero tenía más interés en la mujer y su compañero. ¿Dónde estaban? Miró por todo el depósito. Se ha-
20 bían ido. Él y Rojas estaban solos en el depósito.

—Tal vez es este olor —continuó Rojas. —Me dice Carrera que es algo que usaban los incas para preservar a los muertos en el sepulcro. Pero parece muy fuerte aquí ahora.

—No sé lo que es ni lo que me pasó —exclamó Donoso.
25 —Pero sé quién me ayudó con este cuadro. Sus pinceles y sus colores están en aquella caja.

—¿Qué me dices, hombre?

Rojas trató de detener al artista, pero Donoso se acercó a la caja y la abrió. La primera cosa que vio fue un grupo de tabletas
30 de color y unos pelos que servían de pincel. El color de una de las tabletas era idéntico al del cuadro, aquel color que no existía en la paleta de Donoso. Rojas los examinó con atención.

—¿Cómo sabías lo que contenía esa caja? —preguntó. —No comprendo. No comprendo nada de este misterio. Además, es

---

[29] **tableta** tablet, cake (*of paint*)   [30] **perder el sentido** to lose consciousness

la primera vez que veo utensilios de artista entre lo que los incas han dejado en sus sepulcros. No tenemos ningún cuadro hecho por los incas. Pero si quieres decirme que tú y un artista inca pintaron ése, no tengo nada que decir. Ya he visto demasiadas cosas raras. De todos modos, los dos pintan bien. A ver cuanto 5 se parece al original.

Rojas levantó el cuadro. Se puso pálido. Dejándolo caer otra vez, exclamó:

—¡Por Dios!

Donoso corrió para coger el cuadro. También gritó mientras 10 ponía el cuadro contra el muro. El cuadro estaba absolutamente limpio, excepto el centro, en el que se veía la representación de una joya verde, la joya que el profesor Carrera había encontrado en el sepulcro.

EXERCISES

READING COMPREHENSION

Select the word or phrase that best completes each statement according to the story, *La joya del inca.*

1. ¿Qué vio el artista cuando quitó la tela que cubría el cuadro?
   a. Una persona viva que acababa de despertar.
   b. Una cadena de plata con una piedra de color verde.
   c. Una figura de mujer con una joya alrededor del cuello.

2. ¿Por qué no quería firmar el cuadro?
   a. Porque no había que mandarlo al museo.
   b. Porque no lo había pintado él.
   c. Porque no lo había terminado.

3. ¿Adónde pensaba mandar el cuadro?
   a. A la exhibición de Chile.
   b. Al museo de Lima.
   c. A la exploración de Santiago.

4. Rojas no podía jugar al tenis . . .
   a. porque tenía que ayudar al doctor Carrera.
   b. porque tenía que dirigir una exploración.
   c. porque tenía que preparar unas cajas.

5. ¿Cómo explicó Donoso el misterio del cuadro?
   a. Con un cuento fantástico.
   b. Con un sueño que tuvo.
   c. No lo pudo explicar.

6. ¿Qué sintió cuando se despertó?
   a. Un ruido penetrante.
   b. Un olor especial.
   c. Una mano que pesaba mucho.

7. ¿Por qué va al museo?
   a. Porque su paleta no tenía el verde de la joya.
   b. Porque encontró una joya como la que pintó.
   c. Porque Rojas encontró algo de mucho interés.

8. ¿Qué encontró Rojas?
   a. Una caja del doctor Carrera sobre una mesita.
   b. Una joya idéntica a la del cuadro.
   c. Unos colores verdes como el de la joya.

9. ¿Qué sacó el indio de la caja?
   a. Una piedra del color de la del cuadro.
   b. Un pincel y una tableta de color.
   c. Un grupo de plumas del mismo color.

10. ¿Cuál era el olor que había en el cuarto?
    a. El olor de los pinceles y los colores.
    b. El olor de algo para preservar a los muertos.
    c. El olor de los pelos que servían de pincel.

11. ¿Por qué Rojas deja caer el cuadro?
    a. Porque ya había visto demasiadas cosas raras.
    b. Porque el cuadro estaba absolutamente limpio.
    c. Porque sólo quedaba en el centro la figura de la joya.

VOCABULARY STUDY

A. *Vocabulary Usage*

Select the word or expression in *Column B* closest in meaning or related logically to each term in *Column A*.

A	**B**
1. _____ Perú	a. pincel
2. _____ paleta de colores	b. sandalias
3. _____ tenis	c. muerto
4. _____ cuello	d. rodillas
5. _____ joya	e. cadena de plata

6. ____ pies
7. ____ sepulcro
8. ____ pierna

f. parte superior del cuerpo
g. peruano
h. juego

Write sentences of your own using the following expressions.

1. encontrarse inquieto
2. acabar de
3. detenerse
4. acercarse

5. tener miedo
6. no tener más remedio que
7. estar seguro de
8. ir hacia

B. *Cognate and Word Formation Exercise*

In figuring out the meaning of a new word, it will be helpful to remember that Spanish words beginning with **est-**, **esc-** or **esp-** usually have an equivalent English word beginning with *st-*, *sc-*, or *sp-*.

estudiante	*st*udent
escena	*sc*ene
espacio	*sp*ace

Find the cognates of the following English words in *La joya del inca*. Are there any false cognates?

1. artist
2. entire
3. study
4. utensil
5. to remedy
6. sarcasm
7. to abandon

8. mystery
9. to prepare
10. detail
11. palette
12. peculiar
13. curiosity
14. deposit

15. sepulcher
16. identical
17. precious
18. penetrating
19. tablet
20. to interrupt

STRUCTURES

A. *Prepositions*

Rewrite the following sentences, using the correct preposition. For a review of the uses of **por** and **para**, see p. 23.

1. El artista dio unos pasos (para / por) _____ el estudio.
2. Hace años que veo a esta mujer (de / en) _____ mi imaginación.

3. ¿Tienes interés (para / por) _____ la cultura de los incas?
4. En la paleta no estaba ese color verde tan peculiar (de / en) _____ la joya.
5. El director señaló una caja que estaba (con / sobre) _____ la mesa.
6. (Para / por) _____ adornar el pelo, ella llevaba un pedazo de tela amarilla alrededor (de / en) _____ la cabeza.

B. *Affirmative and Negative Words*

The forms of affirmative and negative words are as follows:

Affirmative Words	Negative Words
o . . . o (*either . . . or*)	ni . . . ni (*neither . . . nor*)
algún (*some, any*)	ningún (*none, neither of them*)
algo (*something*)	nada (*nothing*)
alguien (*someone*)	nadie (*no one*)
también (*also*)	tampoco (*neither, not either*)

The negative words **nadie, nada, ninguno, tampoco,** and **nunca** can be placed either before or after the verb.

> No quiero ir **tampoco.**
> **Tampoco** quiero ir.

No precedes the verb whenever another negative word follows the verb.

> **No** estudia **nada.**

Rewrite the following sentences in the negative using the italicized words as cues.

EXAMPLE: Dijo **algo.**

> *No* dijo *nada*.

1. Había *algo* de ese color verde tan peculiar en la paleta.
2. Una hora más tarde *alguien* llamó a la puerta.
3. El olor de la atmósfera tenía *algo* de especial.
4. Sé lo que es y lo que me pasó.
5. Estaba seguro de que *algo* raro ocurría.
6. *Algún* fantasma inca le ayudaba.
7. *También* vio la joya inca que la mujer tenía en el cuello.
8. Me lo dijo *alguien*.

Change the following sentences to the affirmative using the italicized words as cues.

1. *Ningún* ruido rompió el silencio de la noche.
2. *Nadie* había terminado el cuadro.
3. No vi *ni* oí *nada*.
4. *Tampoco* creyó mi explicación.

C. Formal *Ud.* and *Uds.* Commands

Singular formal commands of regular verbs are formed by dropping the -o ending of the first person singular in the present indicative tense, and adding **-e** for **-ar** verbs and **-a** for **-er** and **-ir** verbs. To form the plural, simply add an **-n** to the singular form.

yo hablo → **habl** + **e** = **hable Ud., hablen Uds.**
yo como → **com** + **a** = **coma Ud., coman Uds.**
yo vivo → **viv** + **a** = **viva Ud., vivan Uds.**

Object pronouns are placed immediately after the affirmative command form and are attached to it. In negative commands, however, they are placed before the verb.

Ciérre**lo**.
No **lo** cierre.

The forms of several common irregular formal **Ud.** and **Uds.** commands are as follows:

ir	→ vaya, vayan	saber	&rarr;	sepa, sepan
dar	→ dé, den	estar	&rarr;	esté, estén
ser	→ sea, sean			

In the following exercise, ask the subjects of the following sentences to do the opposite of what they are doing.

EXAMPLE: El señor Donoso no pinta.
         Señor Donoso, pinte.

         No lo llevan.
         Llévenlo.

1. El señor Rojas no abre el museo.
2. El doctor Carrera lleva las cajas.
3. La señorita Gómez no limpia el cuarto.

4. Él no tiene cuidado con el cuadro de Donoso.
5. Los señores Rojas y Donoso no salen temprano.
6. Él se lo pone en la cabeza.
7. El doctor no lo trae.
8. Las señoras no hablan español.
9. Uds. no vienen a tiempo.
10. El doctor Carrera no es un buen investigador.
11. El señor Carrera no va al museo.

D. *Demonstrative Adjectives*

In Spanish the ending of the demonstrative adjective must agree in gender and number with the noun it modifies.

	Singular			**Plural**	
Masculine /	*Feminine*		*Masculine* /	*Feminine*	
este	**esta**	*this*	**estos**	**estas**	*these*
ese	**esa**	*that*	**esos**	**esas**	*those*
aquel	**aquella**	*that*	**aquellos**	**aquellas**	*those*
		(far away)			*(far away)*

Este (*this*) points out a particular person or object near the speaker; **ese** (*that*) indicates something near the person spoken to; and **aquel** (*that over there*) refers to something in the distance from both the speaker and the person spoken to.

> **Esta** pintura es excelente.
>
> **Estos** trabajos no sirven para nada.
>
> **Aquellos** pinceles son incas.

Rewrite the following sentences, using the correct form of the demonstrative adjective.

1. Donoso vio la joya a su lado y dijo — ¡Qué rara es _____ joya!
2. El indio sacó una tableta de color, de _____ mismo color verde de la piedra pintada en el cuadro que Donoso tenía en sus manos.
3. Rojas sintió el olor y le preguntó a Donoso: — ¿Es _____ olor extraño que siento aquí en el depósito parecido al que sentiste en tu estudio?

4. Vi que el inca sacó sus pinceles y sus colores de _____ caja en el rincón.

5. Me interesa estudiar _____ culturas misteriosas que existieron hace muchos años.

E. *Demonstrative Pronouns*

Demonstrative pronouns have the same form as demonstrative adjectives, except that they have a written accent mark. They agree in gender and number with the noun they replace.

Singular			Plural		
Masculine / Feminine			Masculine / Feminine		
éste	**ésta**	*this one*	**éstos**	**éstas**	*these*
ése	**ésa**	*that one*	**ésos**	**ésas**	*those*
aquél	**aquélla**	*that one*	**aquéllos**	**aquéllas**	*those*
		(far away)			*(far away)*

¿Buscas **esta** paleta o **ésa**?
Busco **ésta**, gracias.

Each demonstrative pronoun has a neuter form. The neuter pronouns have no written accent mark. They refer to whole ideas or unidentified nouns rather than to a specific noun.

esto	*this thing, this matter*
eso	*that thing, that matter*
aquello	*that thing, that matter (far away)*

Esto es muy interesante, pero **eso** no.
Aquello me gusta más.

Rewrite the following sentences, using the appropriate demonstrative pronoun.

1. Donoso pone los pinceles en dos cajas diferentes. "Estos pinceles aquí son míos, y _____ , a tu lado, son los tuyos".

2. Donoso observó que los incas se parecían a _____ (*allá lejos*) pintados en los muros del museo.

3. Estas piedras preciosas no parecen muy antiguas, pero _____ (*cerca de Ud.*) fueron encontradas en un sepulcro de los incas.

4. Este cuarto tiene un olor agradable, pero _____ (*situado en otro museo*) en que trabajé el año pasado tenía un olor extraño.
5. Me gusta estudiar las civilizaciones antiguas. ¿Crees que _____ eran mejores que las de ahora?
6. ¿Qué más sabes de los incas? — _____ es todo.
7. ¿Qué es _____ aquí? —No sé, pero parece peligroso.

WRITING PRACTICE

Describe in Spanish the painting that Donoso is trying to finish. Use the vocabulary and grammar you have learned in this section. Your composition should be at least one hundred words in length.

COMMUNICATIVE ACTIVITY

Your teacher will ask you to prepare a brief talk for class about one of the following topics. You may wish to include pertinent information from magazines, newspapers or books.

1. **La reencarnación es parte importante de las creencias de muchas religiones.** ¿Qué es la reencarnación? ¿Cree Ud. en la reencarnación? Explique su respuesta.
2. ¿Quiénes eran los incas? ¿Qué sabe Ud. sobre esta civilización? ¿Cuándo existió? ¿Dónde?
3. ¿Cree Ud. que los eventos narrados pueden pasar en la vida real? Explique su respuesta.
4. ¿Teme Ud. a los muertos? Analice su actitud hacia los muertos. ¿A qué se debe esto? ¿Cree que la cultura en general tiene influencia en nuestras creencias? ¿Cómo se efectúa dicha influencia?
5. ¿Cree Ud. en el espiritismo? ¿En los médiums? ¿Es posible la comunicación con personas de siglos pasados? Explique su respuesta.

Historia del hombre que se casó con una mujer muy brava

DON JUAN MANUEL

Semejanza → Taming of the Shrew
por Shakespeare

estructura
(cuento dentro de un cuento) ❦ *re: Historia de un hombre que*
(exemplum) Carmen (rey) actúa sin pensar

En cierta ocasión el Conde Lucanor le dijo a su consejero Patronio:

—Patronio, un criado me dijo que le aconsejaban[1] casarse con una mujer muy rica y de un nivel social[2] más alto. El
5 casamiento[3] parece ser muy bueno, excepto por un inconveniente: la mujer es la más brava del mundo. Aconséjame: ¿debe o no casarse con esa mujer?

—Señor Conde, —dijo Patronio, si el hombre es como el hijo de un famoso moro[4] que conocí, sí debe casarse con ella, pero
10 si no es como él, no debe casarse.

El Conde no comprendió bien a Patronio y le pidió una explicación. Entonces Patronio le dijo que en un pueblo había un hombre pobre y muy humilde[5] que tenía un hijo muy bueno. En el mismo pueblo había otro hombre muy rico y de muy buena
15 posición social que tenía una hija muy bonita. La chica era, sin embargo,[6] muy diferente al hijo del hombre pobre porque tenía muy mal genio[7] y un temperamento muy violento. Nadie en el pueblo quería casarse con esa mujer tan brava.

Un día el joven le dijo a su padre que sabía que no eran ricos
20 y que no podían vivir tan bien como debían, y que por eso creía que debía irse del pueblo a buscar fortuna en otra parte, o tratar de conseguir una esposa con dinero para mejorar su posición social. El padre le contestó que trataría de conseguirle un buen matrimonio. Entonces el hijo le explicó al padre lo que[8] pensaba.
25 Quería casarse con la hija brava de ese amigo que tenía mucho dinero. Cuando su padre oyó esto no lo creyó.

—Hijo, dijo el padre, —aunque somos pobres no debes casarte con esa mujer tan brava.

---

[1] **aconsejar** to advise [2] **nivel social (posición social)** social standing, social position [3] **casamiento** marriage [4] **moro** Moor (*The Muslims invaded and conquered Spain in the eighth century and remained there until they were driven out in 1492.*) [5] **humilde** humble [6] **sin embargo** however; nevertheless [7] **mal genio** bad temper [8] **lo que** what; the thing

Y el hijo, otra vez, le explicó a su padre su idea. Le rogó[9]
tanto que su padre aceptó hablar con el padre de la mujer brava.

Ese día se vistió muy bien y fue a ver a su amigo rico y le
dijo todo lo que había hablado con su hijo. El padre de la mujer
se alegró, pero después de pensarlo bien le dijo a su amigo pobre: 5

—¡Por Dios!,[10] amigo, yo no puedo aceptar tu oferta.[11] Tú
tienes un hijo muy bueno. No es conveniente casarlo con mi hija.
Ella tiene muy mal genio y necesita un hombre de carácter
fuerte.[12] Es mejor para tu hijo estar muerto que casado con mi
hija. En realidad, no te digo esto por no aceptar lo que me pides.   10
Al contrario, quiero casar a mi hija, y pienso que me va a gustar
mucho dársela a tu hijo o a cualquier otro pretendiente.[13]

La discusión entre los dos hombres duró[14] mucho tiempo.
Por fin, después de mucho hablar, los dos llegaron a un acuerdo,[15]
y el casamiento se hizo como deseaban.   15

Los moros tienen por costumbre prepararles la cena a los
novios, ponerles la mesa[16] y dejarlos solos en su casa hasta el
día siguiente. Así lo hicieron esta vez, pero los padres y los
parientes del novio y de la novia se quedaron muy nerviosos
pensando que al otro día iban a encontrar al novio muerto o muy   20
mal herido.[17]

Cuando los novios se quedaron solos en la casa y se sentaron
a la mesa, el joven miró alrededor[18] de la mesa y vio un perro.
De pronto[19] le dijo al perro:

—Perro, sírvenos agua para lavarnos las manos.   25

El perro miró a su amo, pero no se movió. El joven, entonces,
se comenzó a enfadar[20] y volvió a repetir la orden con más
severidad:

—¡Tráenos agua!

Cuando vio que el perro no les traía el agua se levantó de la   30
mesa, sacó la espada[21] y se dirigió al perro. Al verlo venir con

---

[9] **rogar** to beg   [10] **¡por Dios!** for goodness sake!   [11] **oferta** offer   [12] **hombre de
carácter fuerte** man of strong character; strong-willed man   [13] **pretendiente**
suitor; a man seeking to become engaged to her   [14] **durar** to last   [15] **acuerdo**
agreement   [16] **poner la mesa** to set the table   [17] **mal herido** seriously
wounded   [18] **alrededor** around   [19] **de pronto** suddenly   [20] **enfadarse** to become angry   [21] **sacar la espada** to draw the sword

tanta furia, el perro comenzó a huir. Pero el joven lo persiguió[22] alrededor de la mesa hasta que lo alcanzó[23] y le cortó la cabeza.[24]

Así, muy serio y todo ensangrentado, se sentó a la mesa y miró nuevamente[25] a su alrededor. Vio un gato y le pidió agua
5 para las manos. Pero el gato no entendió y no se la trajo. El hombre le dijo al gato:

—¿Cómo, gato traidor, y no viste lo que le hice al perro porque no quiso hacer lo que le mandé? Prometo a Dios que si no obedeces[26] te haré lo mismo a ti.

10 ☺ El gato no lo hizo porque tampoco es su costumbre dar agua para las manos. Y porque no lo hizo, el joven se levantó, lo tomó por las patas[27] y lo tiró contra la pared.[28]

Y así muy bravo, serio y haciendo muy malos gestos, el esposo regresó a la mesa y miró por todas partes. La mujer, que
15 vio lo que hacía su marido, creyó que estaba loco, pero no dijo nada.

El joven miró otra vez a su alrededor y esta vez vio un caballo que estaba afuera. Fue hacia él y le pidió agua para las manos. Cuando vio que como el perro y el gato, el caballo no obedecía,
20 le dijo:

—¿Cómo, don caballo, crees que porque no tengo otro caballo te voy a dejar en paz si no obedeces? Si no haces lo que mando, juro a Dios[29] que vas a terminar como los otros que no obedecieron. Al que no obedece lo mato. ¡Apúrate,[30] tráenos el agua!

25 El caballo no se movió. Y cuando el esposo vio que no le obedecía, le cortó la cabeza con la mayor furia que pudo mostrar.

La mujer que vio que mataba a su único caballo y oyó que decía que iba a hacer lo mismo con los desobedientes, pensó que su esposo no estaba jugando, y tuvo tanto miedo[31] que no sabía
30 si estaba muerta o viva.

El esposo, bravo, sañudo[32] y ensangrentado, regresó a la mesa, jurando que iba a matar a todos los desobedientes. Se sentó y miró por todas partes teniendo la espada sangrienta sobre las piernas; y después de mirar por todo el cuarto y de no ver a

---

[22] **perseguir** to pursue; to chase   [23] **alcanzar** to overtake; to catch   [24] **cortar la cabeza** to cut off his head   [25] **nuevamente** again   [26] **obedecer** to obey   [27] **pata** leg   [28] **pared** wall   [29] **juro a Dios** I swear to God   [30] **apurarse** to hurry up   [31] **miedo** fear   [32] **sañudo(-a)** furious

nadie, volvió los ojos hacia su esposa muy bravamente[33] y le dijo con gran furia mientras sostenía[34] la espada en la mano:

—¡Levántate y dame agua para lavarme las manos!

La mujer que no esperaba otra cosa sino la muerte, se levantó muy de prisa[35] y le dio el agua que pedía. Y el esposo le dijo: 5

—¡Ah!, cómo le agradezco a Dios porque hiciste lo que te ordené. Podías haber terminado como estos locos que no me obedecieron.

Después le pidió la comida y ella obedeció.

Así, cada vez que le decía alguna cosa, se lo decía con tanta 10 furia que la mujer creía que le iba a cortar la cabeza.

Pasó aquella noche y la mujer no se atrevió[36] a hablar, pero siempre hacía todo lo que le manadaba el marido. Cuando habían dormido un rato le dijo él:

—Con esta furia que tuve esta noche no he podido dormir 15 muy bien. Ahora quiero dormir. Por la mañana hazme una buena comida.[37]

A la mañana siguiente los parientes y los padres llegaron a la puerta, y como había mucho silencio creyeron que el esposo estaba muerto o herido. Cuando vieron a la esposa y no al esposo, lo creyeron aún más. Pero cuando ella los vio en la puerta, llegó muy despacio[38] y con gran miedo les dijo:

—Locos traidores, ¿qué hacen? ¿Cómo se atreven a venir y a hablar tan alto?[39] ¡Cállense! ¡Silencio! Todos vamos a morir si despertamos[40] a mi marido. 25

Cuando oyeron esto, los parientes y los padres se maravillaron[41] y apreciaron mucho[42] al joven que había sabido hacer lo que le convenía.[43]

Desde aquel día en adelante,[44] la mujer fue muy obediente y los dos tuvieron una vida feliz. 30

A los pocos días el padre de la joven esposa quiso hacer lo mismo que había hecho su yerno[45] y mató un gallo[46] de la misma

---

[33] **bravamente** angrily; bravely [34] **sostener** to hold [35] **de prisa** in a hurry
[36] **atreverse** to dare to [37] **buena comida** a good meal [38] **despacio** slowly;
silently [39] **alto** loudly [40] **despertar** to wake [41] **maravillarse** to marvel at;
to wonder at; to be surprised [42] **apreciar mucho** to admire greatly
[43] **convenir** to be fitting; to be good for one [44] **desde aquel día en adelante**
from that day on [45] **yerno** son-in-law [46] **gallo** rooster

manera pero su mujer le dijo:

—Tarde lo haces, pues ya no te vale de nada. Debiste comenzar antes porque ya nos conocemos muy bien.

❧

—Y Ud., señor Conde, si aquel hombre que le pidió consejo
5 quiere casarse con esa mujer brava, si él es como el joven de la historia, creo que debe casarse porque él sabrá lo que pasa en su casa, pero si no sabe lo que debe hacer ni lo que le conviene, no debe casarse.

Al Conde le gustó mucho este consejo y más tarde le dijo a
10 su criado:

—Si al comienzo[47] no muestras quien eres nunca después podrás hacer lo que quieres.

¿Cuál es la moraleja del cuento?

EXERCISES

READING COMPREHENSION

Select the word or phrase that best completes each statement according to *Historia del hombre que se casó con una mujer muy brava.*

1. En el pueblo había
   a. un hombre humilde que tenía una hija muy brava.
   b. un hombre bravo que tenía un hijo rico.
   c. un hombre pobre que tenía un hijo bueno.
   d. un hombre rico que tenía una hija humilde.

2. El joven quiere casarse para
   a. mejorar su condición social.
   b. llegar a un acuerdo.
   c. aceptar lo que le piden.
   d. cortarle la cabeza a la mujer.

---

[47] **al comienzo** at the beginning

3. Los moros tienen por costumbre
   a. cortarles la cabeza a los animales.
   b. prepararles la cena a los novios.
   c. mirar alrededor de las mesas.
   d. encontrar al novio muerto.

4. El novio les cortó la cabeza
   a. al perro y al gato.
   b. al caballo y al gato.
   c. al perro y al caballo.
   d. al gato y al gallo.

5. El novio se sienta a la mesa jurando que va a
   a. matar a los obedientes.
   b. cortarle la cabeza a la esposa.
   c. matar a los desobedientes.
   d. cortarle la cabeza al yerno.

6. Los parientes de los novios creyeron que
   a. el novio estaba loco.
   b. la novia estaba mal herida.
   c. el esposo estaba muerto.
   d. la esposa estaba brava.

7. Un hombre debe casarse si
   a. no sabe lo que pasa en su casa.
   b. sabe que su mujer tiene mucho dinero.
   c. sabe lo que debe hacer y lo que le conviene.
   d. no sabe lo que le conviene ni lo que debe hacer.

Change the false statements to make them agree with *Historia del hombre que se casó con una mujer muy brava.*

1. El Conde pide consejos porque se quiere casar.
2. La hija del hombre pobre tiene muy mal genio.
3. El joven quiere casarse con una mujer pobre y buena.
4. El perro se levantó de prisa y tomó el agua que quería.
5. El padre de la chica no tuvo éxito porque la esposa ya lo conocía muy bien.

VOCABULARY

A. *Vocabulary Study*

Rewrite the following paragraph, including the appropriate words selected from the list below.

esposo	esta	del
día	su	estaban
costumbre	herido	los

Entre los moros existía la _costumbre_ de preparar una cena a _los_ novios y dejarlos solos en _su_ casa hasta el día siguiente. _Esta_ vez, sin embargo, los parientes _del_ novio y de la novia _estaban_ muy nerviosos pensando que al _día_ siguiente iban a encontrar al _esposo_ muerto o muy mal _herido_

Write the noun, verb or adjective contained in each of the following words.

EXAMPLE: desobedecer

> _obedecer_

1. inconveniente
2. conseguir
3. pensarlo
4. realidad
5. dársela
6. nervioso
7. lavarnos
8. ensangrentado
9. nuevamente
10. desobedientes
11. bravamente
12. sostenía
13. moriremos

Write complete sentences using the cues given and adding any other necessary words.

EXAMPLE: Patronio / oir / consejos / amigo

> _Patronio oye los consejos de su amigo._

1. hijo / buscar / fortuna / otra parte
2. él / querer / esposa / dinero
3. padre / dar / hija / pretendiente
4. perro / traer / agua / amo
5. esposo / poner / espada / piernas

B. _Cognate and Word Formation Exercise_

Find the cognates of the following English words in _Historia del hombre que se casó con una mujer muy brava._

1. brave
2. prepare
3. fortune
4. accept
5. spade
6. character
7. comprehend
8. parents
9. severity
10. spouse
11. gesture
12. temperament
13. disobedient
14. silence

STRUCTURES

A. *Familiar (tú)* Commands

The form for the affirmative familiar **(tú)** command is the same as the third person singular of the present indicative tense.

hablar ⟶ él habla ⟶ **habla (tú)**

Object pronouns are placed immediately after the affirmative command form and are attached to it.

ciérra**la**

When both a direct object and an indirect object pronoun are used, the indirect object pronoun precedes the direct object pronoun.

dá**melas**

The negative command for **tú** uses the form of the formal **usted** command plus an **s**. As is the case with formal commands, object pronouns precede negative commands.

No **cierres** la puerta

No **me las** des.

(OR → the second person singular of the present subjunctive)

The following is a list of a few irregular affirmative **tú** commands.

decir	⟶ **di**	salir	⟶ **sal**
hacer	⟶ **haz**	ser	⟶ **sé**
ir	⟶ **ve**	tener	⟶ **ten**
poner	⟶ **pon**	venir	⟶ **ven**

Make affirmative and negative **tú** commands from the following sentences, placing any pronoun that goes with the verb in its proper place.

EXAMPLE: Él nos da el dinero.

> *Danos el dinero.*
> *No nos des el dinero.*

1. Él nos sirve agua para lavarnos las manos.
2. Elena nos trae la comida en seguida.
3. Tú nos tienes el dinero.
4. Ella pone la mesa.
5. El caballo hace lo que le ordeno.

6. El padre nos hace un favor.
7. La mujer brava dice la verdad.
8. Juan sale de su cuarto.

B. Reflexive Constructions

Rewrite the following sentences, using the present tense of the reflexive verbs in parentheses. For an explanation of the reflexive construction, see p. 98.

1. El hombre pobre (casarse) _____ con la mujer brava.
2. Tú (vestirse) _____ en seguida para ir a ver a tu amigo.
3. La esposa (levantarse) _____ rápidamente.
4. Vamos a (levantarse) _____ temprano.
5. Nosotros (alegrarse) _____ mucho.
6. Mis padres (quedarse) _____ en el pueblo.
7. Uds. (irse) _____ pensando que al otro día él va a estar muy mal herido.
8. Tú no (atreverse) _____ a casarte con una mujer de temperamento violento.
9. Yo (divertirse) _____ con mis parientes.
10. Uds. (sentarse) _____ cerca de su perro.
11. ¿Ya (tú/acostarse) _____ ?
12. Quiero (sentarse) _____ aquí con mi pretendiente.
13. Nosotros (callarse) _____ cuando entra el director de la escuela a la clase.

Rewrite the following sentences in the negative.

1. Nosotros nos servimos agua.
2. El novio siempre se divertía mucho.
3. La joven también se fue con alguien.
4. ¿Te quedas con éste o con ése?
5. Tú te atreves a desobedecer.
6. Ellos se van del pueblo a buscar fortuna a otra parte.

C. Familiar Commands with Reflexive Verbs

Reflexive pronouns follow and are attached to affirmative commands.
   Juana, siéntate aquí.

Rewrite the following sentences, changing each infinitive in parentheses to a **tú** command.

1. El padre (vestirse) _____ rápidamente.
2. Julio (divertirse) _____ mucho.
3. Elsa (levantarse) _____ rápidamente.
4. Tú (sentarse) _____ aquí.
5. La mujer (quedarse) _____ conmigo.

D. *Infinitives*

Rewrite the following sentences, supplying the Spanish equivalent of the verbs in parentheses.

1. El joven trata de (*to get*) _____ una esposa con dinero.
2. El padre, después de (*to think*) _____ mucho, fue a (*to talk*) _____ con su amigo rico.
3. Te digo que estoy por (*to accept*) _____ lo que me pides.
4. Los parientes creían que iban a (*to find*) _____ al esposo muerto al día siguiente.

Rewrite the following sentences, supplying the Spanish equivalent of the verbs in parentheses.

1. Un criado me dijo que quería (*to get married*) _____ .
2. El hijo cree que se debe (*to go*) _____ del pueblo a buscar fortuna en otro lugar.
3. El hombre, de mal genio, juró (*to kill*) _____ a todos los desobedientes.
4. Quiero (*to sleep*) _____ bien esta noche.
5. El joven esposo supo (*to do*) _____ lo que le convenía.

E. *Use of **lo que***

Lo que is used to replace a general or abstract idea rather than a specific object or person. It translates the English *what* in the sense of *that which.*

Lo que me gusta más es leer.
What I like best is to read.

Translate the following sentences into English.

1. Le dijo todo lo que había hablado.

2. No vio lo que le hice al perro.
3. Siempre hace lo que quiere.
4. La mujer vio lo que hacía su marido.
5. ¿No hiciste lo que to ordené?
6. No es lo que debe hacer.

WRITING PRACTICE

Describe the relationship between the newlyweds. Use the vocabulary and grammar you have learned in this selection. Your description should be at least one hundred words in length.

COMMUNICATIVE ACTIVITY

Your instructor will ask you to work in pairs or small groups collaborating on a composite presentation of one of the topics listed below. Feel free to include pertinent information from articles or books you have read recently.

1. **Feminismo.** ¿Qué significa el feminismo para Ud.? ¿Cree Ud. que hay más mujeres liberadas en los Estados Unidos que en otros países? Explique. ¿Es necesario competir con el hombre en todas las actividades? ¿Por qué? ¿Ha leído algo recientemente acerca de la liberación de las mujeres? Haga comentarios.

2. **Machismo.** ¿Qué es el machismo? ¿Existe en los Estados Unidos? ¿Cómo se manifiesta? ¿Es posible ser un hombre liberado? Justifique su respuesta.

3. **Responsabilidades de cada cónyuge en el matrimonio.** ¿Qué responsabilidades le corresponden al marido? ¿Y cuáles a la mujer?

4. **La moraleja de la historia.** Analice a los personajes en *Historia del hombre que se casó con una mujer muy brava.* ¿Qué tipo de hombre es el marido? ¿Y la mujer? ¿Qué piensa Ud. de la suegra?

REVIEW EXERCISE

Review the vocabulary and grammar covered up to this point in

Part 3. Then rewrite each sentence with the translation of the word(s) in parentheses.

Ésta es la historia de un moro muy pobre y honesto que (*had*) _____ un hijo muy bueno que quería (*to get married*) _____ con la hija de un amigo de su padre (*use prep.*) _____ mejorar su posición social y económica. Aunque la hija era muy bonita, tenía un carácter muy fuerte y no le gustaba (*to obey*) _____ . (*Her*) _____ padre tenía mucho dinero pero estaba triste porque su hija no tenía pretendientes. Por eso, cuando su amigo pobre (*came to see him*) _____ , se puso muy contento (*use prep.*) _____ la oportunidad de casar a su hija. Por fin la boda se celebró y los esposos fueron a su casa a (*to eat*) _____ la cena que, como era costumbre, les habían preparado (*their*) _____ parientes. El joven esposo sabía perfectamente bien (*what he had to do*) _____ para mandar (*use prep.*) _____ su casa: mostrar su autoridad desde un principio. Cuando los esposos (*sat down*) _____ a la mesa, el joven le pidió a su perro agua para las manos, pero el perro no se la trajo. Entonces, (*without thinking about it*) _____ el joven le cortó la cabeza al animal desobediente. (*In a little while*) _____ les pidió agua a un gato y a un caballo que estaban cerca, pero los animales no se la trajeron. Los dos perdieron la vida. La esposa pensaba que su marido (*was*) _____ loco, y cuando él le dijo lleno de ira: —(*Bring me water!*) _____ , ella se levantó de la mesa y (*brought it to him*) _____ rápidamente.

Rewrite the following sentences, using the proper form of the word(s) in parentheses.

Yo (llamarse) _____ Juan, tengo doce años y soy huérfano. Todos mis amigos tienen padres, pero yo soy el único huérfano del barrio. Mis padres (ser) _____ muy buenos conmigo y me querían mucho. Siempre (creer) _____ todo lo que les decía y nunca me (regañar) _____ . Pero un día todo (cambiar) _____ .

Recuerdo que les conté que había visto una (*little ball*) _____ que (comer) _____ lagartijas y que se comunicaba conmigo sin decirme nada. Cuando la (*little ball*) _____ se ponía brava (crecer) _____ y (comenzar) _____ a brillar mucho, parecía que (ir) _____ a explotar. Por eso les dije a mis padres que no (deber) _____ subir al desván, que era donde vivía la pelota roja. Mis padres pensaron que estaba loco y esta vez no quisieron creer nada de lo que les decía. Ellos (subir) _____ al desván para demostrarme que yo (ser) _____ un mentiroso. Yo (quedarse) _____ abajo lleno de miedo porque (saber) _____ que la pelota roja no quería ver a nadie de este mundo. De pronto (sentir) _____ un ruido muy fuerte y un olor penetrante. Comprendí que algo malo (haber) _____ pasado.

Ahora estoy aquí sentado en esta silla, (*waiting*) _____ con mucho miedo la llegada de las compañeras de la bola roja. Sé que van a venir, pero nadie me cree. ¿Qué debo hacer?

PART
IV

Part 4 presents the one-act play *El delantal blanco* by the Chilean playwright Sergio Vodanovic and the popular legends *Sangre en el umbral* and *La vuelta del presidiario* by the Argentinean writer Gustavo Martínez Zuviría, better known by his pseudonym Hugo Wast.

El delantal blanco is a fascinating play that unveils the superficial nature of certain values held dear by some members of the so-called upper class. You will enjoy the subtle humor and the skillful handling of the tensions that exist between the lower and upper classes in Latin America.

Both *Sangre en el umbral* and *La vuelta del presidiario* are based on popular legends that rural Argentineans have preserved about the bandit-hero Roque Carpio. The first is a powerful drama of feminine determination; the second shows a sympathetic attitude toward the popular hero.

STUDY AIDS

The following will help you in your reading of the selections:

1. The vocabulary of these selections is more difficult than that used in the previous ones. It will help to glance over the vocabulary exercises and footnotes before reading the new material.

2. Words that are not listed in the vocabulary section at the back of the book are cognates or derivatives. Many of the words used in this reader are derivatives. For example, the ending **-dor** added to the stem of a verb indicates the person who performs the action of the verb or the place where the action of the verb is performed; the ending **-oso** added to the stem of a noun expresses a quality related to the meaning of the noun; the most common diminutive ending in Spanish is **-ito** (**-ita**, **-itos**, **-itas**); the characteristic ending for the absolute superlative is **-ísimo** (**-ísima, ísimos, -ísimas**).

3. Be sure to review the following grammar points found in this unit: familiar commands, perfect tenses, future tense, conditional tense, if-clauses, comparisons, absolute superlative, present participle, present subjunctive, imperfect subjunctive, and uses of indicative versus subjunctive.

4. In preparing for the *Communicative Activity*, write down your thoughts on the topics chosen for discussion and practice them aloud several times in order to improve your oral proficiency.

El delantal¹ blanco

SERGIO VODANOVIC

Acto Único

La playa. Al fondo,[2] una carpa.[3] Sentadas frente a ella, la SEÑORA
y la EMPLEADA. *La* SEÑORA *lleva, sobre el traje de baño,[4] un blusón
de toalla.[5] Su tez está tostada[6] por un largo veraneo. La* EMPLEADA
5 *viste su delantal blanco.*

LA SEÑORA

(*Gritando hacia su pequeño hijo que se supone está a la
orilla del mar.*) ¡Alvarito! ¡Alvarito! ¡No le tire arena[7] a la niñita!
¡Métase al agua! ¡Está rica[8]. . .! ¡Alvarito, no! ¡No le deshaga el
10 castillo a la niñita! Juegue con ella. . . Sí, mi hijito. . ., juegue. . .

LA EMPLEADA

Es tan peleador. . .

LA SEÑORA

Salió al padre. . .[9] Es inútil corregirlo.[10] Tiene una perso-
15 nalidad dominante que le viene de su padre, de su abuelo, de
su abuela. . . ¡Sobre todo de su abuela!

LA EMPLEADA

¿Vendrá el caballero[11] mañana?

LA SEÑORA *falta de ganas*

20 (*Se encoge de hombros con desgano.*)[12] No sé. Ya estamos
en marzo, todas mis amigas han regresado y Álvaro me tiene
todavía aburriéndome[13] en la playa. Él dice que quiere que el

---

[1] **delantal** uniform, apron   [2] **al fondo** in the background   [3] **carpa** tent
[4] **traje de baño** bathing suit   [5] **un blusón de toalla** terry cloth robe   [6] **su tez
está tostada** she has a good tan   [7] **tirar arena** to throw sand   [8] **está rica** it's
great   [9] **salió al padre** he is just like his father   [10] **corregir** to admonish; to
scold   [11] **caballero** gentleman (*meaning husband*)   [12] **se encoge. . . desgano**
she shrugs her shoulders unenthusiastically   [13] **aburrirse** to get bored

niño aproveche[14] las vacaciones, pero para mí que es él quien
está aprovechando. (*Se saca el blusón y se tiende a tomar sol.*)
¡Sol! ¡Sol! Tres meses tomando sol. Estoy intoxicada de sol. (*Mirando inspectivamente a la* EMPLEADA.) ¿Qué haces tú para no
quemarte?[15]   5

LA EMPLEADA

He salido tan poco de la casa. . .

LA SEÑORA

¿Y qué querías? Viniste a trabajar, no a veranear.[16] Estás
recibiendo sueldo,[17] ¿no?   10

LA EMPLEADA

Sí, señora. Yo sólo contestaba su pregunta. (*La* SEÑORA *permanece tendida recibiendo el sol. La* EMPLEADA *saca de una
bolsa de género,[18] una revista de historietas fotografiadas[19] y
principia a leer.*)   15

LA SEÑORA

¿Qué haces?

LA EMPLEADA

Leo esta revista.

LA SEÑORA   20

¿La compraste tú?

LA EMPLEADA

Sí, señora.

LA SEÑORA

No se te paga tan mal; entonces, sí puedes comprarte tus   25
revistas. ¿eh? (*La* EMPLEADA *no contesta y vuelve a mirar la*

---

[14] **aprovechar** to take advantage of; to enjoy   [15] **quemarse** to burn; to tan
[16] **veranear** to take a summer vacation   [17] **estás recibiendo sueldo** you're getting paid   [18] **bolsa de género** cloth bag   [19] **revista . . . fotografiadas** love story magazine illustrated with photographs

revista.) ¡Claro! Tú leyendo y que Alvarito (reviente,[20] que se ahogue...[21]

LA EMPLEADA

Pero si está jugando con la niñita...

5   LA SEÑORA

Si te traje a la playa es para que vigilaras[22] a Alvarito y no para que te pusieras a leer. (*La* EMPLEADA *se incorpora*[23] *para ir donde está* ALVARITO.) ¡No! Lo puedes vigilar desde aquí. Quédate a mi lado, pero observa al niño. ¿Sabes? Me gusta venir
10 contigo a la playa.

LA EMPLEADA

¿Por qué?

*¿qué tipo de
persona es...?*

LA SEÑORA

Bueno..., no sé... Será por lo mismo que me gusta venir
15 en el auto, aunque la casa esté a dos cuadras.[24] Me gusta que vean el auto. Todos los días, hay alguien que se detiene[25] para mirarlo y comentarlo... Claro, tú no te das cuenta de la diferencia. Estás acostumbrada a lo bueno... Dime..., ¿cómo es tu casa?

20   LA EMPLEADA

Yo no tengo casa.

LA SEÑORA

No habrás nacido empleada, supongo. Tienes que haberte criado en alguna parte, debes haber tenido padres... ¿Eres del
25 campo?

LA EMPLEADA

Sí.

---

[20] **que Alvarito reviente** to heck with him; who cares about him (*meaning that she is not taking good care of him*) [21] **que se ahogue** let him drown (*sarcastically*) [22] **vigilar** to watch over [23] **incorporarse** to get up [24] **cuadra** block of houses [25] **detenerse** to stop; to halt

LA SEÑORA

Y tuviste ganas[26] de conocer la ciudad, ¿eh?

LA EMPLEADA

No. Me gustaba allá.

LA SEÑORA   5

¿Por qué te viniste, entonces?

LA EMPLEADA

Al papá no le alcanzaba. . .

LA SEÑORA

visión distorsionada de vivir en el campo

No me vengas con ese cuento.[27] Conozco la vida de los   10
inquilinos[28] en el campo. Lo pasan bien. Les regalan una cuadra
para que la cultiven, tienen alimentos gratis[29] y hasta les sobra[30]
para vender. Algunos tienen hasta sus vaquitas. . . ¿Tu padre
tenía vacas?

LA EMPLEADA   15

Sí, señora. Una.

LA SEÑORA

¿Ves? ¿Qué más quieren? ¡Alvarito!, no se meta tan allá, que
puede venir una ola.[31] ¿Qué edad tienes?

LA EMPLEADA   20

¿Yo?

LA SEÑORA

A ti te estoy hablando. No estoy loca para hablar sola.

LA EMPLEADA

Ando en los veintiuno. . .[32]   25

---

[26] **tener ganas** to feel like; to want   [27] **no me vengas. . . cuento** don't give me
that story   [28] **inquilino** tenant; peasant   [29] **gratis** free; for nothing   [30] **sobrar**
to have some left over   [31] **ola** wave   [32] **andar. . . veintiuno** to be almost
twenty-one

LA SEÑORA

¡Veintiuno! A los veintiuno yo me casé. ¿No has pensado en casarte? (*La* EMPLEADA *baja la vista*[33] *y no contesta.*) ¡Las cosas que se me ocurre preguntar! ¿Para qué querías casarte? En la casa
5 tienes de todo: comida, una buena pieza,[34] delantales limpios. . ., y, si te casaras. . . ¿Qué es lo que tendrías? Te llenarías de chiquillos, no más.[35]

LA EMPLEADA

(*Como para sí.*) Me gustaría casarme. . .

10 LA SEÑORA

¡Tonterías! Cosas que se te ocurren por leer historias de amor en revistas baratas. . . Acuérdate de esto: Los príncipes azules ya no existen. No es el color lo que importa, sino el bolsillo.[36] Cuando mis padres no me aceptaban un pololito porque no tenía
15 plata,[37] yo me indignaba, pero llegó Álvaro con sus industrias y sus fundos[38] y no quedaron contentos hasta que lo casaron conmigo. A mí no me gustaba porque era gordo y tenía la costumbre de sorberse los mocos,[39] pero, después, en el matrimonio, una se acostumbra a todo. Y se llega a la conclusión de que todo da
20 lo mismo, salvo la plata.[40] Yo tengo plata, tú no tienes. Esa es toda la diferencia entre nosotras. ¿No te parece?

LA EMPLEADA

Sí, pero. . .

LA SEÑORA

25 ¡Ah! ¿Lo crees? Pero es mentira. Hay algo que es más importante que la plata: la clase. Eso no se compra. Se tiene o no se tiene. Álvaro no tiene clase. Yo, sí la tengo. Podría vivir en una pocilga[41] y todos se darían cuenta de que soy alquien. No una cualquiera[42]. Alguien.

---

[33] **bajar la vista** to look down   [34] **una buena pieza** a good room   [35] **te. . . más** you'd have a bunch of kids, nothing more   [36] **bolsillo** pocket (*meaning money*)   [37] **no. . . plata** wouldn't accept one of my boyfriends because he was not wealthy   [38] **fundo** piece of real estate   [39] **sorberse los mocos** to sniffle   [40] **todo. . .plata** nothing matters except money   [41] **pocilga** pigsty   [42] **cualquiera** a nobody

LA EMPLEADA

Sí, señora.

LA SEÑORA

A ver. . . Pásame esta revista. (*La* EMPLEADA *lo hace. La* SE-
ÑORA *la hojea.*[43] *Mira algo y se ríe abiertamente.*). ¿Y esto lees, 5
tú?

LA EMPLEADA

Me entretengo, señora.

LA SEÑORA

¡Qué ridículo! ¡Qué ridículo! Mira a este roto[44] vestido de 10
smoking. Cualquiera se da cuenta que está tan incómodo en él
como un hipopótamo con faja.[45] (*Vuelve a mirar en la revista.*)
¡Y es el Conde Lamarquina! ¡El Conde Lamarquina! A ver. . .
¿Qué es lo que dice el Conde? (*Leyendo.*) "Hija mía, no permitiré
jamás que te cases con Roberto. Él es un plebeyo. Recuerda que 15
por nuestras venas corre sangre azul." ¿Y ésta es la hija del
Conde?

LA EMPLEADA

Sí. Se llama María. Es una niña sencilla y buena. Está ena-
morada de Roberto, que es el jardinero del castillo. El Conde no 20
lo permite. Pero. . ., ¿sabe? Yo creo que todo va a terminar bien.
Porque en el número anterior, Roberto le dijo a María que no
había conocido a sus padres, y cuando no se conoce a los padres,
es seguro que ellos son gente rica y aristocrática que perdieron
al niño cuando chico o lo secuestraron. . . 25

LA SEÑORA

¿Y tú crees todo eso?

LA EMPLEADA

Es tan bonito, señora. . .

---

[43] **hojear** to glance through   [44] **roto** (*Chile*) common man; poor man   [45] **con faja** wearing a girdle

LA SEÑORA

¿Qué es tan bonito?

LA EMPLEADA

Que lleguen a pasar cosas así.[46] Que un día cualquiera, uno
5 sepa que es otra persona, que en vez de ser pobre, se es rica; que
en vez de ser nadie, se es alguien. . .

LA SEÑORA

¿Pero no te das cuenta que no puede ser?. . . Mira a la hija. . .
¿Me has visto a mí usando alguna vez unos aros[47] así? ¿Has visto
10 a alguna de mis amigas con una cosa tan espantosa?[48] ¿Y el
peinado?[49] Es detestable. ¿No te das cuenta que una mujer
así no puede ser aristócrata? A ver. . . ¿Sale fotografiado aquí el
jardinero?

LA EMPLEADA

15   Sí. En los cuadros finales. (*Le muestra en la revista. La SE-
ÑORA ríe divertida.*)

LA SEÑORA

¿Y éste crees tú que puede ser el hijo de un aristócrata? ¿Con
esa nariz? ¿Con ese pelo? Mira. . . Imagínate que mañana me
20 rapten[50] a Alvarito. ¿Crees tú que, por eso, va a dejar su aire de
distinción?

LA EMPLEADA

¡Mire, señora! Alvarito le botó el castillo de arena a la niñita
de una patada.

25   LA SEÑORA

¿Ves? Tiene cuatro años y ya sabe lo que es mandar, lo que
es no importarle los demás. Eso no se aprende. Viene en la sangre.

---

[46] **que. . . así** that things like that happen   [47] **aros** earrings   [48] **una. . . espantosa** such a horrible thing   [49] **peinado** hairdo   [50] **raptar** to kidnap

LA EMPLEADA

(*Incorporándose.*) Voy a ir a buscarlo.

LA SEÑORA

Déjalo. Se está divirtiendo. (*La* EMPLEADA *se desabrocha*[51] *el primer botón de su delantal y hace un gesto en el que muestra* 5 *estar acalorada.*)[52] ¿Tienes calor?

LA EMPLEADA

El sol está picando fuerte.[53]

LA SEÑORA

¿No tienes traje de baño?   10

LA EMPLEADA

No.

LA SEÑORA

¿No te has puesto nunca traje de baño?

LA EMPLEADA   15

¡Ah, sí!

LA SEÑORA

¿Cuándo?

LA EMPLEADA

Antes de emplearme. A veces, los domingos, hacíamos ex- 20
cursiones a la playa en el camión del tío de una amiga.

LA SEÑORA

¿Y se bañaban?

---

[51] **desabrocharse** to unfasten   [52] **acalorado(-a)** hot; heated   [53] **sol. . . fuerte** the sun is burning hot

LA EMPLEADA

En la playa grande de Cartagena. Arrendábamos[54] trajes de baño y pasábamos todo el día en la playa. Llevábamos de comer y. . .

5   LA SEÑORA

(*Divertida.*) ¿Arrendaban trajes de baño?

LA EMPLEADA

Sí. Una señora que arrienda en la misma playa.

LA SEÑORA

10   Una vez nos detuvimos con Álvaro en Cartagena a echar gasolina al auto y miramos a la playa. ¡Era tan gracioso! ¡Y esos trajes de baño arrendados! Unos eran tan grandes que hacían bolsas[55] por todos los lados, y otros quedaban tan chicos que las mujeres andaban con medio traste afuera.[56] ¿De cuáles arren-
15 dabas tú? ¿De los grandes o de los chicos? (*La* EMPLEADA *mira al suelo taimada.*)[57] Debe ser curioso. . . Mirar el mundo desde un traje de baño arrendado o envuelta en un vestido barato o con un uniforme de empleada, como tú. Algo parecido les debe pasar a esa gente que se fotografía para estas historietas: se ponen
20 un smoking o un traje de baile y debe ser diferente la forma como se sienten ellos mismos, como miran a los demás. . . Cuando yo me puse mi primer par de medias,[58] el mundo entero cambió para mí. Los demás eran diferentes, yo era diferente y el único cambio efectivo era que tenía puesto un par de medias. Dime. . .,
25 ¿cómo se ve el mundo cuando se está vestida con un delantal blanco?

LA EMPLEADA

(*Tímidamente.*) Igual. . ., la arena tiene el mismo color. . ., las nubes son iguales. . . Supongo. . .

---

[54] **arrendar** to rent; to lease   [55] **hacer bolsa** to bag out (*meaning baggy swimming suits*)   [56] **otros... afuera** the suits were so small that they revealed too much rear (*literally, "half the rear was hanging out"*)   [57] **taimado(-a)** sly   [58] **medias** stockings

LA SEÑORA

Pero no. . . Es diferente. Mira. Yo, con este traje de baño, con este blusón de toalla, tendida sobre la arena, sé que estoy en "mi lugar", que esto me pertenece. En cambio, tú, vestida como empleada, sabes que la playa no es tu lugar, y eso te debe hacer ver 5 todo distinto.

LA EMPLEADA

No sé.

LA SEÑORA

Mira. Se me ha ocurrido algo. Préstame tu delantal. 10

LA EMPLEADA

¿Cómo?

LA SEÑORA

Préstame tu delantal.

LA EMPLEADA 15

Pero. . ., ¿para qué?

LA SEÑORA

Quiero saber cómo se ve el mundo, qué apariencia tiene la playa, vista desde un delantal de empleada.

LA EMPLEADA 20

¿Ahora?

LA SEÑORA

Sí. Ahora.

LA EMPLEADA

Pero es que. . . No tengo vestido debajo. 25

LA SEÑORA

(*Tirándole el blusón.*) Toma. Ponte esto.

LA EMPLEADA

Voy a quedar en calzones.[59]

LA SEÑORA

Es lo suficientemente largo para cubrirte. Y, en todo caso,
5 vas a mostrar menos que lo que mostrabas con los trajes de baño
que arrendaban en Cartagena. (*Se levanta y obliga a levantarse
a la* EMPLEADA.) Ya. Métete en la carpa y cámbiate. (*Prácticamente obliga a la* EMPLEADA *a entrar a la carpa y luego lanza al
interior el blusón de toalla. Se dirige al primer plano[60] y le habla*
10 *a su hijo.*) Alvarito, métase un poco al agua. Mójese las patitas
siquiera... ¡Eso es! ¿Ve que es rica el agüita? (*Se vuelve hacia
la carpa, y habla al interior de ella.*) ¿Estás lista? (*Entra a la
carpa. Después de un instante, sale la* EMPLEADA *vestida con el
blusón de toalla. Su aspecto ya difiere algo de la tímida muchacha que conocemos. Con delicadeza se tiende sobre la arena.*
15 *Sale la* SEÑORA *abotonándose aún su delantal. Se va a sentar
delante de la* EMPLEADA, *pero se vuelve de inmediato.*) No. Adelante no. Una empleada, en la playa, se sienta siempre un poco
más atrás que su patrona. (*Se sienta sobre sus pantorrillas[61] y
mira divertida en todas direcciones. La* EMPLEADA *cambia de
20 postura con displicencia. La* SEÑORA *toma la revista de la* EMPLEADA *y principia a leerla. En un comienzo hay una sonrisa
irónica en sus labios que desaparece al irse interesando en la
lectura. La* EMPLEADA, *con naturalidad, toma de la bolsa de playa
de la* SEÑORA *un frasco de aceite bronceador[62] y principia a
25 extenderlo con lentitud por sus piernas. La* SEÑORA *la ve. Intenta
una reacción reprobatoria, pero no atina[63] a decir sino...*) ¿Qué
haces? (*La* EMPLEADA *no contesta. La* SEÑORA *opta por seguir la
lectura, vigilando, de vez en vez, con la vista, lo que hace la*
30 EMPLEADA. *Ésta se ha sentado ahora, y se mira detenidamente
las uñas.*) ¿Por qué te miras las uñas?

LA EMPLEADA

Tengo que arreglármelas.

---

[59] **calzones** underwear [60] **primer plano** foreground [61] **pantorrillas** calf of
the leg [62] **aceite bronceador** tanning lotion [63] **atinar** to hit upon

LA SEÑORA

Nunca antes te había visto mirarte las uñas.

LA EMPLEADA

No se me había ocurrido.

LA SEÑORA   5

Este delantal acalora.

LA EMPLEADA

Son los mejores y más durables.

LA SEÑORA

Lo sé. Los compré yo.   10

LA EMPLEADA

Le queda bien.

LA SEÑORA

(*Divertida.*) Y tú no te ves nada de mal con esa tenida.[64] (*Se ríe.*) Cualquiera se equivocaría. Más de un jovencito te podría 15 hacer la corte[65]. . . ¡Sería como para contarlo![66]

LA EMPLEADA

Alvarito se está metiendo muy adentro. Vaya a vigilarlo.

LA SEÑORA

(*Se levanta rápidamente y se adelanta.*) ¡Alvarito! ¡Alvarito! 20 No se vaya tan adentro. Puede venir una ola. (*Recapacita de pronto y se vuelve desconcertada hacia la* EMPLEADA.) ¿Por qué no fuiste tú?

LA EMPLEADA

¿A dónde?   25

---

[64] **y tú no . . . tenida** you don't look bad at all in that outfit   [65] **hacer la corte** to court   [66] **sería . . . contarlo** that would be something to talk about!

LA SEÑORA

¿Por qué me dijiste que yo fuera a vigilar a Alvarito?

LA EMPLEADA

(Con naturalidad.) Usted lleva el delantal blanco.

5   LA SEÑORA

Te gusta el juego, ¿eh? (Una pelota de goma,[67] impulsada
por un niño que juega cerca, ha caído a los pies de la EMPLEADA.
Ella mira y no hace ningún movimiento. Luego mira a la SEÑORA.
Ésta instintivamente, se dirige a la pelota y la tira en la dirección
10 en que vino. La EMPLEADA busca en la bolsa de la SEÑORA y se
pone sus anteojos para el sol. La SEÑORA dice molesta.) ¿Quién
te ha autorizado para que uses mis anteojos?

LA EMPLEADA

¿Cómo se ve la playa vestida con un delantal blanco?

15   LA SEÑORA

Es gracioso. ¿Y tú, cómo ves la playa ahora?

LA EMPLEADA

Es gracioso.

LA SEÑORA

20   ¿Dónde está la gracia?

LA EMPLEADA

En que no hay diferencia.

LA SEÑORA

¿Cómo?

25   LA EMPLEADA

Usted con el delantal blanco es la empleada; yo con este
blusón y los anteojos oscuros, soy la señora.

---

[67] **pelota de goma** rubber ball

LA SEÑORA

¿Cómo? ¿Cómo te atreves a decir eso?

LA EMPLEADA

¿Se hubiera molestado en recoger la pelota si no estuviera vestida de empleada?[68]

LA SEÑORA

Estamos jugando.

LA EMPLEADA

¿Cuándo?

LA SEÑORA

Ahora.

LA EMPLEADA

¿Y antes?

LA SEÑORA

¿Antes?

LA EMPLEADA

Sí. Cuando yo estaba vestida de empleada. . .

LA SEÑORA

Eso no es un juego. Es la realidad.

la realidad como juego

LA EMPLEADA

¿Por qué?

LA SEÑORA

Porque sí.

LA EMPLEADA

Un juego . . ., un juego más largo . . ., como el "paco-ladrón".[69] A unos les corresponde ser "pacos"; a otros "ladrones".

---

[68] **¿Se hubiera . . . empleada?** Would you have bothered to pick up the ball if you were not dressed like a maid?   [69] **paco-ladrón** cops and robbers

LA SEÑORA

(*Indignada.*) ¡Usted se está insolentando!

LA EMPLEADA

No me grites. La insolente eres t<u>ú</u>.

5 LA SEÑORA

¿Qué significa eso? ¿Usted me está <u>tuteando</u>?

LA EMPLEADA

¿Y acaso no me tratas de usted?

LA SEÑORA

10 ¿Yo?

LA EMPLEADA

Sí.

LA SEÑORA

¡Basta ya! ¡Se acabó este juego!

15 LA EMPLEADA

¡A mí me gusta!

LA SEÑORA

¡Se acabó! (*Se acerca amenazadoramente*[70] *a la* EMPLEADA.)

LA EMPLEADA

20 (*Firme.*) ¡Retírese![71] (*La* SEÑORA *se detiene, sorprendida.*)

LA SEÑORA

¿Te has vuelto loca?

LA EMPLEADA

Me he vuelto señora.

---

[70] **amenazadoramente** threateningly   [71] **retirarse** to move away

LA SEÑORA

Te puedo despedir[72] en cualquier momento. (*La* EMPLEADA *explota en grandes carcajadas como si lo que hubiera oído fuera el chiste más gracioso que jamás haya escuchado.*) ¿De qué te ríes?   5

LA EMPLEADA

(*Sin dejar de reír.*) ¡Es tan ridículo!

LA SEÑORA

¿Qué? ¿Qué es tan ridículo?

LA EMPLEADA   10

Que me despida. . . ¡Vestida así! ¿Dónde se ha visto a una empleada despedir a su patrona?

LA SEÑORA

¡Sácate[73] esos anteojos! ¡Sácate el blusón! ¡Son míos!

LA EMPLEADA   15

¡Vaya a ver al niño!

LA SEÑORA

Se acabó este juego, te he dicho. O me devuelves mis cosas o te las saco.

LA EMPLEADA   20

¡Cuidado! No estamos solas en la playa.

LA SEÑORA

¿Y qué hay con eso? ¿Crees que por estar vestida con uniforme blanco no van a reconocer quién es la empleada y quién la señora?   25

---

[72] **te . . . despedir** I can fire you, dismiss you   [73] **sácate . . . anteojos** take off those glasses

LA EMPLEADA

(*Serena.*) No me levante la voz.[74] (*La* SEÑORA, *exasperada, se lanza sobre la* EMPLEADA *y trata de sacarle el blusón a viva fuerza.*)[75]

5   LA SEÑORA

(*Mientras forcejea.*)[76] ¡China! ¡Ya te voy a enseñar quién soy! ¿Qué te has creído? ¡Te voy a meter presa![77] (*Un grupo de bañistas*[78] *han acudido al ver la riña. Lo componen dos jóvenes, una muchacha y un señor de edad madura y de apariencia muy* 10 *distinguida. Antes que puedan intervenir, la* EMPLEADA *ya ha dominado la situación manteniendo bien sujeta a la* SEÑORA *de espalda contra la arena. Ésta sigue gritando "ad libitum"*[79] *expresiones como: "rota cochina", "ya te las vas a ver con mi marido"*[80]. . . *"te voy a mandar presa" . . . "esto pasa por ser* 15 *considerada", etc.*)

UN JOVEN

¿Qué sucede?

EL OTRO JOVEN

¿Es un ataque?

20   LA JOVENCITA

Se volvió loca.

UN JOVEN

Debe ser efecto de una insolación.[81]

EL OTRO JOVEN

25   ¿Podemos ayudarla?

LA EMPLEADA

Sí. Por favor. Llévensela. Hay una posta por aquí cerca. . .

---

[74] **no . . . voz** don't raise your voice   [75] **a viva fuerza** by sheer strength; brute force   [76] **forcejear** to struggle   [77] **te . . . presa** I'm going to put you in jail [78] **bañistas** bathers; swimmers   [79] **"ad libitum"** freely   [80] **ya . . . marido** you will have to answer to my husband for this   [81] **insolación** sunstroke

EL OTRO JOVEN

Yo soy estudiante de medicina. Le pondré una inyección para que duerma por un buen tiempo.

LA SEÑORA

¡Imbéciles! ¡Yo soy la patrona! Me llamo Patricia Hurtado. 5
Mi marido es Álvaro Jiménez, el político...

LA JOVENCITA

(*Riéndose.*) Cree ser la señora.

UN JOVEN

Está loca. 10

EL OTRO JOVEN

Sólo un ataque de histeria.

UN JOVEN

Llevémosla.

LA EMPLEADA 15

Yo no los acompaño... Tengo que cuidar a mi hijito. Está ahí, bañándose.

LA SEÑORA

¡Es una mentirosa! ¡Nos cambiamos de vestido sólo por jugar! Ni siquiera tiene traje de baño... ¡Debajo del blusón está en 20 calzones! ¡Mírenla!

EL OTRO JOVEN

(*Haciéndole un gesto al* JOVEN) ¡Vamos! Tú la tomas por los pies y yo por los brazos.

LA JOVENCITA 25

¡Qué risa! Dice que la señora está en calzones... (*Los dos* JÓVENES *toman a la* SEÑORA *y se la llevan mientras ésta se resiste y sigue gritando.*)

LA SEÑORA

¡Suéltenme! ¡Yo no estoy loca! ¡Es ella! ¡Llamen a Alvarito! ¡Él me reconocerá! (*Mutis de los dos* JÓVENES *llevando en peso a la* SEÑORA[82] *La* EMPLEADA *se tiende sobre la arena como si nada hubiera sucedido, aprontándose[83] para un prolongado baño de sol.*)

EL CABALLERO DISTINGUIDO

¿Está usted bien, señora! ¿Puedo serle útil en algo?

LA EMPLEADA

(*Mira inspectivamente al* CABALLERO DISTINGUIDO *y sonríe con amabilidad.*) Gracias. Estoy bien.

EL CABALLERO DISTINGUIDO

Es el símbolo de nuestros tiempos. Nadie parece darse cuenta, pero a cada rato, en cada momento, sucede algo así.

LA EMPLEADA

¿Qué?

EL CABALLERO DISTINGUIDO

La subversión del orden establecido. Los viejos quieren ser jóvenes; los jóvenes quieren ser viejos; los pobres quieren ser ricos y los ricos quieren ser pobres. Sí, señora. También hay ricos que quieren ser pobres. Mi nuera va todas las semanas a tejer con las mujeres de poblaciones obreras . . . ¡Y le gusta hacerlo! (*Transición.*) ¿Hace mucho tiempo que está con usted?

LA EMPLEADA

¿Quién?

EL CABALLERO DISTINGUIDO

Su empleada.

---

[82] **llevando en peso a la Señora** carrying away the lady   [83] **aprontarse** to prepare quickly

LA EMPLEADA

(*Dudando. Haciendo memoria.*) Poco más de un año.

EL CABALLERO DISTINGUIDO

¡Y así le paga a usted! ¡Pretendiendo hacerse pasar por una señora! ¡Como si no se reconociera a primera vista quién es quién! 5
(*Transición.*) ¿Sabe usted por qué suceden estas cosas?

LA EMPLEADA

(*Muy interesada.*) ¿Por qué?

EL CABALLERO DISTINGUIDO

(*Con aire misterioso.*) El comunismo. . . 10

LA EMPLEADA

¡Ah!

EL CABALLERO DISTINGUIDO

(*Tranquilizador.*) Pero no nos inquietemos. El orden está restablecido. Al final, siempre el orden se restablece. Es un 15 hecho. Sobre eso no hay discusión. Ahora, con su permiso, señora. Voy a hacer mi "footing" diario. Es muy conveniente a mi edad. Para la circulación, ¿sabe? Y usted quede tranquila. El sol es el mejor sedante. A sus órdenes, señora. (*Inicia el mutis. Se vuelve.*) Y no sea muy dura con su empleada. Después de todo 20 . . ., tal vez tengamos algo de culpa nosotros mismos. . . ¿Quién puede decirlo? (*El* CABALLERO DISTINGUIDO *hace mutis. La* EMPLEADA *se tiende de espaldas para recibir el sol en la cara. De pronto, se acuerda de* ALVARITO *y se incorpora. Mira a* ALVARITO *con ternura, y con suavidad le dice.*) 25

LA EMPLEADA

Alvarito. . . Cuidado al sentarse en esa roca . . ., se puede hacer una nana). . .[84] Eso es, corra por la arenita . . . Eso es, mi hijito . . ., mi hijito . . . (*Y mientras la* EMPLEADA *mira con deleite*[85] *maternal cómo* ALVARITO *juega a la orilla del mar, se* 30 *cierra lentamente el telón.*)

---

[84] **se puede . . . nana** you can hurt yourself   [85] **con deleite** with pleasure

EXERCISES

READING COMPREHENSION

Answer the following questions in Spanish.

1. ¿Dónde tiene lugar la acción?
2. ¿Qué visten la señora y la empleada?
3. ¿Cómo es Alvarito? Justifique su respuesta.
4. ¿Por qué están todavía de vacaciones? ¿Qué opina la señora de esto?
5. ¿Por qué no está quemada la empleada? ¿Qué le critica la señora?
6. ¿Por qué le gusta a la señora que la vean con la criada?
7. ¿Por qué vino la empleada a la ciudad?
8. Según la señora, ¿cómo es la vida de los inquilinos en el campo?
9. ¿Cuántos años tiene la empleada?
10. ¿Por qué cree la señora que la empleada no debe casarse? ¿Qué le pasaría si se casara?
11. ¿Por qué casaron a la señora con Álvaro? Describa a Álvaro.
12. ¿Qué es lo más importante para la señora? ¿Se puede comprar? ¿Por qué?
13. ¿Qué lee la empleada? ¿Qué opina la señora? ¿Qué opina la empleada?
14. Describa a los personajes de la revista de historietas fotografiadas.
15. ¿Por qué opina la señora que su hijo ya sabe lo que es mandar?
16. ¿Qué hacían la empleada y sus amigos los domingos?
17. ¿Cómo describe la señora su experiencia en Cartagena?
18. ¿Qué relación existe entre los personajes de la revista y los amigos de la empleada que arrienda trajes de baño? ¿Qué opina la señora de ellos?
19. ¿Por qué piensa la señora que la empleada no está en su lugar en la playa?
20. Por qué quiere la señora que la empleada le preste su uniforme?
21. Describa lo que hacen los personajes inmediatamente después de intercambiar la ropa.
22. ¿En qué momento específico comienzan a invertirse los papeles? ¿Qué le dice la empleada a la señora? ¿Cómo reacciona ésta?
23. ¿Qué función tiene la pelota que cae a los pies de la empleada?
24. ¿Por qué la empleada comienza a tutear a la señora?
25. ¿Por qué quiere la señora terminar el juego?
26. ¿Por qué no puede despedir a la empleada?

27. ¿Qué hace la señora cuando se da cuenta de que la empleada no la va a obedecer?
28. ¿Qué nuevos personajes entran en la acción?
29. ¿Por qué hace la señora referencia a los calzones de la empleada? ¿Qué función tienen en esta parte del drama?
30. ¿Qué opina el caballero sobre la subversión del orden?

VOCABULARY STUDY

A. *Vocabulary Usage*

Write sentences of your own using the following words or expressions.

1. un blusón de toalla
2. tez tostada
3. aburrirse
4. quemarse
5. estar recibiendo un sueldo
6. tener ganas de
7. como para sí
8. no permitir jamás
9. echarle gasolina al carro
10. arreglarse las uñas
11. tutearse
12. levantar la voz
13. volverse loca
14. poner una inyección

Translate the following sentences.

1. Ni siquiera tiene traje de baño.
2. No sea muy dura con su empleada.
3. Ella quiere hacerse pasar por la señora.
4. Debe ser efecto de una insolación.
5. Préstame tu delantal.

B. *Cognate and Word Formation Exercise*

You have already learned to examine unfamiliar Spanish words to see if they have cognates in English. The chart that follows will help you review some of the major equivalencies studied in Parts 1–3.

	Spanish			English
-ante	ignorante	→	**-ant**	ignorant
	durante	→	**-ing**	during
-ar	separar	→	**-ate**	separate
-cia	importancia	→	**-ce**	importance

	democracia	→	-cy	democracy
-ción	constitución	→	-tion	constitution
-dad	dignidad	→	-ty	dignity
-ente	persistente	→	-ent	persistent
-ia	historia	→	-y	history
-ico	hispánico	→	-ic	Hispanic
-io	secretario	→	-y	secretary
-izar	dramatizar	→	-ize	dramatize
-mente	rápidamente	→	-ly	rapidly
-osa(-o)	generosa	→	-ous	generous
-poner	componer	→	-pose	compose
-tad	libertad	→	-ty	liberty
-tener	contener	→	-tain	contain
esc-	escena	→	sc-	scene
esp-	espacio	→	sp-	space
est-	estudiante	→	st-	student

Find the cognates of the following English words in *El delantal blanco*. Are there any false cognates?

1. front	11. plebeian
2. personality	12. to sequester
3. vacation	13. person
4. to photograph	14. aristocrat
5. automobile	15. gasoline
6. to cultivate	16. form
7. industry	17. different
8. important	18. effective
9. class	19. appearance
10. to permit	20. durable

STRUCTURES

A. *Familiar (tú) Commands*

In the following exercise, ask the subject of each sentence to do the opposite of what he (she) is doing. Use object pronouns whenever possible. For a review of the formation of familiar commands, see p. 123.

EXAMPLES: Alvarito no va a la playa.
Alvarito, **ve** a la playa.

María no se quita el blusón.
María, **quítatelo.**

1. Roberto no vigila al niño.
2. Leonor no se pone un vestido barato.
3. No compro medias.
4. Sandra no usa aceite bronceador.
5. No me tiendo sobre la arena.
6. Rosa no se desabrocha el primer botón.
7. No recojo la pelota del suelo.

In the following sentences someone informs you about his/her plans to do something. Tell the person not to do it until later, using object pronouns whenever possible.

EXAMPLES: Quiero jugar ahora.
    No juegues hasta más tarde.

Pienso hacerte un castillo de arena.
    No me lo **hagas** hasta más tarde.

1. Necesito meterme en el agua.
2. Quiero leer la revista de historietas fotografiadas.
3. Te tengo que poner el delantal.
4. Debo quitarme el traje de baño.
5. Pienso tirar la pelota de goma en aquella dirección.
6. Voy a ponerle una inyección a la criada.
7. Te voy a meter presa ahora mismo.

B. *The Present Perfect Tense*

Review the formation of the present perfect on p. 21, and rewrite the following sentences with the correct form of the present perfect of the verbs in parentheses.

EXAMPLE: Yo (salir) _____ poco de la casa.
    Yo **he salido** poco de la casa.

1. ¿No (pensar) _____ tú en casarte?
2. ¿Me (ver) _____ tú a mí usando alguna vez aros así?
3. Nosotras no (estar) _____ en casa de ella.
4. ¿No se (poner) _____ ella nunca un traje de baño?
5. Se me (ocurrir) _____ algo interesante.
6. Una pelota (caer) _____ a sus pies.
7. ¿Te (volver) _____ loca?

8. Unos bañistas (acudir) _____ al ver la riña entre las dos mujeres.
9. La empleada (dominar) _____ la situación.
10. El orden (ser) _____ restablecido.

C. The Pluperfect Tense

The pluperfect tense is formed with the imperfect of the auxiliary verb **haber** (**había, habías, había, habíamos, habíais, habían**) plus the past participle of the main verb. As in English, the pluperfect is used to express a past action completed prior to another past action.

Ellos **habían estudiado** toda la noche.
They had studied all night.

Rewrite the following sentences, with the pluperfect tense of the verbs in parentheses.

1. María no (conocer) _____ a sus padres.
2. Él se (probar) _____ un smoking.
3. Yo no te (ver) _____ mirarte las uñas.
4. No se me (ocurrir) _____ hacerlo.
5. Nosotros nos (poner) _____ un vestido de baño.

D. The Future Tense

As is true in English, the future tense is used in Spanish to express an action that is to occur some time after the present. The future is not used to express willingness, as it is in English. In Spanish this is expressed with the verb **querer**.

¿**Quieres llamar a tus amigos**?

The endings **é**, **-ás**, **-á**, **-emos**, **-éis**, **-án** —are attached to the infinitive of regular verbs.

hablaré	*I will talk.*
comerás	*You will eat.*
viviremos	*We will live.*

The following verbs have irregular stems in the future tense, but the endings remain the same.

Infinitive	Stem	Infinitive	Stem
decir	**dir-**	saber	**sabr-**
hacer	**har-**	salir	**saldr-**
poder	**podr-**	tener	**tendr-**
poner	**pondr-**	venir	**vendr-**
querer	**querr-**		

Complete the following sentences with the appropriate form of the future tense of the indicated verb.

1. Yo le (poner) _____ una inyección para que se duerma.
2. Nosotros no (permitir) _____ que te cases con un hombre sin dinero.
3. El me (reconocer) _____ enseguida.
4. La empleada no (querer) _____ casarse con un roto.
5. Ellos (venir) _____ a la playa la semana entrante.

In Spanish, the future tense is also used to express probability in the present.

¿Qué hora será?
I wonder what time it is.

Rewrite the following sentences, using the future tense of the italicized verbs to express probability.

1. *Es* por lo mismo que me gusta venir en el auto.
2. ¿*Viene* él a visitarnos?
3. ¿*Es* posible hacerse pasar por una persona de la alta sociedad?
4. ¿Qué *hace* el esposo durante el verano?
5. ¿Qué le *pasa* a la empleada al final?

E. *The Future Perfect Tense*

The future perfect tense is formed with the future of the auxiliary verb **haber** (**habré, habrás, habrá, habremos, habrán**) plus the past participle of the main verb. It is used to express a future action that is completed prior to another future action, or to express probability.

Yo **habré estudiado** mucho antes del examen.
I will have studied a lot before the exam.

Rewrite the following sentences, using the future perfect tense of the verbs in parentheses.

1. Tú no (nacer) _____ rica, ¿verdad?
2. Ellos (venir) _____ temprano.
3. Alvarito ya (jugar) _____ con la niña.
4. El esposo (regresar) _____ a la casa.
5. Uds. (ir) _____ temprano a la playa.

F. The Present Subjunctive Tense

To form the present subjunctive, drop the -**o** ending of the first person singular of the present indicative, and add the following endings:

-**ar** verbs: -**e**, -**es**, -**e**, -**emos**, -**éis**, -**en**

-**er** and -**ir** verbs: -**a**, -**as**, -**a**, -**amos**, -**áis**, -**an**

The following verbs are irregular in the present subjunctive:

dar	→	**dé, des, dé, demos, deis, den**
estar	→	**esté, estés, esté, estemos, estéis, estén**
haber	→	**haya, hayas, haya, hayamos, hayáis, hayan**
ir	→	**vaya, vayas, vaya, vayamos, vayáis, vayan**
saber	→	**sepa, sepas, sepa, sepamos, sepáis, sepan**
ser	→	**sea, seas, sea, seamos, seáis, sean**

Rewrite the following sentences, using the present subjunctive tense of the verbs in parentheses.

1. Si te traigo a la playa es para que (vigilar) _____ al niño.
2. No quiero que te (poner) _____ a leer ahora.
3. Me gusta que ellos (ver) _____ el auto y mi empleada.
4. El gobierno les regala una cuadra a los inquilinos para que la _____ (cultivar).
5. La empleada domina a la señora antes de que los bañistas (poder) _____ intervenir.

G. The Imperfect Subjunctive Tense

To form the imperfect subjunctive, drop the -**ron** ending from the third person plural of the preterit indicative, and add the appropriate imperfect subjunctive endings. There are two different sets of endings for the imperfect subjunctive: (**-ra**, **-ras**, **-ra**, **'-ramos**, **-rais**, **-ran**, and **-se**, **-ses**, **-se**, **'-semos**, **-seis**, **-sen**). The **-ra** ending is more common in Spanish America. The nosotros form requires a written accent, i.e., **comiéramos**.

hablaron ⟶ habla + ra = hablara

comieron ⟶ comie + ra = comiera

vivieron ⟶ vivie + ra = viviera

Rewrite the following sentences, using the imperfect subjunctive tense of the verbs in parentheses. Use the **-ra** endings.

1. Te traje a la playa para que (vigilar) _____ a Alvarito.
2. Mis padres me pidieron que no me (casar) _____ con él.
3. No creía que la empleada (ser) _____ tan lista.
4. No pensábamos que ella (estar) _____ vestida de empleada.
5. Los bañistas no permitieron que nosotras (pelear) _____ en la playa.

H. *The Conditional Tense*

The conditional is used in Spanish to express: 1) an action in the future as viewed from a time in the past, 2) courtesy, or 3) probability in the past. The endings **-ía**, **-ías**, **-ía**, **-íamos**, **-íais**, **-ían** are attached to the infinitive of regular verbs. Verbs that have irregular stems in the future (see *Section D* above) use the same stems in the conditional.

hablar ⟶ **hablaría**

venir ⟶ **vendría**

Rewrite the following sentences, using the conditional tense of the verbs in parentheses.

1. La empleada me dijo que no (leer) _____ más fotonovelas.
2. La señora pensó que no (poder) _____ vivir en una pocilga.
3. ¿Qué le (decir) _____ el conde Lamarquina a su hija?
4. ¿Te (gustar) _____ bañarte conmigo?
5. ¿(Querer) _____ ponerte mis anteojos para el sol?

I. The Conditional Perfect Tense

The conditional perfect tense is formed with the conditional of the auxiliary verb **haber** (**habría, habrías, habría, habríamos, habríais, habrían**) plus the past participle of the main verb. It is used to express 1) what would have taken place had something else not happened, or 2) probability in the past.

Ella **se habría puesto** un vestido de baño, pero no tenía uno.

She would have put on a swimming suit, but she did not have one.

Translate the italicized words.

1. Cualquiera *se habría equivocado.*
2. Más de un jovencito *te habría hecho la corte.*
3. La señora *no se habría puesto* un vestido de baño arrendado.
4. El marido *habría venido,* pero estaba ocupado.
5. *Nosotros se lo habríamos preparado,* pero no vino a comer.

J. If-Clauses

When a clause introduced by **si** (**if**) expresses something that is hypothetical or contrary to fact, **si** is always followed by the imperfect subjunctive. The verb in the main clause is usually in the conditional.

Si tuviera dinero no sería empleada.
If I had money, I would not be a maid.

However, when the *if-clause* makes a simple assumption or expresses a true or definite situation, **si** is always followed by a verb in the indicative.

Si Ana va a Santiago, yo voy también.
If Ana goes to Santiago, I will go too.

Como si (**as if, as though**) is always followed by the imperfect subjunctive because it indicates a contrary-to-fact situation.

Habla como si tuviera mucho dinero.
She speaks as though she had a lot of money.

Rewrite the following sentences, using the imperfect subjunctive or the present indicative tense of the verbs in parentheses.

1. Si tú (estar) _____ vestida de empleada, no hablarías así.
2. Si ella te (poner) _____ la inyección, te duermes por un buen rato.
3. Habla como si (ser) _____ la señora.
4. Alvarito, si (sentarse) _____ en la roca te puedes hacer una nana.
5. Si tú (ponerse) _____ este blusón de toalla, te parecerás a la señora.

K. The Perfect Tenses of the Subjunctive

The present perfect subjunctive is formed with the present subjunctive of the auxiliary verb **haber** (**haya, hayas, haya, hayamos, hayáis, hayan**) plus the past participle of the main verb. It is used when a present or future verb in the main clause controls a subjunctive verb that refers to a past action.

Es posible que haya comido ya.
It is possible that he has eaten already.

The pluperfect subjunctive tense is formed with the imperfect subjunctive of the auxiliary verb **haber** (**hubiera, hubieras, hubiera, hubiéramos, hubierais, hubieran**) plus the past participle of the main verb. It is used when the action of the verb in the dependent clause was completed prior to the action of the verb in the main clause.

Ella no creía que la empleada lo hubiera hecho.
She didn't believe that the maid had done it.

Rewrite the following sentences, giving the Spanish equivalent of the words in parentheses. Use the present perfect subjunctive or the pluperfect subjunctive. Explain your choice.

1. La empleada explota en grandes carcajadas como si (had heard) _____ algo chistoso.
2. La empleada se tiende en la arena como si nada (had happened) _____ .
3. Ojalá que él (has done it) _____ .
4. No habría salido del agua si no (had rained) _____ .
5. No creerá que nosotros (have gone) _____ a la playa.

Rewrite the following sentences, changing the verbs in italics to the present perfect subjunctive or the pluperfect subjunctive as needed.

1. Es dudoso que la señora *lo comprenda.*
2. El marido no sabrá nada hasta que no *vuelva.*
3. Era probable que el niño *comiera* antes.
4. Ella nunca había creído que su empleada *hiciera* tal cosa.

WRITING PRACTICE

Write a composition about a situation similar to the one in the play, *El delantal blanco,* where an exchange of identities brings out hidden resentments and prejudices. Use the vocabulary and grammar you have learned in this play. Your composition should be at least one hundred and twenty words in length.

COMMUNICATIVE ACTIVITY

With a classmate, prepare one of the following situations to be acted out in front of the class. Try to make the dialogue as natural and lively as possible, using the new words and expressions learned in this unit.

1. Una esposa que permite que su hermana gemela se haga pasar por ella.
2. Un alumno que pretende ser un profesor.
3. Un hombre rico que permite que un mendigo se haga pasar por él para no pagar impuestos.
4. Un hombre que se hace pasar por mujer para conseguir un empleo mejor.

Sangre en el umbral[1]

HUGO WAST

*Hugo Wast,
pseudónimo
argentino*

I

Cuando Midas Ontiveros se quedó sin empleo, ni medio alguno de ganarse la vida en la ciudad, recorrió las casas de sus amigos para decirles lo contento que estaba.

—En fin de cuentas² me han hecho un bien. En la ciudad
5 nunca he salido de pobre,³ porque un empleado no tiene tiempo de hacer negocios. Ahora me voy al campo. Mi cabeza es un
swarm hervidero⁴ de ideas de negocios.

Los amigos se alegraron de que así fuera.

Midas Ontiveros era viudo y cuarentón.⁵ Tenía una hija,
10 María Juana, que había dejado bastante lejos sus quince años⁶ y era ya quien manejaba⁷ la casa. También tenía dos hijos menores, de seis y siete años, Aquiles y Héctor, y vivía con él su suegra,⁸ doña Claudia.

Él mismo dio a su familia la mala noticia.

15 —Nos iremos al campo. Un hermano de mi padre, el más viejo de los Ontiveros—don Pedro Pablo Ontiveros—es un solterón que anda cerca de los cien años,⁹ dueño de un establecimiento de campo¹⁰ en la sierra, en Inti-Huasi. No tiene más parientes que nosotros,¹¹ y será una felicidad para él que un día
20 caigamos en su casa,¹² aunque sea haciéndole un agujero al techo.¹³

II

No habría sido difícil hacer un agujero en el techo de paja¹⁴ de la casa de don Pedro Pablo Ontiveros. Pero no fue necesario

---

¹ **umbral** threshold ² **en fin de cuentas** after all ³ **salir de pobre** to escape from poverty ⁴ **hervidero** swarm ⁵ **cuarentón** in his forties ⁶ **había . . . años** she was much older than fifteen ⁷ **manejar** to manage; to take care of ⁸ **suegra** mother-in-law; **suegro** father-in-law ⁹ **que . . . años** who is nearly a hundred years old ¹⁰ **establecimiento de campo** farm ¹¹ **no tiene . . . nosotros** we are his only relatives; he has no other relatives except us ¹² **caigamos en su casa** if we drop in on him ¹³ **aunque . . . techo** although it may be through the ceiling (*humorous because of the preceding phrase,* **caer en su casa**) ¹⁴ **techo de paja** thatched roof

recorrer –

entrar así. Desde años atrás,[15] el viejo mismo había escrito a Midas invitándolo a pasar el verano en Inti-Huasi.

"No estarás con tanto lujo[16] como en la villa—le escribía don Pedro Pablo—pero sí cómodo. Tengo un pozo[17] de agua que es un hielo de fría,[18] y una higuera,[19] más vieja que yo, me cubre el patio. A la hora de la siesta pongo mi catre[20] cerca del pozo y duermo como un rey."

Con la lectura de dos o tres cartas así, germinó en el corazón de Midas Ontiveros la ambición de instalarse allá para administrar o explotar racionalmente aquella posesión que él llamaba "el establecimiento" de mi tío, sin animarse aún a llamarla "estancia".

Y en el espíritu poético de María Juana, que leyó la carta del viejo en un ardoroso día de verano, Inti-Huasi, con su higuera y su pozo de agua, que era un hielo, apareció como un sitio deleitoso[21] y umbrío,[22] en que por lo menos a la hora de la siesta, descansaría de las rudas tareas de dueña de casa.[23]

III

El *break*[24] que los llevó desde Canteros hasta el patio mismo de Inti-Huasi, penetró por una puerta de la rústica pared de piedra que cercaba[25] el campo. Se apearon[26] los viajeros bajo la sombra de la higuera.

—¡Hijos míos!—exclamó el viejo, abriendo los brazos para que se echaran en ellos Midas, María Juana y los chicos. Y cuando se apeó la abuela, se sacó el sombrero y dijo:

—No tardará mi higuera en tener higos. ¡Verá qué higos, señora!

Midas Ontiveros echaba una mirada de experto sobre las cosas, y se emocionaba, porque iba a tener que empezar a poner sus ideas en contacto con las rudas realidades. El viejo le dijo al oído:[27]

---

[15] **desde años atrás** for many years   [16] **lujo** luxury   [17] **pozo** well   [18] **hielo** ice; **que . . . fría** cold as ice   [19] **higuera** fig tree; **higo** fig   [20] **catre** cot; small bed   [21] **deleitoso(-a)** delightful   [22] **umbrío(-a)** shady   [23] **dueña de casa** housekeeper; mistress of the house   [24] **break** a high four-wheeled carriage   [25] **cercar** to fence; to enclose   [26] **apearse** to get off   [27] **al oído** confidentially

—He metido en el pozo, para que se refresque, una damajuana[28] de un vino que cosecha[29] un amigo mío ... ¡Verás qué
vino!

El mediodía no estaba lejos, y Midas tenía sed, por lo cual
5   respondió brevemente,[30] como hombre ya preocupado por los
negocios:

—¡Probemos ese vino!

Don Pedro Pablo vio que Leopolda, una criada vieja que le
servía, se había encargado de hacer los honores a las mujeres, y
10   que los chicos andaban en el corral, y que podían él y su sobrino
llegar hasta el pozo sin ser vistos de nadie.

—¡Ven!—le dijo, haciéndole una guiñada inteligente.[31]

Midas lo siguió, sin miedo a los perros, que le olían las botas.

Había comprado en la ciudad un traje de gaucho completo,
15   creyéndolo más adecuado al lugar en que iba a vivir, y le sorprendía que su tío anduviera de pantalones y alpargatas,[32] sin
medias[33] y con un saco de brin.[34]

El pozo estaba en medio de un cañaveral[35] fresquísimo y
verde, entre cuyos tallos[36] profusos podía esconderse un hombre
20   a caballo.

—Cuando no me lo comen las vacas en el invierno, este cañaveral es muy lindo—dijo don Pedro, levantando con exquisito
cuidado la damajuana.

—¡Pero tío!—exclamó Midas.—¡Este cañaveral es una for-
25   tuna! En la ciudad, por una caña, cobran dos y tres pesos. Y usted
debe tener aquí cuatro mil o cinco mil cañas. ¡Diez mil pesos!

—¿Cómo dices?—preguntó el viejo, sin suspender la interesante operación de acercar la damajuana.

—Tiene usted aquí diez mil pesos, por lo menos.

30   —¿Diez mil pesos?

---

[28] **damajuana** demijohn (*a large, narrow-necked bottle of glass or stoneware
that holds from 1 to 10 gallons of wine*)   [29] **cosechar** to harvest   [30] **brevemente**
briefly; shortly   [31] **guiñada** wink; **una . . . inteligente** a meaningful wink
[32] **alpargatas** sandals (*of canvas and hemp sole*); **y . . . alpargatas** and he was
surprised (*at the fact that*) his uncle was wearing trousers (*and no gaucho
loose-fitting breeches*) and sandals   [33] **medias** stockings, socks   [34] **brin** coarse
linen fabric   [35] **cañaveral** cane field; reed patch; **caña** cane, reed   [36] **tallo**
stem; stalk

—¡Por lo menos!

El viejo hizo una mueca[37] desinteresada, porque en ese instante la damajuana aparecía arriba del brocal.[38]

—¡Esta agua—dijo el viejo —es un puro hielo! ¿Qué te parece si nos sentamos aquí? En la casa andarán las mujeres de un lado 5
a otro.[39]

—Como quiera, tío—respondió Midas, que estaba haciendo números en una libreta.[40]

Con la damajuana en la mano, se internó don Pedro Pablo en el cañaveral y se sentó en la tierra. 10

—Pero yo no tengo vaso aquí. A ti, ¿no te importará beber sin vaso?

—No, tío.

—No es muy pesada la damajuana—exclamó el viejo, empezando a beber. 15

¡Glu, glu, glu! cantó el vino por un largo rato, mientras Midas hacía números.

Cuando terminó de beber, bajó don Pedro la damajuana y se la entregó[41] a su sobrino con esta filosófica observación:

—Así es mucho mejor, porque no se asusta[42] uno mismo de 20
lo que bebe. . . .

IV

El primer día, María Juana, que había dormido en un cuarto por cuya ventana penetraba durante la noche el ardiente perfume del campo, se despertó al canto de los pájaros.

—¿Tienen muchas jaulas de pájaros aquí?—preguntó a doña 25
Leopolda, que preparaba el fogón[43] para encender fuego.

—No, niña; no tenemos ninguna.

—¿Y ésos que cantan?

—Son los pájaros de la higuera. Van a comerse los higos.

María Juana adquirió la costumbre de ir a la higuera en 30

---

[37] **mueca** grimace, wry face   [38] **brocal** curbstone of a well   [39] **en . . . otro** at home the women must be all over the place   [40] **libreta** notebook; memorandum book; **estaba . . . libreta** was figuring in his notebook   [41] **entregar** to hand over; to deliver   [42] **asustarse** to be frightened   [43] **fogón** hearth, fireplace

cuanto se levantaba, para recoger los higos maduros.[44] Ponía los mejores en un plato y se los llevaba a la abuela.

Una mañana, cuando la niña recogía los higos, llegó don Pedro Pablo y le dijo:

5 —¿Qué pájaro tan grande y tan lindo me anda comiendo los higos?

María Juana se rió y besó la mano de su tío.

—Tu padre—le dijo don Pedro Pablo —se ha levantado haciendo números. Me parece que no quiere salir conmigo al 10 campo. ¿Quieres venir tú?

—¿A pie?

—A caballo, en el caballo y con la montura[45] de Midas.

A la puerta del corral estaban dos caballos ensillados.[46] Uno tenía la simple y rústica montura de don Pedro Pablo; el otro 15 tenía una lujosa montura mexicana; era el de Midas.

María Juana montó en ese caballo y siguió a su tío. Llegaron hasta lo más alto de las lomas.[47]

—Tu padre es muy fantástico—iba diciendo a María Juana don Pedro Pablo. —Al principio yo le creí. En mi vida[48] había 20 vendido yo una caña; pero tantos cálculos me hizo, que le dejé cortar el cañaveral y hasta le di dinero para llevar la cosecha a Córdoba, donde le iban a pagar, según decía, dos pesos por cada caña.

—¿Y cuánto sacó?—preguntó María Juana.

25 —Creo que logró vender dos docenas de cañas. Las otras las mandó tirar. Ha perdido. Mejor dicho, he perdido yo muchos pesos.

—Se los ha de pagar, tío Pedro Pablo . . .

—¡Qué me ha de pagar, hijita! Ni me importa, si eso ha de servir para curarlo de fantasías. Aunque me parece que anda pensando en otro negocio por el estilo.[49]

—En algo tiene que ocuparse.

—Mejor sería que no se ocupara de nada. ¿No le doy yo casa y comida? Y a ti quería hablarte de esto, hijita, porque eres más cuerda[50] que tu padre, según me va pareciendo. Tú sola has

---

[44] **maduro(-a)** ripe   [45] **montura** saddle and trappings   [46] **ensillado(-a)** saddled; **ensillar** to saddle   [47] **loma** small hill   [48] **en mi vida = nunca**   [49] **por el estilo** like that   [50] **eres más cuerda** you have more sense

puesto en orden lo de adentro de mi casa, que andaba patas arriba[51] en manos de Leopolda. Tal vez podrás también administrar un día lo de afuera.

—¿Un día?

—Sí, mi hijita, cuando yo me muera.   5

—¡Qué ideas se le ocurren, tío, en una mañana tan linda!

Estaban junto a una piedra plantada en lo más alto de la loma.

—Éste es el lindero[52] de mis campos, que llegan hasta el arroyo.[53] Allí hay otro lindero que forma cruz con éste.   10

Calló un momento el viejo y contempló a su sobrina, que desde su caballo miraba el paisaje.[54]

María Juana tenía ojos azules, apacibles[55] y purísimos, y aunque su tipo era más de morena[56] que de rubia, ellos denotaban un alma ilusionada y profunda, pero dulce y tranquila.   15

Un chico, a pie, iba por el camino de la loma, detrás de unos burros cargados de leña.[57]

Don Pedro se enfurecía[58] cada vez que tropezaba con ese cuadro, porque la industria de la leña había desnudado[59] los montes de la región, volviéndola más pobre y estéril.[60]   20

Iba a decir algo, pero se quedó encantado[61] viendo a su sobrina que, acercándose al muchacho, se puso a conversar con él.

—Si yo hubiera encontrado una mujercita como tú, hace sesenta años, ahora tendría biznietos.[62]

María Juana se ruborizó[63] como si el elogio[64] viniera de un   25
joven.

Luego don Pedro Pablo dijo con tristeza:

—Pero se me hace[65] que tú no eres capaz de hacer las cosas que yo pensaba.

—¿Por qué, tío?   30

—Has de tener menos energía que el cabeza hueca de tu padre.[66]

---

[51] **patas arriba** upside down   [52] **lindero** boundary, landmark   [53] **arroyo** stream; small river   [54] **paisaje** landscape   [55] **apacible** pleasant   [56] **moreno(-a)** brunette; dark   [57] **leña** firewood   [58] **enfurecerse** to rage; to get furious [59] **desnudar** to denude; to make bare   [60] **estéril** barren   [61] **encantado(-a)** delighted; enchanted   [62] **biznieto** great-grandson   [63] **ruborizarse** to blush [64] **elogio** praise; compliment   [65] **se me hace** it seems to me   [66] **has . . . padre** you must have less energy than your empty-headed father

—Yo no sé cómo es mi padre—respondió melancólicamente María Juana, que empezaba a dudar de la capacidad de su padre para hacer negocios —pero ¿por qué piensa que yo no tengo energía?

5 —Tus ojos azules te denuncian, hijita. Una persona con ojos así, me parece que no es capaz sino de enamorarse y de llorar.

María Juana se echó a reír a carcajadas,[67] y el viejo varió el tema.[68]

—¿Ves aquella abra[69] en las montañas? Cuando el sol se 10 pone,[70] por esa abra pasa una gavilla[71] de rayos que van a caer justamente sobre aquellas casas blancas. ¿Las ves?

—Sí, tío. Canteros, ¿no?[72]

—Canteros. Y ese rayo de sol, en diciembre, va siguiendo el lindero de mi campo. Si se perdieran los mojones[73] y se quemaran 15 todos mis papeles, con ese rayo de sol podría medir de nuevo la propiedad.

María Juana miró las cosas que le mostraba, y don Pedro Pablo sacudió de nuevo la cabeza:

—¡No, no, hijita! Con esos ojos azules no puedes tener ener-20 gías para matar una mosca.[74]

V

Estaban a la mitad del segundo verano en Inti-Huasi.

La abuelita vivía atormentada por el reumatismo, sentada en un sillón[75] mirando las gallinas; don Pedro Pablo, haciendo viajes al pozo, cuando imaginaba que nadie lo veía, para visitar la 25 damajuana de aquel vino que estaba en el cañaveral, y tomar a su gusto.

Y era María Juana la que, poco a poco, iba poniendo en orden todas las cosas y haciéndolas rendir mejores productos. Ella man-daba recoger los huevos del gallinero,[76] y al anochecer[77] contaba 30 las cabras,[78] que volvían a dormir en el corral.

---

[67] **a carcajadas** heartily; **carcajada** loud laughter   [68] **variar el tema** to change the subject   [69] **abra** mountain gap; gorge   [70] **cuando el sol se pone** when the sun sets   [71] **gavilla** sheaf; **gavilla de rayos** beam of light   [72] **Canteros, ¿no?** (*that is the village of*) Canteros, isn't it?   [73] **mojón** (*pl.* **mojones**) landmark   [74] **mosca** fly   [75] **sillón** easy chair   [76] **gallinero** chicken coop; house or yard   [77] **al anochecer** at nightfall   [78] **cabra** goat

Un día, Tiburcio, el criado, entró en el comedor, con el sombrero en la mano, y contó lo que había oído en la villa, de donde volvía con su burro.

—Dicen que ha venido al pueblo don Roque Carpio.

El viejo Ontiveros levantó la cabeza con un vivo movimiento   5
de curiosidad, y murmuró:

—¿Pero ya han pasado los veinte años? ¡Bendito sea Dios!
Y para explicar a sus huéspedes[79] su disgusto, dijo:

—Ese hombre vuelve del presidio.[80] Mató a su mujer por
celos,[81] de tan mala manera que sólo porque era un caudillo   10
político[82] muy querido no lo fusilaron. ¡Qué buen mozo[83] era
entonces! No debía tener más de veintidós años, y se le creía
capaz de tumbar[84] un toro bravo cogiéndolo por los cuernos.[85]

—¡Jesús nos ampare![86] —murmuró la vieja.

—No tenga miedo, señora. Es noble en el fondo.[87] Yo conocí   15
a su padre. Me debió algunos servicios, y él se ha de acordar.

Aquiles y Héctor se acostaron imaginándose aventuras en
que tomaba parte aquel sombrío personaje.

Por los ojos azules de María Juana apenas pasó una leve
sombra del miedo de su abuela, pero tuvo en la memoria el   20
nombre de Roque Carpio.

VI

  25

En la noche del 20 de diciembre se oyó ladrar a los perros, hacia
el corral donde se encerraban las cabras.

—¡Tal vez sea el león!—dijo doña Leopolda asomándose a
la puerta de su cuarto.

—Don Pedro Pablo dormía como un tronco sobre su colchón   30
nuevo, y no se movió. María Juana se levantó, y andando de
puntillas[88] salió hasta el patio.

—No es tarde todavía—pensó, mirando las sombras que la
luz de la luna formaba en la tierra amarilla del patio. Dio algunos
pasos, mas no logró saber por qué ladraban los perros.

---

[79] **huésped** guest   [80] **presidio** penitentiary; prison   [81] **celos** jealousy
[82] **caudillo político** political boss   [83] **¡qué buen mozo!** what a handsome lad!
[84] **tumbar** to knock down   [85] **cuerno** horn   [86] **amparar** to protect; **amparo**
protection   [87] **en el fondo** at heart   [88] **de puntillas** on tiptoe

VII

Aquella mañana, tres días antes de Navidad,[89] un hombre, que parecía haber dormido bajo un árbol junto al arroyo, ensillaba tranquilamente su caballo.

Era un hombre en el vigor de la edad,[90] con una barba ne-
5 grísima que le daba un aspecto inquietante, a pesar de que sus facciones[91] eran finas y de que los detalles de su traje y de su montura no revelaban nada sospechoso. Las casas de don Pedro Pablo estaban a unos doscientos metros de allí, y él miraba a menudo[92] hacia ellas, viendo el humo de su hogar[93] levantarse
10 en el aire, más allá[94] del cañaveral.

Podía notarse su indecisión. ¿Llegaría? ¿Se iría sin saludar al dueño, a quién conoció años atrás?

—Éste era un lugar bueno para bañarse en los días calurosos[95]—pensó Roque Carpio, contemplando el arroyo.
15 Una marca en la arena[96] le llamó la atención. Se acercó un poco más y miró con curiosidad.

Era la huella[97] de un pie, una huella fina, nítidamente[98] impresa en la arena.

—No es el pie de un niño—se dijo, —pero es un pie delicado;
20 es un pie de mujer.

Pareció conmovido,[99] como si aquella marca removiera sus sentimientos y sus memorias.

No podía apartar los ojos de la arena del arroyo, y no oyó el ruido de unas cañas que se rompían, dando paso a un muchacho;
25 tampoco oyó el ruido de una piedra que, arrojada por el muchacho, se perdió en el bosque.

Sólo cuando el muchacho estuvo cerca dejó de mirar la huella del pie, y se acercó a su caballo.

Era Aquiles, que andaba persiguiendo loros, y que se le a-
30 cercó sin miedo, sin imaginarse quién fuera.

—Buenos días, chico. ¿Son éstas las casas del viejo Ontiveros?

---

[89] **Navidad** Christmas   [90] **en . . . edad** in the prime of life   [91] **facciones** features   [92] **a menudo** often   [93] **hogar** fireplace, hearth   [94] **más allá** beyond; farther on   [95] **caluroso(-a)** hot   [96] **arena** sand   [97] **huella** track   [98] **nítidamente** clearly   [99] **conmovido** stirred (*with emotion*)

—Ésas son. ¿Qué se le ofrece?[1]

—Nada. Iba cruzando el camino, y como el caballo tenía sed, me acerqué al arroyo.

—Pero esto está cercado. ¿Cómo pudo entrar?

—Hay un portillo[2] en la cerca.[3]

—¡Ah! Es cierto—exclamó Aquiles. —¿Quién es usted?

Roque Carpio contestó con otra pregunta:

—¿Vive todavía don Pedro Pablo Ontiveros?

—Sí.

—Debe estar viejito.

—Así es.

—Yo lo conocí bien y fui su amigo.

Se callaron un instante. Roque Carpio volvió a mirar la huella de aquel pie y no fue capaz de dominar su curiosidad.

—¿Quién habrá pisado[4] ayer tarde en esta arena que ha dejado tan linda huella?

—Mi hermana se bañó aquí ayer tarde.

—¿El pie será de ella, entonces?

—Así parece.

—¡Lindo pie!—exclamó Roque Carpio. —Su hermana ¿qué viene a ser de don Pedro Pablo?[5]

—Sobrina nieta. *great-niece*

—El viejo, cuando yo lo conocí, no tenía más que un sobrino, Midas Ontiveros.

—Es mi padre.

—Será entonces muy joven la dueña de este pie.

—Veinte años dicen que tiene.

Roque Carpio se quedó pensativo, contemplando siempre la huella.

Se oyó de nuevo ruido de cañas, y apareció Héctor por el medio del cañaveral, porque aquellos bandidos no sabían andar sino por donde no había caminos, para mejor sorprender a los pájaros.

---

[1] **¿qué se le ofrece?** what do you wish? [2] **portillo** hole; opening; gate [3] **cerca** fence [4] **pisar** to step on; to tread upon [5] **¿qué ... Pablo?** What (*relation*) is she to don Pedro Pablo?

El ex presidiario[6] montó a caballo y dijo:

—Más tarde pasaré a visitar a don Pedro Pablo. ¿Quieren decirle, chicos, que Roque Carpio le manda saludos?[7]

Aquiles y Héctor casi se cayeron de espaldas. Esperaron
5 hasta que la figura de aquel hombre desapareciera, y corrieron a las casas con la noticia.

VIII

Dos días después, la víspera de Navidad,[8] los habitantes de la Sierra Alta, que descendían hacia Canteros para oír la misa del gallo[9] a la media noche, vieron en el camino las huellas de un
10 caballo herrado,[10] y pensaron que el que andaba en él[11] no era de esos lugares, donde nadie se atreve a andar sino en mulas o en caballos sin herrar,[12] para que no se resbalen.[13]

—¡Va solo! —se dijeron los paisanos. —¿Cómo se habrá animado a llegar hasta aquí sin un guía?[14]

15 Y se lo imaginaban perdido en aquel desierto de piedras amarillas, donde no se oye nada más que el ruido del viento, y de cuando en cuando el grito de algún animal hambriento.[15]

Pensaban también que no tardarían en ver que los cóndores volaban en círculos, señal de que había un cadáver. Podía ser el
20 hombre del caballo herrado, muerto de hambre en las soledades de la sierra.

Se equivocaban, sin embargo, porque Roque Carpio conocía perfectamente los senderos[16] de aquellas sierras, y en el tiempo de neblinas,[17] cuando el sol no se ve ni hay manera de encontrar
25 los senderos borrados, sabía caminar por las montañas sin perderse.

Los veinte años pasados en la prisión no le habían hecho perder la memoria, y si montaba un caballo no nacido en aquellos

---

[6] **presidiario** convict [7] **saludos** greetings [8] **la víspera de Navidad** Christmas Eve [9] **misa del gallo** midnight Mass [10] **herrado(-a)** shod; **herrar** to shoe a horse [11] **el que andaba en él** the person who was riding it [12] **sin herrar** unshod [13] **resbalarse** to slip; to skid [14] **¿cómo...guía?** how do you suppose he dared come this far without a guide? [15] **hambriento** hungry; starved [16] **sendero** path [17] **neblina** fog; mist

lugares, era porque no tenía otro, y no habría podido obtenerlo sin explicaciones.

Su intención fue cruzar la sierra para llegar a la pampa de San Luis, leguas y leguas de pastos, buenos para criar ovejas.[18]

Llenó sus alforjas[19] de víveres y partió la noche del mismo día que visitó a don Pedro Pablo.

Cuando anunció su visita, no lo esperó el dueño de la casa en la sala, ni siquiera en el corredor. Pusieron dos sillas a la sombra de la higuera y allí lo recibió, como si se tratara de alejarlo[20] de la familia.

Roque Carpio notó el desdén[12] del viejo amigo de su padre, y no lo creyó injusto, porque un hombre que ha pasado veinte años en presidio no tiene derecho[22] a ser recibido con los brazos abiertos.

Pero le dolió.[23] Había ido como empujado por una fuerza superior, con la ilusión de conocer a la que había dejado la huella en la arena del arroyo.

¿Cómo entró esa loca idea en su cabeza? Era su destino, seguramente, enamorarse de un modo incomprensible para los otros hombres. Así fue antes. Así volvía a ser ahora.

Poco faltó para que terminara su visita[24] sin lograr el propósito que lo llevó a la casa de Ontiveros. Mas el viejo notó que su visitante parecía resentido, y quiso halagarlo[25] ofreciéndole algunos higos, y llamó a María Juana, que los trajo en un plato.

Roque Carpio tuvo necesidad de apelar a toda su energía para no denotar la emoción que le produjo la vista de aquella muchacha.

Ella se alejó al momento, sin mirarlo, y él quedó envenenado para siempre con una pasión tan fuerte como la muerte.

—Me desprecian—se dijo al montar a caballo para no volver más a la casa de Ontiveros. —Y, sin embargo, si yo quisiera venir una noche, cuando el padre anda en el pueblo y el viejo duerme . . . ¿quién la defendería? ¿Sus perros? Me han dejado anoche

---

[18] **ovejas** sheep   [19] **alforjas** saddlebags   [20] **alejar** to remove; to keep away from; **lejos** far   [21] **desdén** disdain, contempt   [22] **derecho** right; **no tiene derecho a ser** does not have the right to be   [23] **doler** to hurt   [24] **poco...visita** he almost finished his visit   [25] **halagar** to gratify; to flatter

dormir junto al corral de las cabras, y si quisiera entrar no ladrarían. Y ella, ¿qué podría decirme? Tiene ojos azules, como los de la Virgen. Se desmayaría no bien la tocara,[26] y yo podría llevarla donde nadie nos encontraría nunca. ¿Quién conoce me-
5 jor que yo los caminos de la sierra?

Al alejarse de Inti-Huasi se fue debilitando[27] la tentación. ¡Qué locura! A los cuarenta años, con la amarga[28] experiencia de lo que cuesta un solo momento de extravío,[29] no debía proceder como un muchacho. Esa era la clara verdad, y puesto que
10 en los pueblos lo aislaban,[30] buscaría otros lugares donde ganarse la vida.

La soledad sería buena amiga de su alma oscura, hecha al destierro.[31]

Dio de comer a su caballo, mientras llenaba sus alforjas de
15 víveres y tomaba en el último almacén[32] del pueblo un vaso de vino.

Cuando iba a salir del almacén, un hombre entró, y él se quedó, retenido por la curiosidad, hasta que supo que era Midas Ontiveros, y lo vio tomar un vaso de vino igual al suyo, ni más
20 ni menos[33] que los otros paisanos.

¿Por qué, pues, se creían con derecho a recibirle debajo de la higuera en aquella casa donde fue como amigo?

Recogió sus alforjas, ensilló su caballo y salió, sin dar a nadie noticias de su destino.

25 En dos días de buena marcha hubiera podido llegar al sitio que imaginaba bueno para quedarse, criando ovejas, sin miedo al desierto, pero a medida que[34] se alejaba se debilitaba su propósito.

Caminó por senderos poco conocidos, buscando las quebra-
30 das,[35] donde hallaría un poco de pasto para su caballo. A la hora en que el sol de diciembre estaba más alto, comió y descansó un poco. Por la noche durmió en las cuevas de los animales. De

---

[26] **desmayarse** to pass out; to faint; **se . . . tocara** she'd faint the minute I'd touch her   [27] **debilitarse** to weaken; **se fue debilitando la tentación** his temptation was getting weak   [28] **amargo(-a)** bitter   [29] **extravío** misconduct
[30] **aislar** to isolate; to place apart; **lo aislaban** they avoided him   [31] **destierro** banishment; exile; **hecha al destierro** accustomed to exile   [32] **almacén** store
[33] **ni . . . menos** just like   [34] **a medida que** as; in proportion as   [35] **quebrada** ravine

modo que no encontró a nadie en su marcha, pero estuvo más solo con sus pensamientos y la tentación.

¡Cosa increíble! Apenas conocía la voz de aquella muchacha, apenas la había visto junto al viejo, trayéndole un plato lleno de higos. Y si la viera de nuevo, no la reconocería, porque en su 5 memoria no había quedado nada de ella, nada, sino la luz cobarde[36] de sus ojos azules que no querían mirarlo. Solamente conocía bien la huella de su pie. Se estremecía[37] al acordarse de aquella marca en la arena, y su sangre impetuosa hinchaba su corazón como un torrente. ¿Para qué le servía su fuerza? 10

Había en la sierra quebradas perdidas en el desierto de piedra, adonde no llegaban los hombres en busca de sus animales. Allí un hombre valiente podía vivir diez años sin que nadie turbara su paz. ¿Cuánto tiempo necesitaría para hacerse amar de una mujer que no tuviera otro amparo que su brazo, ni 15 otra casa que la que él le hiciera en la quebrada?

Al tercer día se volvió, azotado[38] por aquellos pensamientos.

IX

Don Pedro Pablo pasó la tarde lavando con el agua de su pozo unas cuantas damajuanas que había tenido llenas de vino, y que ahora estaban vacías. 20

Midas lo ayudaba humildemente, no sólo porque eso era lo justo, ya que[39] le había ayudado a vaciarlas, sino también porque andaba empeñado en[40] un negocio que, según sus cálculos, iba a resultar en mucho oro, con tal que[41] el viejo le ayudara con un poco de dinero para empezar. 25

Don Pedro Pablo se hacía sordo[42] a los números, y volvía a su tema:

—Un amigo mío me va a vender vino, si hoy mismo[43] le llevo las damajuanas. Esta noche iremos a la misa del gallo con la familia, y aprovecharemos el viaje para llevar las damajuanas 30 en los burros.

---

[36] **cobarde** timid   [37] **estremecerse** to shiver; to shudder   [38] **azotado(-a)** whipped   [39] **ya que** since   [40] **andaba empeñado en** was bent on   [41] **con tal que** provided   [42] **sordo** deaf; **hacerse sordo** to turn a deaf ear; to pretend not to hear   [43] **hoy mismo** this very day

#1

El viejo estaba alegre, con la perspectiva de comprar el vino un poco más barato.[44] Después de cenar[45] mandó ensillar[46] los caballos para ellos, los dos sobrinos y María Juana, y preparar los burros con las damajuanas.

5 La señora Claudia se quedó rezando[47] en la casa, esperando la luna, acompañada de doña Leopolda.

—No me acostaré hasta que vuelvas—dijo a su nieta. —La noche será clara, aunque la luna saldrá tarde.

En el camino encontraron muchos grupos de paisanos que 10 iban al pueblo. No era posible reconocerlos en la oscuridad, y los saludaban sin nombrarlos.[48]

La misa fue alegre, especialmente para María Juana, que tenía el espíritu infantil[49] y a la vez religioso.

Cuando salió de la iglesia no halló en la plaza más que su 15 caballo y los de sus hermanos.

Un viejo se le acercó y le dijo:

#2

—Me encargó don Pedro Pablo que le dijera que podía volver sola, ya que conoce el camino, porque él iba con los burros y don Midas hasta la tienda de su amigo para comprar el vino.

20 María Juana vaciló un momento, pero al considerar las muchas personas que irían con ella por el camino, bajo una luna clara, montó en su caballo y partió al galope,[50] acompañada de los muchachos.

Su abuela no se acostaría hasta que ella volviera. Quién sabe 25 lo que su padre y su tío tardarían.

María Juana pensaba con tristeza que su padre iba perdiendo día a día su dignidad. Más de una vez había vuelto del pueblo al alba,[51] y se había metido en la cama para dormir hasta después de la siesta.

#3 30 Un hombre, desde la sombra de las acacias vio salir a María Juana y no tuvo necesidad de acercarse para escuchar lo que el paisano le decía; ya lo sabía.

Así que[52] ella partió, montó él a caballo y salió al trote. En una quebrada, donde había un bosque, se apeó y con su cuchillo

---

[44] **barato** cheap [45] **cenar** to eat supper [46] **ensillar** to saddle [47] **rezar** to say prayers [48] **los saludaban sin nombrarlos** they greeted them without mentioning their names [49] **infantil** childlike [50] **galope** gallop; **al galope** hurriedly [51] **al alba** at dawn [52] **así que** as soon as

le quitó las herraduras[53] a su caballo. Como buen criollo[54] había pensado ya que un rastreador[55] podía seguirlo en la sierra, a causa de que su rastro era distinto de los demás.

Y volvió a montar.

X

María Juana llegó a Inti-Huasi sola con los muchachos. La abuela 5
exclamó al verlos:

—¡Gracias a Dios! No dejaba de estar inquieta. Pero ellos, ¿se han quedado?

Contó María Juana lo ocurrido, mientras quitaba las monturas a los caballos. 10

Aquiles y Héctor se fueron a su cuarto, que estaba separado de los cuartos donde dormían los mayores.[56] Doña Leopolda se había retirado antes, y María Juana, que se caía de sueño,[57] refería sin ganas a doña Claudia lo que vio en la iglesia.

Se acostaron luego las dos, y para que tío y sobrino pudieran 15
entrar cuando llegaran, la joven no atrancó por dentro[58] la puerta de su cuarto, sino que la dejó entornada[59] y apuntalada con el travesaño.[60]

La luna se filtraba por aquella abertura,[61] pintando en el piso del cuarto una estrecha[62] banda que iba cambiando de posición. 20

La niña se durmió, pero los ojos de la abuela no se apartaron de aquella banda luminosa.

Todos los rumores de una noche clara y serena llegaban a ella por la abertura de la puerta. Estaba inquieta y no hubiera sabido explicar por qué. 25

De pronto, en el campo abierto, resonó el agrio[63] chillido[64] de una lechuza.[65]

La vieja aguzó el oído.[66]

---

[53] **herradura** horseshoe [54] **criollo** Creole; native [55] **rastreador(-a)** tracker
[56] **los mayores** the grown-ups; the adults [57] **caerse de sueño** to be overcome with sleep [58] **atrancar por dentro** to bolt from the inside [59] **entornado(-a)** ajar; slightly open [60] **apuntalada con el travesaño** propped with the crossbar
[61] **abertura** opening [62] **estrecho(-a)** narrow [63] **agrio** sour; disagreeable
[64] **chillido** shriek [65] **lechuza** screech owl [66] **aguzar el oído** to prick up one's ear(s)

—Son ellos, que vuelven—murmuró.

Casi en seguida ladraron los dos perritos que no habían querido seguir a don Pedro Pablo.

—Sí, son ellos —repitió la señora Claudia, y aguzó más el
5 oído, esperando oír el ruido de los burros que llegaban al trote.
Pero no oyó más que el ladrido de los perros, y, de pronto, el
quejido de uno de ellos, que calló.

—Alguien ha errado el camino[67] —se dijo la vieja, —pero
¿por qué se han callado los dos perros?

10 De pronto se apagó en el suelo del cuarto la banda de luz
que entraba por la abertura de la puerta.

—Es una nube que pasa —dijo la vieja, levantándose,—o es
alguien que se ha detenido frente a la puerta.

La vieja se acercó a la cama de su nieta, y la halló despierta,
15 con el corazón agitado.

—¿Ha sentido, mamita? Se han callado los perros, pero uno
se está quejando.

Se sintió distintamente el rumor de una mano que trataba
de quitar el travesaño. (Cross bar)

20 —¡Jesús nos ampare! —exclamó la muchacha, saltando de
la cama. —¡Cerremos la puerta, mamita!

Y se echó sobre la puerta con tal violencia que la mano,
introducida por alguien, se retiró; se oyó un quejido y luego una
voz que trataba de ser amable:

25 —¡Abra, niña! No me tenga miedo. Ahí vienen su papá y su
tío.

Reconoció María Juana la voz de Roque Carpio, y se apoyó
con todo el cuerpo sobre la puerta. En cuanto ella lograra cerrarla
y meter una cuña[68] en un agujero que había a propósito en el
30 umbral, no existiría fuerza humana que pudiera abrirla.

No retiró el travesaño que en ese momento servía de puntal,[69]
y dijo con voz tranquila:

—Mamita, déme la cuña y ayúdeme a cerrar.

Se oyó una risa irónica.

35 —Pero no tenga miedo, niña, y ábrame.

---

[67] **errar el camino** to take the wrong road [68] **cuña** wedge [69] **puntal** prop;
support

La abuela, más muerta que viva, se arrastró, y dio a la niña una gruesa cuña de madera.[70]

—Si puedo meterla en el agujero —pensó María Juana—nos habremos salvado.

Empujó con más fuerza, pero la puerta obedecía[71] cuando   5
Carpio se apoyaba con fuerza en ella.

Oyó de nuevo su risa de hombre que está seguro de vencer, pero que guarda la violencia para el último extremo.

—¡Pero no se canse, niña! ¡Si es inútil! Con un solo dedo la puedo vencer. ¡Mire!   10

La abuela dio un grito de terror, porque de nuevo entró en la pieza[72] el rayo de luna.

Se despertaron en eso[73] los muchachos y comenzaron a llorar, y su llanto[74] se juntó[75] al de doña Leopolda, que, comprendiendo que los asaltaban, se defendía en su cuarto.   15

Eso puso de mal humor a Roque Carpio, que hizo un potente esfuerzo y metió el pie en la abertura de la puerta.

María Juana se echó con desesperación sobre el puntal y lo clavó tan fuertemente en el piso de tierra, que pudo resistir un violento empujón del ex presidiario.   20

—¡Canejo con la muchacha![76] —murmuró entre dientes.[77]

—¡Abrame la puerta, o entro por la ventana!

La pobre muchacha tuvo un instante de desaliento[78] al ver entornada aquella ventana, que no tenía más reja[79] que unos débiles barrotes[80] de madera.   25

Su salvación estaba, no sólo en impedir que la puerta cediera, sino también en evitar que el bandido retirase el pie.

Tenía que mantenerlo preso.[81] Echóse con todas sus fuerzas sobre el puntal y oyó que el gaucho empezaba a quejarse de dolor y trataba de librar el pie.   30

La vieja rezaba, hincada,[82] con los brazos en cruz.

—¡Mamita! —le dijo en voz baja María Juana. —¿No tiene un arma?

---

[70] **madera** wood   [71] **obedecer** to obey; to give   [72] **pieza** room   [73] **en eso** at that moment   [74] **llanto** crying; weeping   [75] **juntarse a** to join   [76] **¡canejo con la muchacha!** great guns, that girl!   [77] **murmurar entre dientes** to mumble; to mutter   [78] **desaliento** discouragement   [79] **reja** grating   [80] **barrote** bar   [81] **mantener preso(-a)** to keep prisoner (She had to prevent him from going away.)   [82] **hincado(-a)** kneeling

—Nada, hijita.

—¿Ni un cuchillo?

—Cuchillo de mesa, hija. ¡Santo Dios!

—Mamita: déme las tijeras.[83] Venga, échese contra el puntal.
5 Si pudiéramos meter la cuña en ese agujero del umbral, usted
sola podría sostenerlo mientras yo hacía otra cosa.

Se acercó temblando doña Claudia, entregó las tijeras a María
Juana y cayó como un cuerpo muerto sobre el puntal.

—¡Un poco más, un poco más, mamita!

10 Roque Carpio sufrió un horrible dolor en el pie, triturado[84]
por la firmísima puerta, y dio tan tremendo empujón que la
sacudió, pero sin lograr que cediera.

—¡Ábrame, canejo!—exclamó con ira, y en ese mismo instante sintió que una hoja agudísima[85] se le hundía en el pie.

15 Lanzó un espantoso rugido y empezó a luchar desesperadamente por abrir la puerta, para librar el pie que María Juana
le estaba hiriendo con las tijeras. Pero la puerta era como un
tornillo[86] de hierro que parecía apretarse[87] más conforme[88] se le
iba hinchando el pie y llenándosele de sangre la bota.

20 A cada blasfemia de él, acompañada de empujones que sa-
cudían hasta el techo de la pieza, María Juana daba una puñalada
en aquel pie y contestaba en voz alta y firme a los rezos de la
abuela.

—¡Señor, a mi socorro[89] pronto atiende!

25 —¡Santo, santo, santo, Señor Dios de los ejércitos!

Ya no se oía el llanto de los muchachos y doña Leopolda,
apagado por los rugidos de león del bandido martirizado[90] de
tan espantosa manera. Y eso duró toda la noche.

Ni don Pedro Pablo ni Midas volvían.

30 Habían dejado los caballos a la entrada del almacén, cuidados por Tiburcio, el peón, y bebían copa[91] tras copa. El uno,
sin apartarse de su costumbre, bebía vino; el otro, de cuanto[92]
bebían los demás paisanos,[93] que lo estimulaban oyendo con una
atención no exenta de ironía sus magnos proyectos.

---

[83] **tijeras** scissors   [84] **triturado(-a)** crushed   [85] **una hoja agudísima** a very
sharp blade   [86] **tornillo** vice; clamp   [87] **apretarse** to be very tight
[88] **conforme** according to; in proportion to   [89] **socorro** help, aid, assistance
[90] **martirizado(-a)** tortured   [91] **copa** glass; goblet   [92] **de cuanto** of as many
things as   [93] **paisano** fellow countryman; peasant

El alba tendió una bandera de púrpura[94] sobre la negra montaña.

Hacía largo rato ya que Roque Carpio había dejado de lamentarse. Su cuerpo yacía[95] junto al umbral cubierto de sangre. Y todavía su pie estaba metido en la abertura de aquella puerta. 5

XI

Cuando, ya de día, llegaron a Inti-Huasi los burros cargados de damajuanas y tras ellos los dos Ontiveros, echado el sombrero sobre los ojos para ocultar[96] la borrachera,[97] Tiburcio, con su vista de campesino, exclamó:

—¡Allá, bajo la higuera, está el caballo de don Roque Carpio! 10

Despertó el viejo y se apresuró, y junto con él galopó Midas. Viendo aquel cuerpo frente a la puerta del cuarto de María Juana, se miraron con pavor.[98]

Al rumor de los caballos salió Leopolda y luego los muchachos, y, por fin, se abrió la invencible puerta, apareciendo 15 María Juana, ojerosa[99] y amarilla, como quien no ha dormido; pero sañuda al ver a los dos hombres que la habían abandonado.

La abuela yacía desvanecida[1] al pie de la cama, y en un charco[2] de sangre estaban las tijeras abiertas.

❧

Tiempos después, una tarde, don Pedro Pablo cruzaba la plaza 20 frente a la iglesia de Canteros. El cura, que cortaba las granadas[3] en el jardín de la casa parroquial, lo llamó.

—Justamente había pensado ir a su casa hoy.

—Mi casa y todo lo mío es suyo, señor cura. ¿En qué quiere que yo lo sirva? 25

—Un mozo ha visto a María Juana en la misa de los domingos y se ha enamorado de sus ojos azules, y me atormenta porque vaya a presentarlo a ustedes.

---

[94] **púrpura** crimson   [95] **yacer** to lie   [96] **ocultar** to hide   [97] **borrachera** drunkenness   [98] **pavor** terror; dread   [99] **ojeroso(-a)** with dark circles under the eyes   [1] **desvanecido(-a)** faint, in a faint   [2] **charco** pool, puddle   [3] **granada** pomegranate

—¡Hum! —hizo el viejo. —¿Se ha enamorado de sus ojos azules? Y ¿qué piensa él que hay detrás de esos ojos? ¿Pensará lo mismo que yo pensé? ¿Le ha contado la aventura de Roque Carpio?

5   —Se la he contado.

—Pues desde ese día ella manda en casa. Vale más que todos nosotros juntos y las cosas van mejor.

—También lo sabía y se lo he dicho.

—Entonces, puede llevarlo cuando quiera.

10   —Mañana iremos.

—Está bien, señor cura. Le diré a ella que temprano corte los últimos higos de la higuera y haga unos quesos.[4] Yo pondré a refrescar un vino que compré durante la Navidad.

El cura, que reprobaba el vicio de don Pedro Pablo,[5] lo miró
15 severamente. El viejo bajó la cabeza y dijo:

—Si yo hubiera encontrado hace muchos años una mujercita como ésa, hoy tendría biznietos . . . y no sería lo que soy.

El cura escogió las más hermosas granadas, llenó una canasta[6] y se la dio a Ontiveros.

20   —Llévesela en nombre del que mañana irá conmigo.

Y don Pedro Pablo, alegre con la noticia, partió al galope en su caballo.

15

---

[4] **queso** cheese (**de higos** fig paste)   [5] **el vicio . . . Pedro** Don Pedro's addiction
to wine   [6] **canasta** basket

EXERCISES

I–IV
READING COMPREHENSION

Select the word or phrase that best completes each statement according to the story, *Sangre en el umbral*.

1. Midas Ontiveros estaba _____ porque se había quedado sin empleo.
   a. triste
   b. preocupado
   c. contento

2. ¿Por qué se emocionó Midas cuando llegó al "establecimiento"?
   a. Porque vio que su querido tío estaba muy viejo
   b. Porque se apeó bajo la sombra de la higuera
   c. Porque iba a poner sus ideas en contacto con la realidad

3. ¿Qué tenía el tío dentro del pozo?
   a. Una caña
   b. Una damajuana
   c. Una cosecha

4. Midas había traído _____ de la ciudad.
   a. un traje de gaucho
   b. una botella de vino
   c. unas alpargatas

5. ¿Qué era lo primero que María Juana hacía por la mañana?
   a. Sacaba los pájaros de las jaulas
   b. Recogía los higos de la higuera
   c. Besaba la mano de su tío

6. ¿Por qué Pedro Pablo piensa que María Juana tal vez pueda administrar la estancia?
   a. Porque ha puesto en orden su casa
   b. Porque anda pensando en negocios
   c. Porque se levanta temprano

7. ¿Por qué cambia de opinión?
   a. Porque habla con personas que no conoce
   b. Porque cree que sólo es capaz de llorar y enamorarse
   c. Porque es una cabeza hueca como su padre

Change the statements that are incorrect to make them agree with the story, *Sangre en el umbral.*

1. María Juana, Midas y la familia entraron por un agujero en el techo de la casa de Pedro Pablo.
2. María Juana acababa de cumplir quince años.
3. María Juana pensaba que Inti-Huasi iba a ser desagradable y caliente.
4. Pedro Pablo estaba muy interesado en los negocios que le propuso su sobrino.
5. El primer negocio de Midas tuvo mucho éxito.
6. La industria de la leña había hecho los campos más pobres.

VOCABULARY STUDY

A. *Vocabulary Usage*

Select the word or expression in *Column B* that is opposite in meaning to each term in *Column A.*

	A		B
1.	__d__ sin	a.	siempre
2.	__a__ nunca	b.	campo
3.	__g__ casado	c.	mayor
4.	__h__ alguno	d.	con
5.	__b__ ciudad	e.	joven
6.	__c__ menor	f.	cabeza hueca
7.	__i__ algo	g.	viudo
8.	__e__ viejo	h.	ninguno
9.	__j__ adentro	i.	nada
10.	__f__ cuerdo	j.	afuera

Select the letter corresponding to the most logical completion for each sentence.

1. El hombre que pierde su esposa es un
   a. cuarentón.
   b. solitario.
   c. viudo.
   d. suegro.

2. La madre de la esposa es la _____ del esposo.
   a. suegra
   b. hermana
   c. vieja
   d. suegro

3. Los hijos de mis nietos son mis
   a. bisabuelos.
   b. sobrinos.
   c. biznietos.
   d. primos.

4. Canteros es un
   a. campo.
   b. pueblo.
   c. lindero.
   d. bandido.

5. Una persona que no tiene energías para matar una mosca es una persona
   a. fuerte.
   b. valiente.
   c. enérgica.
   d. débil.

B. Cognate and Word Formation Exercise

Find the cognates of the following English words. Are there any false cognates?

1. content *contento*
2. camp *campo*
3. install *instalarse*
4. felicity *felicidad*
5. villa *villa*
6. germinate *germinar*
7. idea *"*
8. rude *rudo*
9. profuse *profuso*
10. converse *converso*

STRUCTURES

A. The Future Tense

Rewrite the following sentences, using the future tense of the verbs in parentheses.

1. Tú no (estar) _estarás_ con tanto lujo aquí como en la villa.
2. Nos (ir) _iremos_ al campo a casa del tío Ontiveros.
3. ¡Tú (ver) _verás_ qué vino!
4. Creo que ella (salir) _saldrá_ a coger más higos.
5. María Juana (ser) _será_ una buena administradora.
6. Roque Carpio (venir) _vendrá_ esta noche.
7. Los nietos no (decir) _dirán_ la verdad.

Rewrite the following sentences using the future tense to express doubt or probability.

EXAMPLE: ¿Cuándo viene?

¿Cuándo vendrá?

1. En la casa las mujeres andan de un lado a otro. *andarán*
2. ¿Qué edad tiene María Juana? *tendrá*
3. ¿No te importa beber sin vaso? *importará*
4. Los muchachos corren por el corral. *correrán*
5. ¿Puedes hacer las cosas que pienso? *Podrás*
6. Es muy joven entonces la dueña de este pie. *Será*
7. ¿Dónde están los higos maduros que dejé aquí? *estarán*

After each statement, make a conjecture based on the cue.

EXAMPLE: Midas no tiene éxito en los negocios. (no es muy
inteligente)

No **será** muy inteligente.

1. Toma mucho vino. (está muy triste) *estará*
2. Los muchachos andan jugando en los corrales. (no tienen nada
que hacer) *no tendrán*
3. La abuela no quiere levantarse temprano. (está enferma) *estará*
4. Roque Carpio quiere llevarse a María Juana. (no tiene
escrúpulos) *no tendrá*

B. Comparisons

The following adjectives have irregular comparative and superlative
forms.

bueno $\longrightarrow$	**mejor**	**pequeño** $\longrightarrow$	**menor**
malo $\longrightarrow$	**peor**	**grande** $\longrightarrow$	**mayor**

Juan es **mejor** que Héctor.

Héctor es **peor** que Juan.

Mayor and **menor** denote age, while **grande** and **pequeño** convey size.

Age

Héctor es **menor** que Juan.   Hector is **younger** than Juan.
Juan es **mayor** que Héctor.   Juan is **older** than Hector.

Size

Héctor es **más grande** que Juan.   *Hector is **bigger** than Juan.*
Juan es **más pequeño** que Héctor.   *Juan is **smaller** than Hector.*

Rewrite the following sentences, using the appropriate irregular comparative or superlative.

1. Roque Carpio es el (*worst*) _peor_ hombre de esa región.
2. Midas tenía dos hijos (*younger*) _menores_
3. Aquiles tenía seis años. Héctor tenía siete. Héctor era _mayor_ que Aquiles.
4. María Juana recogía los (*best*) _mejores_ higos en un plato y se los llevaba a su abuela.
5. La hija era (*better*) _mejor_ que el padre.
6. María Juana era la (*oldest*) _mayor_ de la familia.
7. Aquiles era el (*smallest*) _más_ de todos. _más pequeño_
8. Héctor era (*bigger*) _más_ que Aquiles. _más grande_

Comparisons of inequality are used to indicate that two items being compared have unequal characteristics. The pattern in Spanish is **más** (or **menos**) + *adjective* or *noun* + **que**.

Héctor es guapo. Aquiles es feo.

Héctor es **más guapo que** Aquiles.

Combine the following sets of sentences using the first sentence as your basis for comparison, as in the example above.

1. María Juana es muy cuerda. Su padre es muy cabeza dura.
2. Don Pedro Pablo tiene mucha tierra. Midas no tiene nada.
3. Midas toma dos copas de vino. Don Pedro Pablo toma ocho.
4. María Juana recoge una docena de higos. Su hermano recoge sólo diez.

1. Ma Juana es más cuerda que su padre.
2. Don Pedro Pablo tiene más tierra que Midas
3. Midas toma menos vino que don Pedro Pablo
4. Ma Juana recoge más higos que su hermano

C. Absolute Superlatives

To form the absolute superlative of an adjective, drop the final vowel and add **-ísimo, -ísima, -ísimos,** or **-ísimas**. The <u>absolute superlative</u> means *most* or *very* and <u>indicates the extreme in any category.</u>

Ella es bella.

Ella es **bellísima.**

Rewrite the following sentences changing the form of each italicized adjective to the absolute superlative.

1. La barba de Roque Carpio es *negra*. ~negrísima~
2. Tenía una montura *lujosa*. ~lujosísima~ ~firmísima~
3. Sufrió un horrible dolor en el pie, triturado por la *firme* puerta.
4. También sintió que una hoja *aguda* se le hundía en el pie.
5. Ese lugar donde la llevó su tío era muy *alto*. ~agudísima~
6. María Juana estaba *linda*. ~lindísima~ ~altísimo~
7. El cañaveral era muy *fresco*. ~fresquísima~
8. María Juana tenía unos ojos muy *puros*. ~purísimos~

V–VIII

READING COMPREHENSION ~Prueba 4~

~(4+)~ Select the word or phrase that best completes each statement or answers each question according to the story, *Sangre en el umbral*.

~5~ 1. Roque Carpio volvía _____ .
   a. del presidio.
   b. del pueblo.
   c. del servicio.

2. ¿Qué vio en la arena?
   a. Un arroyo.
   b. Una huella.
   c. Un pie.

~6~ 3. ¿Por qué pensaron los habitantes del pueblo que había un extranjero por esos lugares? Porque vieron _____ .
   a. las huellas de una mula.
   b. las huellas de un caballo herrado.
   c. las huellas de un caballo sin herrar.

~7~ 4. ¿Qué intenciones tenía Roque Carpio cuando salió de la cárcel?
   a. Criar ovejas.
   b. Matar a su mujer.
   c. Visitar a María Juana.

5. ¿Cuál era su destino?
   a. Ser empujado por una fuerza superior.
   b. Conocer a la que había dejado la huella.
   c. Enamorarse de un modo incomprensible.

6. ¿Cómo quiso Pedro Pablo halagar a Roque Carpio?
   a. Llamando a su nieta.
   b. Ofreciéndole algunos higos.
   c. Recibiéndolo con los brazos abiertos.

8 ~~7~~. ¿Qué planes tenía Roque Carpio?

   a. Buscar otro lugar donde vivir.
   b. Enamorarse de María Juana.
   c. Casarse con la nieta de Pedro Pablo.

9 ~~8~~. ¿Por qué cambió sus planes?

   a. Porque Midas Ontiveros lo había ofendido.
   b. Porque María Juana le había traído un plato lleno de higos.
   c. Porque la tentación había sido más fuerte que él.

10 ~~9~~. En su memoria sólo había quedado _____ .

   a. la voz de María Juana.
   b. la huella de su pie en la arena.
   c. la luz tímida de sus ojos.

VOCABULARY STUDY

A. *Vocabulary Usage*

Rewrite the following paragraph using the appropriate words selected from the list below.

quebradas	~~de~~	~~que~~
~~sus~~	~~podía~~	~~amparo~~
~~hacerse~~	~~mujer~~	valiente
~~otra~~	~~él~~	
conocía	~~los~~	

(no)

Había en la sierra *quebradas* perdidas en el desierto *de* piedra, adonde no llegaban *los* hombres en busca de *sus* animales. Allí un hombre valiente *podía* vivir diez años sin *que* nadie turbara su paz. ¿Cuánto tiempo necesitaría para *hacerse* amar de una *mujer* que no tuviera otro *amparo* que su brazo, ni *otra* casa que la que *él* le hiciera en la quebrada?

Write the noun, adjective or verb contained in each of the following words.

EXAMPLE: reumatismo

   reuma

(no)

1. incomprensible *incomprensivo*
2. damajuana *dama*
3. cañaveral *caña*
4. personaje *persona*
5. conmovido *mover*
6. biznieto *nieto*
7. sorprender *sorprende*
8. ex presidiario *presidio*
9. desaparecer *aparecer*
10. soledades *soledad*
11. resentido *resentir*
12. paisanos *país*

B. *Cognate and Word Formation Exercise*

Find the cognates of the following English words. Are there any false cognates?

1. rheumatism *reuma*
2. tranquilly *tranquil*
3. reveal *revelar*
4. neatly *nitidamente*
5. dominate *dominar*
6. figure *figurar*
7. cadaver *cadáver*
8. debilitate *debilitar* (*no*)
9. impetuous *impetuo*
10. torrent *torrente*

STRUCTURES

A. *Commands*

Answer the following questions with affirmative formal commands. Review *Section C* on p. 111. (Note that some object pronouns are reflexive).

EXAMPLE: ¿Entro?

—Sí, entre Ud.

1. ¿Abro? *Sí, abra Ud.*
2. ¿Le abro a Ud.? *Sí, ábrame.*
3. ¿Se la doy a ella? *Sí, désela.*
4. ¿La cierro? *Sí, ciérrela*
5. ¿Traigo los higos? *Sí tráigalos.*
6. ¿Me caso? *Sí, cásese*
7. ¿Me echo contra él? *Sí, échese contra él.*
8. ¿La atiendo? *Sí, atiéndala, (me)*
9. ¿La ayudo a Ud.? *Sí ayúdeme*
10. ¿Se la llevo? *Sí, llévesela.*

To express the idea of *let's* . . ., use the first person plural form of the present subjunctive tense. The only exception is the affirmative **vamos** (*let's go*).

Comamos.

Let's eat.

The idea of *let's* . . . can also be expressed by using **vamos a** + *infinitive*.

Vamos a comer.

Let's eat.

Give the Spanish equivalent of the following sentences.

EXAMPLE: Let's close the door.

> *Cerremos la puerta.*

1. Let's try that wine. *Probemos ese vino*
2. Let's give it to him. *Démoselo*
3. Let's tell it. *Contémoslo*
4. Let's go. *Vámanos*

Give the Spanish equivalent of the following sentences, using the **vamos a** + *infinitive* construction.

EXAMPLE: Let's help María Juana.

> *Vamos a ayudar a María Juana.*

1. Let's listen. *Vamos a escuchar,*
2. Let's go to bed. *Vamos a acostarnos.*
3. Let's go shopping with her mother-in-law. *Vamos de comprar con su suegra.*

B. The Conditional Tense

Rewrite the following sentences, using the conditional tense of the verbs in parentheses.

1. El me dijo que (ir) *iría* mañana al cañaveral.
2. Mi padre nos dijo que no (haber) *habría* sido difícil hacer un agujero en el techo de paja de la casa del tío.
3. Mejor (ser) *sería* que se ocupara de otras cosas.
4. Puesto que lo aislaban en el pueblo, (buscar) *buscaría* otro lugar donde ganarse la vida.
5. La soledad (ser) *sería* buena amiga de su alma oscura, hecha al destierro.
6. Estaba seguro que el negocio (resultar) *resultaría* en mucho oro.

Rewrite the following sentences, using the conditional tense to express probability in the past.

EXAMPLE: Puso a refrescar un vino.

> **Pondría** *a refrescar un vino.*

1. Se fue sin saludar al dueño. *Se iría sin saludar al dueño.*
2. ¿Llegó hasta la casa? *¿Llegaría hasta la casa?*
3. ¿Por qué no ladraron los perros? *¿Por qué no ladrarían los perros?*
4. ¿Cuánto tiempo necesitó para hacerse amar de esa mujer? *necesitaría*

Rewrite the following sentences, using the conditional tense to express a certain degree of courtesy.

EXAMPLE: Yo no hago eso.

Yo no **haría** eso. _querías (quisieras)_

1. ¿Quieres vivir en la sierra conmigo?
2. ¿Me permites bailar contigo en la fiesta? _Me permitirías_
3. Yo no le digo eso. No me parece prudente. _diría parecía_
4. ¿Viene Ud. a mi casa? _vendría_
5. ¿No puede Ud. ayudarme un poco? _podría_

C. The Present Participle with Reflexive and Object Pronouns

Reflexive and object pronouns follow and are attached to the present participle. An accent is required so that the same syllable is stressed in the present participle as would be in the infinitve.

haciéndoselo

hablándoles

Supply the present participle of the verbs indicated in parentheses, placing the pronouns in their proper position.

1. Pedro Pablo Ontiveros le había escrito a Midas (lo—invitar) _invitándolo_ a pasar el verano en Inti-Huasi.
2. ¡Ven! —le dijo el tío al sobrino, (le—hacer) _haciéndole_ una guiñada inteligente.
3. Midas había comprado en la ciudad un traje de gaucho completo, (lo—creer) _creeyéndolo_ más adecuado para el campo.
4. Don Pedro culpaba la industria de la leña por haber desnudado los montes de la región, (la—volver) _volviéndola_ más pobre y estéril.
5. María Juana iba poniendo poco a poco las cosas en orden, (las—hacer) _haciéndolas_ rendir mejores productos.
6. Roque Carpio era capaz de tumbar un toro bravo (lo—coger) _cogiéndolo_ por los cuernos.
7. Aquiles y Héctor se acostaron (se—imaginar) _imaginándose_ aventuras en que tomaba parte Roque Carpio.
8. Doña Leopolda se levantó (se—asomar) _asomándose_ a la puerta de su cuarto.
9. Roque Carpio se quedó pensativo (nos—contemplar) _contemplándonos_ con cuidado.

IX–XI
READING COMPREHENSION

—en grupos de dos o tres personas en clase

Answer the following questions in Spanish.

178

1. ¿Por qué estaba tan alegre Pedro Pablo?
2. ¿Qué le dijo el viejo a María Juana?
3. ¿Quién escuchó la conversación? ¿Qué hizo después de que se apeó del caballo? ¿Por qué?
4. ¿Por qué dejaron las mujeres la puerta entornada?
5. ¿Qué sonidos escuchó la abuela? ¿Por qué son significativos?
6. ¿Cómo supo la abuela que algo o alguien se había detenido frente a la puerta?
7. ¿Por qué María Juana se echó sobre la puerta? ¿Qué se oyó inmediatamente después?
8. ¿Qué le pidió la joven a la abuela? ¿Con qué propósito?
9. ¿Por qué Roque Carpio se puso de mal humor?
10. ¿Por qué comprendió María Juana que su salvación estaba en no dejar que Roque Carpio retirara el pie?
11. ¿Qué utilizó María Juana para herir a Roque Carpio?
12. ¿Qué vieron Pedro Pablo y Midas frente a la puerta?
13. Explique ahora el título del cuento. *la sangre de R.C.*
14. ¿Qué le dijo el cura a Pedro Pablo? ¿Qué le contestó éste?
15. ¿Cómo termina el cuento?

Blood on the threshold
—Passover
—la nochebuena
—los rezos

VOCABULARY STUDY

A. *Vocabulary Usage*

Write sentences of your own using the following expressions.

1. caerse de sueño
2. atrancarse por dentro
3. aguzar el oído
4. hacer un potente esfuerzo
5. borrachera
6. enamorarse   *(no)*

Rewrite the following sentences, including the appropriate words selected from the list below.

✓ sordo
✓ misa de gallo
✓ al alba
✓ lavando
✓ ensillar

✓ ladrido
✓ al galope
✓ herraduras
✓ reprobaba el vicio
✓ tenía miedo

1. Don Pedro Pablo pasó la tarde ___*lavando*___ con el agua de su pozo unas cuantas damajuanas que estaban vacías.

2. Don Pedro Pablo se hacía _sordo_ a los cálculos locos de su sobrino.
3. Después de cenar mandó _ensillar_ los caballos.
4. En Nochebuena iremos a la _misa de gallo_ a la iglesia de Canteros.
5. Los muchachos montaron en sus caballos y partieron _al galope_.
6. María Juana estaba triste porque a veces su padre volvía _al alba_ completamente borracho.
7. Roque le quitó las _herraduras_ a su caballo.
8. Ellas oyeron el _ladrido_ de los perros.
9. María Juana no le _tenía miedo_ a Roque Carpio.
10. El cura de Canteros _reprobaba el vicio_ de don Pedro Pablo.

B. *Cognate and Word Formation Exercise*

Find the cognates of the following English words. Are there any false cognates?

1. vacillate
2. consider
3. dignity
4. refer
5. serene

6. aperture
7. potent
8. blasphemy
9. gallop
10. severely

STRUCTURES

A. *The Present Subjunctive Tense*

Rewrite the following sentences, using the present subjunctive tense of the verbs in parentheses.

1. Será una felicidad que (Ud.—caer) _caiga_ en su casa.
2. ¿En qué quiere Ud. que lo (yo—servir) _sirva_?
3. Le diré a María Juana que (hacer) _haga_ unos quesos.
4. He metido una damajuana en el pozo para que se (refrescar) _refresque_ un poco.
5. Cuando (yo—morirse) _me muera_ tú te encargarás de administrar los negocios.
6. Cuando el sol (ponerse) _se ponga_ regresaremos a la casa.
7. Hijita, espero que Jesús nos (amparar) _ampare_.
8. Tal vez (ser) _sea_ el león.
9. No me acostaré hasta que (tú—volver) _vuelvas_.
10. El mozo quiere que el cura (ir) _vaya_ a presentarlo a María Juana.

B. *The Imperfect Subjunctive Tense*

Rewrite the following sentences, using the imperfect subjunctive tense of the verbs in parentheses. Use the **-ra** endings.

EXAMPLE: Su abuela se acostaría en paz si ella (volver) _____ temprano.

  Su abuela se acostaría en paz si ella volviera temprano.

1. Don Pedro Pablo me encargó que le (decir) *dijera* que podía volver sola a la casa.

2. La salvación de María Juana estaba en impedir que la puerta (ceder) *cediera* y en evitar que el bandido (retirar) *retirara* el pie.

3. Si nosotras (poder) *pudiéramos* meter la cuña en ese agujero del umbral, Ud. sola podría mantenerlo preso.

4. Si yo (haber) *hubiera* encontrado una mujer como María Juana, hoy tendría biznietos.

5. Le sorprendía que su tío (andar) *andara* de pantalones y alpargatas.

6. Mejor sería que no se (ocupar) *ocupara* en nada.

7. María Juana se ruborizó como si el elogio (venir) *viniera* de un joven.

8. Si se (perder) *perdieran* los mojones y se (quemar) *quemaran* todos mis papeles, con ese rayo de sol podría medir de nuevo la propiedad.

9. Lo recibió debajo de la higuera como si (tratar) *tratara* de alejarlo de la familia.

10. Si la (ver) *viera* de nuevo no la reconocería.

C. *Indicative versus Subjunctive*

After reviewing the uses of both the present and the imperfect subjunctive, decide whether to use a form of the subjunctive or the indicative in the following sentences. Explain your choice briefly.

1. María Juana se defendió del hombre como si (era / fuera / sea) _____ una leona.

2. Creo que don Pedro Pablo (partió / partiera / parta) _____ al galope en su caballo.

3. Es probable que Roque Carpio (esté / está) _____ en prisión.

4. Es importante que Midas (venga / viene) _____ temprano a su casa.

5. Todos temían porque habían visto a Roque Carpio que (volviera / volvía / vuelva) _____ del presidio.

Complete the following sentences with your own ideas. Pay special attention to the verb in the **si** clause.

1. Si Roque Carpio no *fuera malo* no estaría ahora en la cárcel, *rico*
2. Si Midas Ontiveros no hubiera perdido el empleo *sería*.
3. Si don Pedro Pablo no hubiera ido a comprar el vino después de la misa de gallo *habría sido capaz de proteger a su familia*
4. Si tienes sed *debes tomar algo*
5. Si estudio mucho *sacaré buenas notas*

WRITING PRACTICE

Write a short essay of about one hundred twenty-five words describing María Juana's personality. Use some of the following words and expressions.

cuerda	valiente	lo de afuera
buena administradora	tímida	lo de adentro
ser capaz	muy trabajadora	cabeza hueca
tener energía	femenina	apacible
enamorarse	joven	purísimo
llorar	ojos azules	alegre
fuerte	valer mucho	

COMMUNICATIVE ACTIVITY

Prepare one of the questions listed below to be discussed in class with two of your classmates. Once the topic has been thoroughly analyzed, your group should present a composite version of the discussion to the other members of the class.

1. **La actitud de la sociedad hacia los ex presidiarios.** ¿Cree Ud. que un ex presidiario se puede reformar? ¿Le daría Ud. empleo a un ex presidiario? ¿Por qué? ¿Qué puede hacer la sociedad para ayudar a estos individuos?
2. **El simbolismo de los nombres en el cuento.** ¿Cree Ud. que es demasiado evidente? Explique.
3. **La manera de actuar de Midas.** Haga un análisis de la personalidad de Midas. ¿Ha conocido a alguien parecido a él?
4. **La valentía de María Juana.** ¿Qué pensaban de María Juana los personajes masculinos del cuento? ¿Creía Ud. que ella iba a actuar como actuó?
5. **Diferencias entre la vida del campo y la ciudad.** ¿Cuáles son las diferencias más notables entre la vida del campo y la vida de la ciudad? ¿Nota algunos estereotipos?

La vuelta del presidiario

HUGO WAST

❦

Un hombre descendía a pie, hacia el valle, donde estaba el pueblo. Era Roque Carpio, que volvía del presidio.

Un ancho sombrero le cubría la cara. Llevaba al hombro las alforjas[1] y en la mano un *wínchester*.[2]

5   Hacía veinte años que no respiraba el aire de sus montañas nativas, y ahora, al hacerlo, sentía una especie de ansiedad, como si estuviera seguro de que no le duraría mucho aquella dicha.[3]

Y buscaba con la mirada, más allá del pueblito, una casita solitaria, a la orilla del camino y cerca de un arroyo.

10 Hacía veinte años que había cometido un crimen, por el cual había estado en presidio. Una noche, dos semanas después del crimen—cuando aún estaba libre, porque la policía no se atrevía a perseguirlo—salió de su escondrijo[4] y bajó hasta el pueblo, acosado[5] por el hambre. Llamó a la puerta de aquella casa a la

15 orilla del camino, donde vivía Sancho Bracamonte.

La puerta se abrió, y una mujer salió con una lámpara para ver quién era. Al reconocerlo, la mujer retrocedió espantada.[6]

—¡Roque Carpio!

—Sí, doña Deidamia . . . Me estoy muriendo de hambre . . .

20 No puedo más de cansancio[7] . . . Denme asilo por esta noche, y antes del alba partiré. Nadie nunca volverá a saber de mí . . . Si tienen buen corazón, no me cerrarán la puerta.

Un hombre salió del fondo del rancho.[8]

—¡Adelante, amigo! —le dijo, dándole la mano.

25 —La casa de Sancho Bracamonte es tu casa.

Carpio entró, y puso en un rincón su *wínchester* y sus alforjas vacías. Le dieron un mate y un pedazo de carne. El criminal comió de prisa y se acostó en un rincón. No tardó en dormirse.

---

[1] **alforjas** knapsack   [2] **wínchester** rifle   [3] **dicha** happiness; good luck
[4] **escondrijo** hiding place   [5] **acosado(-a)** driven   [6] **retrocedió espantada**
withdrew frightened   [7] **no . . . cansancio** I am dead tired   [8] **rancho** farm
house

La mujer, que lo observaba, se acercó a su marido y le dijo en voz baja: *police instructor*

—El comisario[9] tiene interés en tomar preso a este bandido, y ha ofrecido una mula y una vaca al que se lo entregue . . .

Bracamonte bajó la cabeza para que su mujer no adivinara 5 que estaba pensando en lo mismo.

—Va a llegar el invierno —prosiguió ella al oído del hombre.

—Esa mula y esa vaca nos servirán mucho.

Bracamonte miró al huésped dormido, se puso el poncho y salió para ir en busca del comisario. 10

Muy temprano, Roque Carpio se levantó y se preparaba para salir, cuando oyó ruido de caballos en el patio, voces de hombres y rumores de sables.(?)

La puerta del rancho se abrió, y entró Bracamonte con varios policías; no tuvo necesidad de mostrarles el escondrijo donde 15 había dormido Carpio, porque éste dijo:

—¡Aquí estoy!

Bracamonte dio un paso atrás, y cuando su amigo pasó, silencioso, por delante de él, se puso pálido bajo su ardiente mirada. Su mujer siguió a los policías, que se llevaban al preso. 20 Antes del mediodía volvió trayendo una mula y una vaca.

Sancho Bracamonte estaba sentado en el umbral de su casa, pensando. Si el hombre a quien había traicionado no moría en la cárcel, algún día volvería al pueblo y se vengaría de él . . .

prolepsis

જી

Roque Carpio volvió cuando en el pueblo su nombre y su historia 25 se relataban en las noches de invierno, alrededor del fogón. *se ha vuelto una leyenda*

Con su trabajo de veinte años ganó un miserable puñado[10] de dinero, que le entregaron al salir del presidio. Habría podido comprar un caballo para hacer las ochenta leguas que lo separaban del pueblo. 30

Prefirió comprar un *wínchester* y unas alforjas, que llenó de provisiones, y partió a pie, por el camino más corto.

Por fin respiró el aire de sus montañas nativas. Todo estaba como en los tiempos en que él era joven y recorría aquellas soledades en su caballo. 35

---

[9] **comisario** police inspector [10] **puñado** handful

Sintió hambre. Aún quedaba en sus alforjas un pedazo de pan. Sintió sed también; pero no lejos de allí, un torrente, hinchado por las últimas lluvias, se despeñaba[11] por entre dos inmensas piedras rojas. Las aguas formaban, abajo, un remanso[12] ~~pool~~
5 oscuro.

Carpio quiso beber antes de cortar su pan. Dejó el *wínchester* apoyado al tronco de un árbol y bajó hasta el remanso. Cuando llegó a la orilla oyó el grito de un niño y vio a dos muchachos en las ramas[13] de un árbol que estaba en la orilla de aquel

10 acantilado[14] por donde se despeñaba el torrente.

El grito se repitió. Una rama se había roto en el árbol, y uno de los muchachos cayó, con los brazos abiertos, en la parte más honda[15] del remanso.

Roque Carpio tiró al suelo el sombrero y el saco y entró en
15 el agua. A un metro de la orilla perdió pie,[16] y la corriente lo arrojó hacia la otra parte, cerca del sitio donde se había hundido el muchacho. Logró mantenerse a flote y asir[17] de los cabellos al infeliz muchacho, que se ahogaba, y con todas sus fuerzas se acercó a la orilla. Con la ayuda del otro muchacho, Roque Carpio
20 logró salir del remanso.

—¿Está muerto? —interrogó ansiosamente su compañero.

—Está desmayado solamente . . .

Y así era; al cuarto de hora, el muchacho abría los ojos, unos ojos azules, raros en la sierra,[18] y que a Roque Carpio le pro-
25 dujeron la impresión de una brasa[19] en la mano. Se estremeció y se apartó con repulsión o miedo.

—¿Dónde he visto yo estos mismos ojos? —se dijo en secreto.

—¡Está vivo! —exclamó el compañero. —¡A usted le debe la vida!
30 —¿Cómo se llama este muchacho? —preguntó Carpio. El interrogado no contestó porque no oyó la pregunta, y siguió diciendo:

—Habíamos venido a sacar un nido[20] de zorzales[21] que teníamos en este árbol. Él sabe mejor que yo subirse a los árboles;

---

[11] **despeñarse** to fall down a precipice   [12] **remanso** pool   [13] **rama** branch   [14] **acantilado** steep cliff   [15] **hondo(-a)** deep   [16] **perder pie** to slip   [17] **asir** to seize; to take hold of   [18] **sierra** mountainous region   [19] **brasa** red-hot coal   [20] **nido** nest   [21] **zorzal** thrush

pero como la rama quedaba sobre el remanso, perdió la cabeza,
rompió otra rama y cayó. Pero usted lo ha salvado. Don Sancho
va a quedar contento, porque es el nieto que quiere . . .

—¡Sancho! ¡Ah! ¿Se llama Sancho Bracamonte?   *ironía*

—Sí, ¿cómo sabe . . . ?   5

—¿Es nieto del dueño de la casa que se ve a la orilla del
camino, más allá del pueblo?

—¡Sí, sí! ¿Cómo sabe . . . ? ¿Quién es usted?

El muchacho que volvía a la vida se levantó, recordó su caída
y, al ver a aquel hombre chorreando[22] agua junto a él, comprendió   10
lo que había pasado y, en un ímpetu de gratitud, le tomó las
manos y se las besó, sin decir palabra.

Roque Carpio lo rechazó con un gesto duro.

Cuando partió para el presidio dejó en el pueblo una hijita,
que tenía entonces seis años. La niña murió poco después de   15
miseria y de abandono. Si no hubiera muerto se habría casado,
y él tendría ahora un nieto como ese muchacho.

El otro principió:

—¿Usted conoce a las gentes del pueblo? ¿Conoce a don
Sancho Bracamonte? Hará bien en llegar hasta su casa para que   20
él mismo le dé las gracias.

Roque Carpio no oía lo que le decía el muchacho. Recordaba
que la mujer de Sancho Bracamonte tenía los ojos azules como
los de aquel muchacho, y preguntó por ella.

—¡Murió! —le contestaron a la vez los dos muchachos.   25

Y el nieto de Bracamonte añadió, posando en[23] Carpio una
dulce mirada:

—Todos los de la casa han ido muriendo. Sólo quedamos
mi abuelito y yo.

Roque Carpio pensó que el destino le ponía en la mano la   30
más completa de las venganzas. De un empujón podía arrojar al
remanso al último descendiente de aquella familia de traidores,
y a su acompañante, para que nadie supiera la causa de esa
muerte. Después, cuando llegara la noche, bajaría hasta el pueblo,
llamaría a la misma puerta donde llamó la última noche de li-   35
bertad, y la puerta se abriría. Sancho Bracamonte, que no lo
esperaba no lo reconocería de pronto y lo dejaría entrar.

→ *conjetura*

---

[22] **chorrear** to drip   [23] **posar en** to cast upon

Y así los dos solos, frente a frente, en un cuarto con poca luz, hablarían de las cosas que en el pueblo nadie recordaba ya,[24] pero que ninguno de los dos podía olvidar. "Tu nieto ha muerto en mis manos hoy, tú también vas a morir". Lo mataría con el
5 cuchillo para que en el pueblo no se oyera el ruido del balazo.[25]

Los dos muchachos lo miraban, sorprendidos de su silencio. El nieto de Bracamonte se había levantado, y se acercó al borde de piedra del torrente y miró el remanso. En el agua flotaba el nido.

10 —Lo que siento —dijo—es mi nido de zorzales. Lo tenía en la mano, cuando me caí. Allí está el nido. Los zorzales se han ahogado.

—Nos iban a dar cinco pesos, en la villa, por los dos —agregó el otro.

15 —Mi abuelito habría tenido con qué comprar pan y hierba[26] durante una semana.

Roque Carpio se había acercado y oía aquella conversación. ¿Así, pues, el hombre que lo traicionó estaba pobre, y su nieto lo alimentaba?[27] Por lo visto[28] la traición no lo había enrique-
20 cido. Había quedado solo, el único de su raza, además de aquel niño. ¡Dios le había castigado!

El odio que llenaba su pecho[29] parecía disiparse, y Roque Carpio respiró con fruición el aire de sus montañas.

El muchacho de ojos azules lo miraba, y como él sonriera
25 levemente, le dijo:

—¡Vamos a casa! ¡Mi abuelito se alegrará de conocerlo!

Aquella dulce voz infantil lo arrancó[30] de sus malos pensamientos. Con su fuerte mano, acarició las mejillas del muchacho, y su sonrisa fue más franca.

30 —¡No puedo! ¡Voy de camino,[31] y ya es tarde!

—¿Va lejos?

—Sí.

—¿Muy lejos? ¿Hasta dónde va?

---

[24] **nadie recordaba ya** no one remembered any more   [25] **balazo** shot; gun shot wound   [26] **hierba (yerba mate)** Paraguayan tea leaves   [27] **alimentar** to feed   [28] **por lo visto** evidently   [29] **pecho** chest   [30] **arrancar (de)** to pull (out of)   [31] **voy de camino** I am traveling; I am on my way

—Voy hasta más allá de esa sierra, donde el cielo se junta
con la pampa . . . *(off into the sunset)* solo

—¿Y no volverá nunca más por aquí?

—No, nunca.

—Pero, ¿quién es usted?

—Yo soy . . . un serrano[32] como tú . . .

El otro muchacho, mientras tanto, había ido a traer el *wín-chester* y las alforjas de Carpio. El ex presidiario abrió las alforjas
y repartió sus víveres con ellos.

—¡Adiós! —les dijo.

El nieto de Bracamonte le tomó las manos y se las besó otra
vez. Y Roque Carpio, enternecido,[33] besó la frente sin malicia
del muchacho.

Echó el *wínchester* al hombro y empezó a subir por la sierra,
sin mirar hacia atrás. *¿qué significa?*

EXERCISES

READING COMPREHENSION

Answer in complete sentences.

1. ¿Quién era el que volvía del presidio? *Roque Carpio*
2. ¿Qué llevaba al hombro? *las alforjas – un wínchester*
3. ¿Qué buscaba este hombre? *la venganza – Sancho B*
4. ¿Quién era Sancho Bracamonte? *un traidor*
5. ¿Qué había ofrecido el comisario? *una vaca y una mula*
6. ¿A quién llamó Sancho? *la policía – el comisario*
7. ¿Qué hizo Roque Carpio cuando vio venir a la policía? *se entregó*
8. Cuando se lo llevaron preso, ¿qué hizo la mujer de Sancho?
9. ¿Qué temía Sancho Bracamonte? ¿Tenía razón? *Que volvería algún día... sí*
10. ¿Se venga Roque Carpio de la traición de su amigo? ¿Por qué? *no, porque está satisfecho de que Dios se ha vengado* *siguió a los policías*

---

[32] **serrano** mountaineer   [33] **enternecido(-a)** touched, stirred (with emotion)

Select the letter corresponding to the most logical completion for each sentence.

1. Hacía veinte años que Roque Carpio había cometido _____ por el cual había estado en presidio.
   a. un escondrijo
   b. un crimen
   c. una locura
   d. un extravío

2. La mujer de Sancho Bracamonte quiere la mula y la vaca porque ya va a llegar
   a. la policía.
   b. el asesino.
   c. el invierno.
   d. el bandido.

3. Con el trabajo de muchos años de presidio, Roque Carpio ganó
   a. un miserable puñado de dinero.
   b. una gran cantidad de dinero.
   c. un inmenso puñado de dinero.
   d. unas ochenta leguas.

4. El nieto de Sancho Bracamonte cayó en
   a. un acantilado.
   b. un torrente.
   c. un remanso profundo.
   d. una orilla.

5. Los muchachos habían venido a sacar un nido de zorzales para venderlo y poder
   a. comprar unas yerbas.
   b. comprar pan y yerba para el abuelo.
   c. comprar una mula y una vaca.
   d. comprar unas alforjas y pan.

VOCABULARY STUDY

A. *Vocabulary Usage*

Write original Spanish sentences using the following idioms and phrases.

1. al hombro	6. no poder más
2. en la mano	7. dar la mano
3. más allá	8. en un rincón
4. hacía veinte años	9. bajar la cabeza
5. llamar a la puerta	10. ponerse pálido

Translate the word(s) in parentheses. *haber comprado*

1. (He could have bought) *Podría* un caballo. *conocía*
2. Carpio (was acquainted with) _____ aquel remanso.
3. Una rama (had been broken) _____ en el árbol. *se había roto*
4. (He can't be dead), _____ dijo Roque. *No puede estar muerto*
5. (He is alive), _____ exclamó el compañero. *Está vivo*
6. La casa (is seen) _____ a la orilla del camino, (beyond) _____ del pueblo. *se ve*   *más allá*

B. Cognate and Word Formation Exercise

Find the cognates of the following English words in *La vuelta del presidiario*. Are there any false cognates?

1. to descend	6. ardent	11. current
2. solitary	7. miserable	12. interrogate
3. crime	8. provision	13. repulsion
4. recognize	9. torrent	14. fruition
5. observe	10. obscure	15. frank

STRUCTURES

A. The Present Subjunctive Tense

Rewrite the following sentences, using the present subjunctive tense of the verbs in parentheses.

1. El comisario ha ofrecido una mula y una vaca al que le (entregar) _____ a Roque Carpio. *entregue*
2. No creo que Roque Carpio (ser) *sea* un hombre malo.
3. La mujer quiere que Sancho (ir) *vaya* por el comisario.
4. Sancho teme que Roque Carpio (volver) *vuelva* a vengarse.
5. Es importante que Roque (perdonar) _____ a su enemigo. *perdone*

B. The Imperfect Subjunctive Tense

Rewrite the following sentences, using the imperfect subjunctive tense of the verbs in parentheses. Use the **-ra** endings.

1. Roque Carpio pensó que si su hijita no se (haber) *hubiera* muerto se habría casado.
2. De un empujón podía arrojar a los muchachos al remanso para que nadie (saber) _____ la causa de su muerte. *supiera*
3. Lo mataría con un cuchillo para que en el pueblo no se (oír) _____ el balazo. *oyera*

4. Lo miró como si (ser) _fuera_ su enemigo.
5. Roque sentía ansiedad como si (estar) _estuviera_ seguro de que su dicha no duraría mucho.
6. El abuelo esperaba a que los muchachos (volver) _____ para comer. _volvieran_

C. *Hacer* + time expressions

In Spanish **hacer** + *a time expression* is used to describe a time sequence.

The following formulas are used:

1. **hace** + *length of time* + **que** + verb *(in the present tense)*

   Hace veinte años que te conozco.

   I have known you for 20 years.

2. **hacía** + *length of time* + **que** + verb *(in the imperfect tense)*

   Hacía dos años que no te veía.

   I had not seen you for two years.

3. **hace** + *length of time* + **que** + verb *(in the preterit tense)*

   Hace una hora que vino.

   He came an hour ago.

Give the English equivalent of the following sentences.

1. Hacía veinte años que no respiraba el aire de las montañas.
2. Hace tiempo que lo espero.
3. Hacía más de quince años que había cometido un crimen.
4. Hace dos horas que lo llamó.
5. Hacía seis horas que tomaban vino.

WRITING PRACTICE

Write a short essay describing Roque Carpio's personality as demonstrated in *Sangre en el umbral* and *La vuelta del presidiario*. Use some of the following words and expressions. Your composition should be at least one hundred twenty-five words in length.

modo	buen mozo	ardiente mirada
incomprensible	capaz	hambre
enamorarse	conocer mejor que	cansancio
pasión fuerte	nadie	el odio parecía
odio	intenso	disiparse
hombre fuerte y	joven	abuelito
valiente	tumbar	salvar
venganza	el nieto de	remanso
montañas nativas	Bracamonte	Dios le había
franco	ansiedad	castigado
enternecido	acosado	respirar con
toro		fruición

COMMUNICATIVE ACTIVITY

Prepare one of the questions listed below to be discussed in class with two of your classmates. Once the topic has been thoroughly analyzed, your group should present a composite version of the discussion to the other members of the class.

1. **Los dos aspectos de la personalidad de Roque Carpio.** ¿Cúal le atrae más? ¿Por qué? ¿Es posible encontrar un individuo que actúe tan contradictoriamente?

2. **La actitud de los Bracamonte.** ¿Se pueden justificar sus acciones? ¿Por qué? ¿Qué hubiera hecho Ud. en su lugar? ¿Es el dinero más importante que la amistad? ¿Deben los hijos pagar por los pecados de los padres?

3. **La venganza.** ¿Es natural que Roque Carpio quiera vengarse de su enemigo? ¿Qué hubiera hecho Ud. en su lugar? ¿Conoce alguna obra en que la venganza motive las acciones de los personajes? Haga comentarios.

REVIEW EXERCISE

Review the vocabulary and grammar covered in *Part 4*. Then rewrite each sentence below with the correct form of the word in parentheses.

Un hombre (descender) _____ a pie (*use prep.*) _____ la casa donde estaba el (*little town*). (Ser) _____ Roque Carpio que volvía del presidio como si (ser) _____ un paisano más que nunca (*had been out*) de esa región.

Todos temían que Roque Carpio (volver) _____ a causar problemas y a vengarse de sus enemigos. Era difícil saber (*his*) _____ intenciones. Un ancho sombrero le (cubrir) _____ la cara, y en la mano (llevar) _____ un *wínchester*.

(Hacer) _____ veinte años que no respiraba el aire de sus montañas nativas y ahora, al (lo—hacer), _____ sentía una especie de ansiedad, como si (estar) _____ seguro de que no le (durar) _____ mucho aquella dicha.

Al llegar a su destino, Carpio (ir) _____ con mucho cuidado hacia la casa principal de la estancia. ¿Qué (estar) _____ buscando allí? La noche (ser) _____ oscura. Las nubes (cubrir) _____ la luna y los perros (ladrar) _____ . (¡Callarse!), _____ dijo el hombre y golpeó al más cercano con mucha fuerza. Todos (callar) _____ y (correr) _____ quejándose hacia la casa. El hombre se (acercar) _____ a la puerta y (ver) _____ a la abuela sentada en un sillón. A su izquierda (dormir) _____ una joven muy hermosa.

Roque Carpio (sentir) _____ una ansiedad muy fuerte, como si (estar) _____ seguro de que lo que (ir) _____ a intentar lo (llevar) _____ nuevamente a la cárcel. Se detuvo y (pensar) _____ en sus veinte años de presidio. En seguida (dar) _____ la vuelta, se (montar) _____ en su caballo y partió hacia otro pueblo. Pensaba que algún día (volver) _____ a su pueblo natal y (poder) _____ ser feliz de nuevo.

PART
V

Part 5 contains three stories: *El hombre de la rosa*, *La casa de azúcar*, and *Un señor muy viejo con unas alas enormes*. In these stories you will experience an alluring fluctuation between the world of reality and the realm of the fantastic. Both worlds are skillfully brought together at the end of each story to provide the reader with an unforgettable experience.

El hombre de la rosa is an adapted version of a story by Manuel Rojas (1896–1972), one of Chile's outstanding contemporary short-story writers. His stories are always narrated in a vigorous and clear style that reveals the author's deep understanding of his characters' inner conflicts and emotions. *El hombre de la rosa* deals with a sorcerer's struggle to confess his magical powers to a priest who grants him the opportunity to prove his awesome force.

The author of *La casa de azúcar* is one of Argentina's better-known women writers. Silvina Ocampo (1909–?) has experimented with the world of the fantastic in nearly all her writings. In 1940, she edited, with Jorge Luis Borges and her husband Adolfo Bioy Casares, the famed *Antología de la literatura fantástica*, in which she included some of her best stories. In *La casa de azúcar*, we are confronted with the realization that there are mysteries in our own lives that can never be fully explained. Cristina, the protagonist, fears the intrusion of another being in her life. Narrated from the husband's point of view, this story reveals the enigmatic ways in which his wife's preoccupations and superstitions become a reality.

Un señor muy viejo con unas alas enormes, by the 1982 Nobel laureate Gabriel García Márquez (1928–?) is a masterful story filled with absurd and humorous events that change forever the life of the villagers in a small and isolated coastal town in the Caribbean. García Márquez, Colombia's most outstanding teller of tall tales, creates a world in which reality is sometimes beautiful and sometimes bitter, but almost always inexplicable.

STUDY AIDS

The following suggestions will help you in your reading of the selections and in preparing for class activities:

1. The vocabulary of these selections is more difficult and varied than that used in the previous ones. It will help to glance over the vocabulary exercises and footnotes before reading the new material.

2. Be sure to review the following grammar points found in this unit: the imperfect subjunctive tense; the conditional tense; if-clauses; the pluperfect subjunctive tense; the conditional perfect tense; the subjunctive after the adverbial conjunctions **sino**, **sino que** and **pero**; the reflexive construction; and the impersonal reflexive construction.

3. Prepare in advance the Communicative Activity. Write down your thoughts on the topics chosen for discussion and practice them aloud several times in order to improve your oral proficiency.

El hombre de la rosa

MANUEL ROJAS

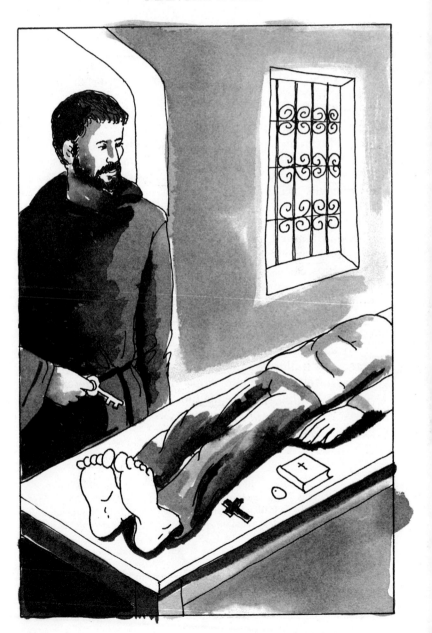

En el atardecer de un día de noviembre, hace ya algunos años, llegó a Osorno,[1] en misión catequista,[2] una partida[3] de misioneros capuchinos.[4]

Eran seis frailes barbudos,[5] de complexión recia,[6] rostros
5 enérgicos y ademanes desenvueltos.[7]

La vida errante[8] que llevaban les había diferenciado profundamente de los individuos de las demás órdenes religiosas. En contacto continuo con la naturaleza bravía de las regiones australes,[9] hechos sus cuerpos a las largas marchas a través de las
10 selvas,[10] expuestos siempre a los ramalazos del viento y de la lluvia,[11] estos seis frailes barbudos habían perdido ese aire de religiosidad inmóvil que tienen aquellos que viven confinados en el calorcillo de los patios del convento.

Reunidos casualmente en Valdivia,[12] llegados unos de las
15 reducciones indígenas[13] de Angol, otros de La Imperial, otros de Temuco,[14] hicieron juntos el viaje hasta Osorno, ciudad en que realizarían una semana misionera y desde la cual se repartirían luego, por los caminos de la selva, en cumplimiento de su misión evangelizadora.

20 Eran seis frailes de una pieza y con toda la barba.[15]

Se destacaba[16] entre ellos el padre Espinoza, veterano ya en las misiones del Sur, hombre de unos cuarenta y cinco años, alto de estatura, vigoroso, con empaque[17] de hombre de acción y aire de bondad y de finura.

---

[1] **Osorno** a city in central Chile   [2] **catequista** catechist   [3] **partida** group, band   [4] **capuchinos** Capuchins (*monks belonging to the Franciscan order of the Catholic church*)   [5] **frailes barbudos** bearded monks   [6] **complexión recia** vigorous disposition   [7] **desenvuelto(-a)** natural; assured   [8] **errante** nomadic   [9] **regiones australes** southern regions   [10] **hechos . . . selvas** their bodies accustomed to the long jungle marches   [11] **ramalazos del viento** gusts of wind; **ramalazos de la lluvia** lashes of rain   [12] **Valdivia** a city in south central Chile   [13] **llegados . . . indígenas** some of them had come from Indian villages converted to Christianity   [14] **Angol . . . La Imperial . . . Temuco** Chilean towns   [15] **de una pieza . . . barba** straight forward and in full possession of their faculties   [16] **destacar** to stand out   [17] **empaque** bearing

Era uno de esos frailes que encantan a algunas mujeres y que gustan a todos los hombres. *dark* *crow—blackbird*

Tenía una sobria[18] cabeza de renegrido cabello, que de negro azuleaba a veces como el plumaje de los tordos.[19] La cara de tez morena pálida, cubierta profusamente por la barba y el bigote 5
capuchinos. La nariz, un poco ancha; la boca, fresca; los ojos, negros y brillantes. A través del hábito se adivinaba el cuerpo ágil y musculoso.

La vida del padre Espinoza era tan interesante como la de cualquier hombre de acción, como la de un conquistador, como 10
la de un capitán de bandidos, como la de un guerrillero. Y un poco de cada uno de ellos parecía tener en su apostura,[20] y no le hubieran sentado mal la armadura[21] del primero, la manta y el caballo fino de boca[22] del segundo y el traje liviano y las armas rápidas del último. Pero, pareciendo y pudiendo ser cada uno 15
de aquellos hombres, era otro muy distinto. Era un hombre sencillo, comprensivo, penetrante,[23] con una fe ardiente y dinámica y un espíritu religioso entusiasta y acogedor,[24] despojado de toda cosa frívola.

Quince años llevada recorriendo la región araucana.[25] Los 20
indios que habían sido catequizados por el padre Espinoza lo adoraban. Sonreía al preguntar y al responder. Parecía estar siempre hablando con almas sencillas como la suya.

Tal era el padre Espinoza, fraile misionero, hombre de una pieza y con toda la barba. *repetición* 25

❧

Al día siguiente, anunciada ya la semana misionera una heterogénea muchedumbre[26] de catecúmenos[27] llenó el primer patio del convento en que ella se realizaría.

La semana misionera

---

[18] **sobrio(-a)** dark-colored   [19] **tordo** thrush, blackbird   [20] **apostura** bearing
[21] **armadura** armour, suit of armour   [22] **caballo fino de boca** the well-trained horse   [23] **penetrante** sharp; intelligent   [24] **acogedor** hospitable; warm; friendly   [25] **Quince años . . . araucana** He had been traveling through the Araucanian region for fifteen years   [26] **muchedumbre** crowd   [27] **catecúmenos** catechumens (*persons receiving instruction in the fundamentals of Christianity before baptism*)

Chilotes,[28] trabajadores del campo y de las industrias, indios, vagabundos,[29] madereros,[30] se fueron amontonando[31] allí lentamente, en busca y espera de la palabra evangelizadora de los misioneros. Pobremente vestidos, la mayor parte descalzos,[32] al-
5 gunos llevando nada más que camiseta y pantalón, sucias y destrozadas ambas prendas por el largo uso.[33]

Los misioneros estaban ya acostumbrados a ese auditorio y no ignoraban que muchos de aquellos infelices venían, más que en busca de una verdad, en demanda de su generosidad, pues
10 los religiosos, durante las misiones, acostumbraban repartir[34] comida y ropa a los más hambrientos y desarrapados.[35]

Todo el día trabajaron los capuchinos. Debajo de los árboles o en los rincones del patio se apilaban los hombres,[36] contestando como podían, o como se les enseñaba,[37] las preguntas inocentes
15 del catecismo:

—¿Dónde está Dios?

—En el cielo, en la tierra y en todo lugar—respondían en coro, con una monotonía desesperante.

El padre Espinoza, que era el que mejor dominaba la lengua
20 indígena, catequizaba[38] a los indios, tarea terrible, capaz de cansar a cualquier varón fuerte, pues el indio tiene dificultades en el lenguaje.

Pero todo fue marchando,[39] y al cabo de tres días, terminado el aprendizaje de las nociones elementales de la doctrina cris-
25 tiana, empezaron las confesiones. Con esto disminuyó considerablemente el grupo de catecúmenos, especialmente el de aquellos que ya habían conseguido ropas o alimentos; pero el número siguió siendo crecido.[40]

A las nueve de la mañana, día de sol fuerte y cielo claro,

---

[28] **chilotes** inhabitants of the island of Chiloé, off the coast of southern Chile   [29] **vagabundo(-a)** vagrant   [30] **maderero(-a)** lumber dealer   [31] **se ... amontonando** they began to crowd together   [32] **descalzo(-a)** barefooted
[33] **sucias ... uso** dirty and torn garments because of the wear and tear
[34] **repartir** to distribute   [35] **desarrapado(-a)** shabby person   [36] **rincones ... hombres** the men were crowded together in the corners of the patio   [37] **como se les enseñaba** as they were taught   [38] **catequizar** to teach by questions
[39] **todo fue marchando** everything was moving right along   [40] **crecido(-a)** large

empezó el desfile[41] de los penitentes, desde el patio a los confesionarios, en hilera acompasada y silenciosa.[42]

Despachados[43] ya la mayor parte de los fieles, mediada la tarde, el padre Espinoza, en un momento de descanso, dio unas vueltas alrededor del patio. Y volvía ya hacia su puesto,[44] cuando un hombre lo detuvo, diciéndole:

—Padre, yo quisiera confesarme con usted.

—¿Conmigo especialmente? —preguntó el religioso.

—Sí, con usted.

—¿Y por qué?

—No sé; tal vez porque usted es el de más edad entre los misioneros, y quizá, por eso mismo, el más bondadoso.[45]

El padre Espinoza sonrió.

—Bueno, hijo; si así lo deseas y así lo crees, que así sea.[46] Vamos.

Hizo pasar adelante al hombre y él fue detrás, observándolo.

El padre Espinoza no se había fijado antes en él. Era un hombre alto, esbelto, nervioso en sus movimientos, moreno,[47] de corta barba negra terminada en punta; los ojos negros y ardientes, la nariz fina, los labios delgados. Hablaba correctamente y sus ropas eran limpias; sus pies desnudos parecían cuidados.

Llegados al confesionario, el hombre se arrodilló[48] ante el padre Espinoza y le dijo:

—Le he pedido que me confiese porque estoy seguro de que usted es un hombre de mucha sabiduría y de gran entendimiento. Yo no tengo grandes pecados; relativamente, soy un hombre de conciencia limpia. Pero tengo en mi corazón y en mi cabeza un secreto terrible, un peso enorme. Necesito que me ayude a deshacerme de él. Créame lo que voy a confiarle y, por favor se lo pido, no se ría de mí. Varias veces he querido confesarme con otros misioneros, pero apenas han oído[49] mis primeras palabras me han rechazado como a un loco[50] y se han reído de mí. He sufrido mucho a causa de esto. Esta será la última tentativa que

---

[41] **desfile** procession; march   [42] **hilera . . . silenciosa** silent and steadily moving line   [43] **despachar** to deal with   [44] **volvía ya hacia su puesto** he was already returning to his place   [45] **bondadoso(-a)** goodnatured, kindhearted   [46] **que así sea** so be it   [47] **moreno(-a)** dark-skinned   [48] **arrodillarse** to kneel down   [49] **apenas han oído** as soon as they have heard   [50] **me han rechazado . . . loco** they have rejected me as if I were crazy

hago.[51] Si me pasa lo mismo ahora, me convenceré de que no tengo salvación y me abandonaré a mi infierno.

El individuo aquel hablaba nerviosamente, pero con seguridad. Pocas veces el padre Espinoza había oído hablar así a un
5 hombre. La mayoría de los que confesaba en las misiones eran seres vulgares, groseros, sin relieve alguno,[52] que solamente le comunicaban pecados generales, comunes, de grosería[53] o de liviandad,[54] sin interés espiritual. Contestó, poniéndose en el tono con que le hablaban:

10 —Dime lo que tengas necesidad de decir y yo haré todo lo posible por ayudarte. Confía en mí como en un hermano.

El hombre demoró[55] algunos instantes en empezar su confesión; parecía temer confesar el gran secreto que decía tener en su corazón.

15 —Habla.

El hombre palideció y miró fijamente al padre Espinoza. En la obscuridad, sus ojos negros brillaban como los de un preso o como los de un loco. Por fin, bajando la cabeza, dijo entre dientes:

—Yo he practicado y conozco los secretos de la magia
20 negra.[56]

Al oír estas extraordinarias palabras, el padre Espinoza hizo un movimiento de sorpresa, mirando con curiosidad y temor al hombre; pero el hombre había levantado la cabeza y espiaba la cara del religioso, buscando en ella la impresión que sus palabras
25 producirían. La sorpresa del misionero duró un brevísimo tiempo. Se tranquilizó[57] en seguida. No era la primera vez que escuchaba palabras iguales o parecidas. En ese tiempo los llanos[58] de Osorno y las islas chilotas[59] estaban plagados de brujos, "machis" y hechiceros.[60] Contestó: *bruja = witch*
30 —Hijo mío: no es raro que los sacerdotes que le han oído a usted lo que acaba de decir, lo hayan tomado por loco y rehusado[61] oír más. Nuestra religión condena terminantemente[62]

---

[51] **esta . . . hago** This will be my last attempt [52] **sin relieve alguno** without any character [53] **grosería** coarseness [54] **liviandad** frivolity [55] **demorar** to delay [56] **secretos . . . negra** secrets of black magic [57] **se tranquilizó** he calmed down [58] **llanos** plains [59] **islas chilotas** small islands near the Island of Chiloé [60] **estaban . . . hechiceros** were plagued with sorcerers, medicine men and wizards [61] **rehusar** to refuse; decline [62] **terminantemente** categorically; strictly

tales prácticas y tales creencias. Yo, como sacerdote, debo decirle que eso es grave pecado; pero, como hombre, le digo que eso es una estupidez y una mentira. No existe tal magia negra, ni hay hombre alguno[63] que pueda hacer algo que esté fuera de las leyes de la naturaleza y de la voluntad divina. Muchos hombres me 5 han confesado lo mismo, pero, emplazados para que pusieran en evidencia[64] su ciencia oculta resultaron impostores groseros e ignorantes. Solamente un desequilibrado o un tonto puede creer en semejante patraña.[65] *hoax*

El discurso era fuerte y hubiera bastado para que cualquier 10 hombre de buena fe desistiera de sus propósitos; pero, con gran sorpresa del padre Espinoza, su discurso animó al hombre, que se puso de pie y exclamó con voz contenida:

—¡Yo sólo pido a usted me permita demostrarle lo que le confieso! Demostrándoselo, usted se convencerá y yo estaré sal- 15 vado. Si yo le propusiera hacer una prueba, ¿aceptaría usted, padre?—preguntó el hombre.

—Sé que perdería mi tiempo lamentablemente, pero aceptaría. *escéptico*

—Muy bien—dijo el hombre—. ¿Qué quiere usted que haga? 20

—Hijo mío, yo ignoro tus habilidades mágicas. Propón tú.

El hombre guardó silencio un momento, reflexionando. Luego dijo:

—Pídame usted que le traiga algo que esté lejos, tan lejos que sea imposible ir allá y volver en el plazo[66] de un día o dos. 25 Yo se lo traeré en una hora, sin moverme de aquí.

Una gran sonrisa de incredulidad dilató la fresca boca del fraile Espinoza.

—Déjame pensarlo—respondió—, y Dios me perdone el pecado y la tontería que cometo. 30

El religioso tardó mucho rato en encontrar lo que se le proponía. No era tarea fácil hallarlo. Primeramente ubicó[67] en Santiago[68] la residencia de lo que iba a pedir y luego se dio a elegir.[69] Muchas cosas acudieron a su recuerdo y a su imagina-

---

[63] **ni ... alguno** nor is there any man [64] **emplazados ... evidencia** when I challenged them to show evidence of [65] **solamente ... patraña** only an unbalanced person or a fool can believe in such a hoax [66] **plazo** period; time limit [67] **ubicar** to locate; to place [68] **Santiago** the capital of Chile, about 500 miles to the north of Osorno [69] **se dio a elegir** set about choosing

ción, pero ninguna le servía para el caso. Unas eran demasiado comunes, otras pueriles[70] y otras muy escondidas,[71] y era necesario elegír una que, siendo casi única, fuera asequible.[72] Recordó y recorrió su lejano convento; anduvo por sus patios, por

5 sus celdas, por sus corredores y por su jardín; pero no encontró nada especial. Pasó después a recordar lugares que conocía en Santiago. ¿Qué pediría? Y cuando, ya cansado, iba a decidirse por cualquiera de los objetos entrevistos por sus recuerdos, brotó en su memoria, como una flor que era, fresca, pura, con un her-

10 moso color rojo, una rosa del jardín de las monjas Claras.

Una vez, hacía poco tiempo, en un rincón de ese jardín vio un rosal que florecía en rosas de un color único. En ninguna parte había vuelto a ver rosas iguales o parecidas, y no era fácil que las hubiera en Osorno. Además, el hombre aseguraba que

15 traería lo que él pidiera, sin moverse de allí. Tanto daba[73] pedirle una cosa como otra. De todos modos, no traería nada.

—Mira—dijo al fin—, en el jardín del convento de las monjas Claras de Santiago, plantado junto a la muralla[74] que da hacia[75] la Alameda, hay un rosal que da rosas de un color granate[76] muy

20 lindo. Es el único rosal de esa especie que hay allí ... Una de esas rosas es lo que quiero que me traigas.

El supuesto hechicero no hizo objeción alguna, ni por el sitio en que se hallaba la rosa ni por la distancia a que se encontraba. Preguntó únicamente;   _Climbing_

25 —Encaramándose[77] por la muralla, ¿es fácil tomarla?

—Muy fácil. Estiras el brazo[78] y ya la tienes.

—Muy bien. Ahora, dígame: ¿hay en este convento una pieza[79] que tenga una sola puerta?

—Hay muchas.

30 —Lléveme usted a alguna de ellas.

El padre Espinoza se levantó de su asiento. Sonreía. La aventura era ahora un juego extraño y divertido y, en cierto modo, le recordaba los de su infancia. Salió acompañado del hombre y lo guió[80] hacia el segundo patio, en el cual estaban las celdas [81] de

---

[70] **puerile** childish   [71] **escondido(-a)** concealed, hidden   [72] **asequible** accessible; easy to get   [73] **tanto daba** it was just the same   [74] **muralla** wall   [75] **da hacia** faces   [76] **color granate** garnet color   [77] **encaramarse** to climb   [78] **estirar el brazo** to stretch out one's arm   [79] **pieza** room   [80] **guiar** to guide   [81] **celda** cell

los religiosos. Lo llevó a la que él ocupaba. Era una habitación de medianas proporciones,[82] de sólidas paredes; tenía una ventana y una puerta. La ventana estaba asegurada con una gruesa reja de fierro forjado[83] y la puerta tenía una cerradura[84] muy firme. Allí había un lecho,[85] una mesa grande, dos imágenes y   5 un crucifijo, ropas y objetos.

—Entra.

Entró el hombre. Se movía con confianza y desenvoltura; parecía muy seguro de sí mismo.

—¿Te sirve esta pieza?   10

—Me sirve.

—Tú dirás lo que hay que hacer.

—En primer lugar, ¿qué hora es?

—Las tres y media.

El hombre meditó un instante, y dijo luego: 15

—Me ha pedido usted que le traiga una rosa del jardín de las monjas Claras de Santiago y yo se la voy a traer en el plazo de una hora. Para ello es necesario que yo me quede solo aquí y que usted se vaya, cerrando la puerta con llave y llevándose la llave. No vuelva hasta dentro de una hora justa. A las cuatro   20 y media, cuando usted abra la puerta, yo le entregaré lo que me ha pedido.

El fraile Espinoza asintió en silencio, moviendo la cabeza. Empezaba a preocuparse. El juego iba tornándose[86] interesante y misterioso, y la seguridad con que hablaba y obraba[87] aquel   25 hombre le comunicaba a él cierta intimidación respetuosa.

Antes de salir, dio una mirada detenida por toda la pieza. Cerrando con llave la puerta era difícil salir de allí. Y aunque aquel hombre lograra salir, ¿qué conseguiría con ello? No se puede hacer, artificialmente, una rosa cuyo color y forma no se   30 han visto nunca. Y, por otra parte, él rondaría toda esa hora por los alrededores de su celda. Cualquier superchería[88] era *fraud - engaño* imposible.

El hombre, de pie ante la puerta, sonriendo, esperaba que el religioso se retirara.   35

---

[82] **medianas proporciones** medium sized   [83] **reja de fierro forjado** wrought iron grill   [84] **cerradura** lock   [85] **lecho** bed   [86] **tornarse** to become   [87] **obrar** to act   [88] **superchería** fraud

Salió el padre Espinoza, echó llave a la puerta, se aseguró
que quedaba bien cerrada y guardándose la llave en sus bolsillos
echó a andar tranquilamente.

Dio una vuelta alrededor del patio, y otra, y otra. Empezaron
5 a transcurrir lentamente los minutos, muy lentamente; nunca
habían transcurrido tan lentos los sesenta minutos de una hora.
Al principio, el padre Espinoza estaba tranquilo. No sucedería
nada.[89] Pasado el tiempo que el hombre fijara como plazo,[90] el
abriría la puerta y lo encontraría tal como lo dejara. No tendría
10 en sus manos ni la rosa pedida ni nada que se le pareciera.
Pretendería disculparse con algún pretexto fútil, y él, entonces,
le largaría un breve discurso, y el asunto terminaría ahí. Estaba
seguro. Pero, mientras paseaba, se le ocurrió preguntarse:

—¿Qué estará haciendo?

15 La pregunta lo sobresaltó. Algo estaría haciendo el hombre,
algo intentaría. Pero ¿qué? La inquietud[91] aumentó. ¿Y si el
hombre lo hubiera engañado y fueran otras sus intenciones? Interrumpió su paseo y durante un momento procuró sacar algo
en limpio,[92] recordando al hombre y sus palabras. ¿Si se tratara
20 de un loco? Los ojos ardientes y brillantes de aquel hombre, su
desenfado.[93] openness

Atravesó lentamente el patio y paseó a lo largo del corredor
en que estaba su celda. Pasó varias veces delante de aquella
puerta cerrada. ¿Qué estaría haciendo el hombre? En una de sus
25 pasadas se detuvo ante la puerta. No se oía nada, ni voces, ni
pasos, ningún ruido. Se acercó a la puerta y pegó su oído a la
cerradura. El mismo silencio. Prosiguió sus paseos,[94] pero a poco
su inquietud y su sobresalto aumentaban. Sus paseos se fueron
acortando[95] y, al final, apenas llegaban a cinco o seis pasos de
30 distancia de la puerta. Por fin, se inmovilizó ante ella. Se sentía
incapaz de alejarse de allí. Era necesario que esa tensión nerviosa
terminara pronto. Si el hombre no hablaba, ni se quejaba, ni
andaba, era señal de que no hacía nada, y no haciendo nada,

---

[89] **no sucedería nada** nothing would happen   [90] **fijar un plazo** to set a time
limit   [91] **inquietud** anxiety   [92] **sacar algo en limpio** to arrive at some
conclusion   [93] **desenfado** openness; frankness   [94] **prosiguió sus paseos** he
went on strolling   [95] **sus paseos . . . acortando** his walks got shorter

nada conseguiría. Se decidió a abrir antes de la hora estipulada.[96]
Sorprendería al hombre y su triunfo sería completo. Miró su reloj:
faltaban aún veinticinco minutos para las cuatro y media. Antes
de abrir pegó nuevamente su oído a la cerradura: ni un rumor.
Buscó la llave en sus bolsillos y colocándola en la cerradura la   5
hizo girar sin ruido. La puerta se abrió silenciosamente.

Miró el fraile Espinoza hacia adentro y vio que el hombre
no estaba sentado ni estaba de pie: estaba extendido sobre la
mesa, con los pies hacia la puerta, inmóvil.

Esa actitud inesperada lo sorprendió. ¿Qué haría el hombre   10
en aquella posición? Avanzó un paso,[97] mirando con curiosidad
y temor el cuerpo extendido sobre la mesa. Ni un movimiento.
Seguramente su presencia no habría sido advertida;[98] tal vez el
hombre dormía; quizá estaba muerto ... Avanzó otro paso y
entonces vio algo que lo dejó tan inmóvil como aquel cuerpo. El   15
hombre no tenía cabeza.

Pálido, sintiéndose invadido por la angustia, lleno de un
sudor helado[99] todo el cuerpo, el padre Espinoza miraba, miraba
sin comprender. Hizo un esfuerzo y avanzó hasta colocarse frente
a la parte superior del cuerpo del individuo. Miró hacia el suelo,   20
buscando en él la desaparecida cabeza, pero en el suelo no había
nada, ni siquiera una mancha de sangre. Se acercó al cercenado
cuello.[1] Estaba cortado sin esfuerzo, sin desgarraduras,[2] fina-
mente. Se veían las arterias y los músculos, palpitantes, rojos;
los huesos blancos, limpios; la sangre bullía[3] allí, caliente y roja,   25
sin derramarse,[4] retenida por una fuerza desconocida.

El padre Espinoza se irguió.[5] Dio una rápida ojeada[6] a su
alrededor, buscando un rastro,[7] un indicio,[8] algo que le dejara
adivinar lo que había sucedido.[9] Pero la habitación estaba como
él la había dejado al salir; todo en el mismo orden, nada revuelto[10]   30
y nada manchado de sangre.[11]

---

[96] **estipulada** stipulated   [97] **avanzó un paso** he moved one step forward
[98] **advertir** to notice   [99] **sudor helado** cold sweat   [1] **cercenado cuello**
severed neck   [2] **desgarradura** rip; tear   [3] **bullir** to boil; to bubble   [4] **sin
derramarse** without spilling   [5] **el padre ... irguió** Father Espinoza
straightened up   [6] **dio ... ojeada** he cast a quick glance   [7] **un rastro** a trace
[8] **un indicio** a sign   [9] **lo ... sucedido** what had happened   [10] **nada revuelto**
nothing was disarranged   [11] **nada ... sangre** nothing was stained with blood

Miró su reloj. Faltaban solamente diez minutos para las cuatro y media. Era necesario salir. Pero, antes de hacerlo, juzgó que era indispensable dejar allí un testimonio[12] de su estada. Pero ¿qué? Tuvo una idea; buscó entre sus ropas y sacó de entre ellas un alfiler[13] grande, de cabeza negra, y al pasar junto al cuerpo, para dirigirse hacia la puerta, lo hundió[14] integro[15] en la planta[16] de uno de los pies del hombre.

Luego cerró la puerta con llave y se alejó.

Durante los diez minutos siguientes el religioso se paseó nerviosamente a lo largo del corredor, intranquilo, sobresaltado; no quería dar cuenta[17] a nadie de lo sucedido; esperaría los diez minutos, y, transcurridos estos, entraría de nuevo a la celda y si el hombre permanecía en el mismo estado comunicaría a los demás religiosos lo sucedido.

¿Estaría él soñando o se encontraría bajo el influjo de una alucinación o de una poderosa sugestión? No, no lo estaba. Lo que había acontecido hasta ese momento era sencillo: un hombre se había suicidado de una manera misteriosa . . . Sí, pero ¿dónde estaba la cabeza del individuo? Esta pregunta lo desconcertó. ¿Y por qué no había manchas de sangre? Prefirió no pensar más en ello; después se aclararía todo.

Las cuatro y media. Esperó aún cinco minutos más. Quería darle tiempo al hombre. Pero ¿tiempo para qué, si estaba muerto? No lo sabía bien, pero en esos momentos casi deseaba que aquel hombre le demostrara su poder mágico. De otra manera, sería tan estúpido, tan triste todo lo que había pasado . . .

𝕖❧

Cuando el fraile Espinoza abrió la puerta, el hombre no estaba ya extendido sobre la mesa, decapitado, como estaba quince minutos antes. Parado frente a él, tranquilo, con una fina sonrisa en los labios, le tendía, abierta, la morena mano derecha. En la palma de ella, como una pequeña y suave llama, había una fresca rosa: la rosa del jardín de las monjas Claras.

—¿Es ésta la rosa que usted me pidió?

---

[12] **testimonio** evidence   [13] **alfiler** pin   [14] **hundir** to stick   [15] **íntegro** completely   [16] **planta** sole (*del pie*)   [17] **dar cuenta** to give account of; to inform

emaciated

El padre Espinoza no contestó; miraba al hombre. Este estaba un poco pálido y demacrado.[18] Alrededor de su cuello se veía una línea roja, como una cicatriz[19] reciente.

"Sin duda el Señor quiere hoy jugar con su siervo" pensó.

Estiró la mano y cogió la rosa. Era una de las mismas que él viera florecer en el pequeño jardín del convento santiaguino. El mismo color, la misma forma, el mismo perfume.

Salieron de la celda, silenciosos, el hombre y el religioso. Este llevaba la rosa apretada en su mano y sentía en la piel la frescura de los pétalos rojos. Estaba recién cortada. Para el fraile habían terminado los pensamientos, las dudas y la angustia. Sólo una gran impresión lo dominaba, y un sentimiento de confusión y de desaliento[20] inundaba su corazón.

De pronto advirtió que el hombre cojeaba.[21]

—¿Por qué cojeas?—le preguntó.

—La rosa estaba apartada de la muralla. Para tomarla, tuve que afirmar un pie en el rosal, y, al hacerlo, una espina[22] me hirió el talón.[23]

El fraile Espinoza lanzó una exclamación de triunfo:

—¡Ah! ¡Todo es una ilusión! Tú no has ido al jardín de las monjas Claras ni te has pinchado[24] el pie con una espina. Ese dolor que sientes es el producido por un alfiler que yo te clavé[25] en el pie. Levántalo.

El hombre levantó el pie, y el sacerdote, tomando de la cabeza el alfiler, se lo sacó.

—¿No ves? No hay ni espina ni rosal. ¡Todo ha sido una ilusión!

Pero el hombre contestó:

—Y la rosa que lleva usted en la mano, ¿también es ilusión?

❧

Tres días después, terminada la semana misionera, los frailes capuchinos abandonaron Osorno. Seguían su ruta a través de las selvas. Se separaron, abrazándose y besándose. Cada uno tomó por su camino.

---

[18] **demacrado(-a)** emaciated   [19] **cicatriz** scar   [20] **desaliento** discouragement
[21] **cojear** to limp   [22] **espina** thorn   [23] **talón** heel   [24] **pinchar** to prick
[25] **clavar** to stick

El padre Espinoza volvería hacia Valdivia. Pero ya no iba solo. A su lado, montado en un caballo obscuro, silencioso y pálido, iba un hombre alto, nervioso, de ojos negros y brillantes. Era el hombre de la rosa.

EXERCISES

READING COMPREHENSION

Answer the following questions in Spanish.

1. ¿En qué se diferenciaban los misioneros capuchinos de los individuos de las demás órdenes religiosas? Explique.
2. ¿Por qué dice el narrador que el padre Espinoza era "uno de esos frailes que encantan a algunas mujeres y que gustan a todos los hombres"?
3. ¿Por qué razones acudían los indios a los patios del convento?
4. ¿Por qué era tan difícil catequizar a los indios?
5. ¿Por qué disminuía el número de catecúmenos cuando empezaban las confesiones?
6. ¿Por qué quería el hombre confesarse con el padre Espinoza? ¿Cuál era su gran secreto?
7. ¿Cómo reaccionó el padre Espinoza al oír la confesión del hombre?
8. ¿Cómo va a probar el hombre que tiene poderes sobrenaturales?
9. ¿Dónde encerró el padre Espinoza al hechicero?
10. ¿Qué quiere el padre Espinoza que el hechicero le traiga de Santiago?

Select the letter corresponding to the most logical completion for each sentence.

1. Al principio, el padre Espinoza estaba tranquilo porque
   a. sabía que la puerta estaba bien cerrada.
   b. pensaba que no sucedería nada.
   c. creía que el hechicero no lo podría hacer en una hora.

2. Cuando el fraile Espinoza miró hacia adentro, vio que el hombre
   a. estaba sentado en la mesa.
   b. estaba de pie sobre la mesa.
   c. estaba extendido sobre la mesa.

3. El fraile Espinoza avanzó otro paso y vio algo que lo dejó inmóvil:
   a. el hechicero estaba invadido por la angustia.
   b. en el suelo había una mancha de sangre.
   c. el hechicero estaba decapitado.

4. Antes de salir, el padre Espinoza
   a. hundió un alfiler en la planta de uno de los pies del hechicero.
   b. cerró la puerta con llave.
   c. se paseó nerviosamente a lo largo de la habitación.

5. Cuando entró, la habitación estaba   *la segunda vez*
   a. manchada de sangre.
   b. como la había dejado.
   c. completamente revuelta.

6. Alrededor del cuello del hechicero se veía
   a. una fresca rosa del jardín.
   b. una línea roja.
   c. una pequeña y suave llama.

7. El hechicero cojeaba porque
   a. una espina se le había clavado en el talón.
   b. el fraile le había clavado un alfiler en el talón.
   c. todo había sido una ilusión.

8. El padre Espinoza volvió a Valdivia seguido por
   a. los frailes capuchinos.
   b. un caballo silencioso y pálido.
   c. el hombre de la rosa.

VOCABULARY STUDY

A. *Vocabulary Usage*

Rewrite the following sentences, using the Spanish equivalent of the words in parentheses.

1. Una gran (crowd) *muchedumbre* se acercó al convento.
2. Todos los frailes habían (rejected) *rechazado* su propuesta.
3. La región estaba plagada de (wizards) *hechiceros*
4. La primera cosa que pensó pedir le pareció demasiado (childish) *infantil*
5. Todos los indios lo miraban desde los (corners of the patio) _____ .
6. El hechicero (climbed) _____ por la muralla.
   se encaramó

7. Para ser fraile era muy (*graceful*) _____ .
8. Era alto, (*dark skinned*) _____ y guapo.

B. *Cognate and Word Formation Exercise*

Find the cognates of the following English words in *El hombre de lo rosa*. Are there any false cognates?

1. austral	6. incredulity	11. rose
2. regions	7. dilated	12. proportion
3. to march	8. mission	13. futile
4. evangelization	9. correctly	14. to stipulate
5. plumage	10. puerile	15. decapitated

STRUCTURES

A. *The Imperfect Subjunctive Tense*

Rewrite the following sentences, using the imperfect subjunctive tense of the verbs in parentheses. Use the **-ra** endings. For a review of the imperfect subjunctive tense, see p. 158.

1. Padre, yo (querer) _____ confesarme con usted.
2. Era necesario adquirir algo que (ser) _____ asequible.
3. No era fácil que (haber) _____ algo así en Osorno.
4. El traería lo que el fraile le (pedir) _____ .
5. ¡Esa es la rosa que quería que me (traer) _____ !
6. Aunque aquel hombre (lograr) _____ salir, ¿qué conseguiría con ello?
7. El hombre esperaba que el religioso se (retirar) _____ .
8. Era necesario que esa tensión nerviosa (terminar) _____ pronto.
9. Buscó un indicio que le (dejar) _____ adivinar lo que había sucedido.

B. *The Conditional Tense*

Rewrite the following sentences, using the conditional tense of the verbs in parentheses. For a review of the conditional tense, see p. 159.

1. El fraile (pretender) _____ disculparse con algún pretexto y le (largar) _____ un breve discurso.
2. Algo (estar) _____ haciendo el hombre, algo (intentar) _____ .

3. Espinoza (sorprender) _____ al hombre y su triunfo (ser) _____ completo.
4. ¿Qué (hacer) _____ el hechicero en aquella posición?
5. Seguramente su presencia no (haber) _____ sido advertida.
6. ¿(Estar) _____ él soñando o se (encontrar) _____ bajo el influjo de una poderosa sugestión?
7. Después se (aclarar) _____ todo?
8. Él (rondar) _____ toda esa hora por los alrededores de su celda.

C. *If-Clauses*

Rewrite the following sentences, using the appropriate tense of the verbs in parentheses. For a review of if-clauses see *p. 160.*

1. Si yo le (proponer) _____ hacer una prueba, ¿aceptaría usted?
2. Si no (haber) _____ traído la flor, no estaría herido.
3. Si (tener) _____ tiempo, trabajaría en las regiones australes.
4. Si (poder—yo) _____ , la tranquilizo.
5. Si (decir—Ud.) _____ la verdad, consigo alimentos para los catecúmenos.
6. Si me (pasar) _____ lo mismo ahora, me convenceré de que no tengo salvación.

WRITING PRACTICE

Write a composition describing Espinoza's strange adventure. Use some or all of the words and expressions listed below:

frailes barbudos	confesarse	rejas de hierro
complexión recia	secreto terrible	lecho
desenvueltos	rechazar	sudor helado
indígenas	loco	cuello
catequizar	secretos de magia negra	cercenado
de una pieza	brujería	indicio
con toda la barba	hechiceros	sangre
destacar	patrañas	bullir
apostura	plazo	alfiler de cabeza
penetrante	rosa color granate	negra
moreno	murallas	hundir
alto	convento	ilusión
esbelto	celda	cojear
nervioso	cerradura	

Your composition will be evaluated for grammatical accuracy and vocabulary usage. It should be at least one hundred-forty words in length.

COMMUNICATIVE ACTIVITY

Interview one or two of your classmates about one of the topics below. Report your findings to the rest of the class.

1. **La reacción del fraile ante el hechicero.** ¿Actuó bien el padre Espinoza? ¿Cómo hubiera actuado el sacerdote (o ministro) de su iglesia? ¿Cómo hubiera actuado usted?
2. **Los poderes sobrenaturales.** ¿Cómo sería la vida si todos tuviéramos poderes sobrenaturales? ¿Conoce usted a alguien que tenga poderes sobrenaturales? ¿Cómo se manifiestan?
3. **La magia negra.** ¿Cree usted en la magia negra? ¿En qué países hispanos se practica? ¿Por qué? ¿Se practica en los Estados Unidos? ¿Hay diferentes tipos de magia negra? ¿Cuál es la actitud de su iglesia ante esta práctica? ¿Es posible la amistad entre un sacerdote y un hechicero?

La casa de azúcar

SILVINA OCAMPO

¿Como un círculo

argentina

narrador-esposo

❦

Las supersticiones no dejaban vivir a Cristina. Una moneda con
la efigie borrada,[1] una mancha de tinta,[2] la luna vista a través
de[3] dos vidrios, las iniciales de su nombre grabadas[4] por azar[5]
sobre el tronco de un cedro[6] la enloquecían de temor.[7] Cuando
5 nos conocimos llevaba puesto[8] un vestido verde, que siguió
usando hasta que se rompió, pues me dijo que le traía suerte[9] y
que en cuanto[10] se ponía otro, azul, que le sentaba mejor,[11] no
nos veíamos. Traté de combatir estas manías absurdas. Le hice
notar[12] que tenía un espejo roto en su cuarto y que por más que[13]
10 yo le insistiera en la conveniencia de tirar los espejos rotos al
agua, en una noche de luna, para quitarse la mala suerte,[14] lo
guardaba; que jamás temió que la luz de la casa bruscamente se
apagara, y a pesar de que fuera un anuncio seguro de muerte,[15]
encendía con tranquilidad cualquier número de velas;[16] que
15 siempre dejaba sobre la cama el sombrero, error en que nadie
incurría.[17] Sus temores eran personales. Se infligía[18] verdaderas
privaciones; por ejemplo: no podía comprar frutillas en el mes
de diciembre, ni oír determinadas músicas, ni adornar la casa
con peces rojos, que tanto le gustaban. Había ciertas calles que
20 no podíamos cruzar, ciertas personas, ciertos cinematógrafos que
no podíamos frecuentar.[19] Al principio de nuestra relación, estas
supersticiones me parecieron encantadoras,[20] pero después empezaron a fastidiarme[21] y a preocuparme seriamente. Cuando nos

---

[1] **efigie borrada** worn away face   [2] **tinta** ink   [3] **a través de** through
[4] **grabar** to engrave   [5] **por azar** by pure chance   [6] **cedro** cedar   [7] **la
enloquecían de temor** drove her mad with fear   [8] **llevaba puesto** she was
wearing   [9] **traer suerte** to bring good luck   [10] **en cuanto** as soon as   [11] **le
sentaba mejor** fit her better; looked better on her   [12] **le hice notar** I pointed
out to her   [13] **por más que** no matter how much   [14] **mala suerte** bad luck
[15] **anuncio seguro de muerte** a sure sign of death   [16] **vela** candle   [17] **error
. . . incurría** an error which no one would make   [18] **infligir** to inflict or to
impose a punishment   [19] **frecuentar** to visit frequently   [20] **encantador(-a)**
charming; delightful   [21] **a fastidiarme** to annoy me, to bother me

comprometimos[22] tuvimos que buscar un departamento[23] nuevo,
pues según sus creencias,[24] el destino de los ocupantes anteriores
influiría[25] sobre su vida (en ningún momento mencionaba la mía,
como si el peligro la amenazara[26] sólo a ella y nuestras vidas no
estuvieran unidas por el amor). Recorrimos[27] todos los barrios   5
de la ciudad; llegamos a los suburbios[28] más alejados, en busca
de un departamento que nadie hubiera habitado:[29] todos estaban
alquilados o vendidos.[30] Por fin encontré una casita en la calle
Montes de Oca, que parecía de azúcar. Su blancura brillaba con
extraordinaria luminosidad. Tenía teléfono y, en el frente, un   10
diminuto jardín. Pensé que esa casa era recién construida, pero
me enteré de que[31] en 1930 la había ocupado una familia, y que
después, para alquilarla, el propietario le había hecho algunos
arreglos.[32] Tuve que hacer creer a Cristina[33] que nadie había
vivido en la casa y que era el lugar ideal: la casa de nuestros   15
sueños. Cuando Cristina la vio, exclamó:

—¡Qué diferente de los departamentos que hemos visto!
Aquí se respira olor a limpio. Nadie podrá influir en nuestras
vidas y ensuciarlas con pensamientos que envician el aire.[34]

En pocos días nos casamos y nos instalamos allí. Mis suegros   20
nos regalaron los muebles[35] del dormitorio, y mis padres los del
comedor. El resto de la casa lo amueblaríamos[36] de a poco. Yo
temía que, por los vecinos, Cristina se enterara de mi mentira,
pero felizmente hacía sus compras fuera del barrio y jamás con-
versaba con ellos. Eramos felices, tan felices que a veces me daba   25
miedo. Parecía que la tranquilidad nunca se rompería en aquella
casa de azúcar, hasta que un llamado telefónico destruyó mi
ilusión. Felizmente Cristina no atendió aquella vez el teléfono,
pero quizá lo atendiera en una oportunidad análoga.[37] La persona
que llamaba preguntó por la señora Violeta: indudablemente se   30
trataba de la inquilina[38] anterior. Si Cristina se enteraba de que

---

[22] **comprometerse** to become engaged   [23] **departamento** apartment
[24] **creencias** beliefs   [25] **influir** to have an influence   [26] **amenazar** to
threaten   [27] **recorrer** to travel through; to go through   [28] **suburbios** the
outskirts; surrounding residential districts   [29] **habitar** to live in   [30] **todos
... vendidos** they were all rented or sold   [31] **me enteré de que** I found out
that   [32] **arreglos** repairs   [33] **hacer creer a Cristina** to make Cristina believe
[34] **enviciar el aire** to corrupt or to pollute the air   [35] **mueble** furniture
[36] **amueblar** to furnish   [37] **en ... análoga** on a similar occasion
[38] **inquilino(-a)** tenant

yo la había engañado,[39] nuestra felicidad seguramente concluiría:
no me hablaría más, pediría nuestro divorcio, y en el mejor de
los casos[40] tendríamos que dejar la casa para irnos a vivir, tal
vez, a Villa Urquiza, tal vez a Quilmes,[41] de pensionistas[42] en
5   alguna de las casas donde nos prometieron darnos un lugarcito
para construir ¿con qué? (con basura, pues con mejores materia-
les no me alcanzaría el dinero)[43] un cuarto y una cocina. Durante
la noche yo tenía cuidado de descolgar el tubo,[44] para que ningún
llamado inoportuno nos despertara. Coloqué un buzón[45] en la
10   puerta de calle; fui el depositario de la llave,[46] el distribuidor de
cartas.

Una mañana temprano golpearon a la puerta y alguien dejó
un paquete. Desde mi cuarto oí que mi mujer protestaba, luego
oí el ruido del papel estrujado.[47] Bajé la escalera y encontré a
15   Cristina con un vestido de terciopelo[48] entre los brazos.

—Acaban de traerme este vestido —me dijo con entusiasmo.

Subió corriendo las escaleras y se puso el vestido, que era
muy escotado.[49]

—¿Cuándo te lo mandaste hacer?

20   —Hace tiempo. ¿Me queda bien? Lo usaré cuando tengamos
que ir al teatro, ¿no te parece?

—¿Con qué dinero lo pagaste?

—Mamá me regaló unos pesos.

Me pareció raro, pero no le dije nada, para no ofenderla.

25   Nos queríamos con locura.[50] Pero mi inquietud comenzó a
molestarme, hasta para abrazar a Cristina por la noche. Advertí
que su carácter había cambiado: de alegre se convirtió en triste,
de comunicativa en reservada, de tranquila en nerviosa. No tenía
apetito. Ya no preparaba esos ricos postres, un poco pesados,[51]
30   a base de cremas batidas[52] y de chocolate, que me agradaban, ni
adornaba periódicamente la casa. Ya no me esperaba con

---

[39] **engañar** to deceive   [40] **en ... casos** at best   [41] **Villa Urquiza ... Quilmes**
districts of Buenos Aires   [42] **pensionista** boarder   [43] **no me alcanzaría el
dinero** I wouldn't have enough money   [44] **descolgar el tubo** to leave the
phone off the hook   [45] **buzón** mailbox   [46] **fui el depositario de la llave** I kept
the mailbox key   [47] **estrujado** crumpled up; torn   [48] **terciopelo** velvet
[49] **escotado** low-necked, low cut (*dress*)   [50] **nos ... locura** we were madly
in love   [51] **pesados** rich, heavy   [52] **cremas batidas** whipped cream

vainillas[53] a la hora del té, ni tenía ganas de ir al teatro o al cinematógrafo de noche, ni siquiera cuando nos mandaban entradas de regalo. Una tarde entró un perro en el jardín y se acostó frente a la puerta de calle, aullando.[54] Cristina le dio carne y le dio de beber y, después de un baño, que le cambió el color del pelo, declaró que le daría hospitalidad y que lo bautizaría con el nombre de AMOR, porque llegaba a nuestra casa en un momento de verdadero amor. El perro tenía el paladar[55] negro, lo que indica pureza de raza.

Otra tarde llegué de improviso[56] a casa. Me detuve en la entrada porque vi una bicicleta apostada[57] en el jardín. Entré silenciosamente y me escurrí[58] detrás de una puerta y oí la voz de Cristina.

—¿Qué quiere? —repitió dos veces.

—Vengo a buscar a mi perro —decía la voz de una muchacha—. Pasó tantas veces frente a esta casa que se ha encariñado con ella.[59] Esta casa parece de azúcar. Desde que la pintaron, llama la atención de todos los transeúntes.[60] Pero a mí me gustaba más antes, con ese color rosado y romántico de las casas viejas. Esta casa era muy misteriosa para mí. Todo me gustaba en ella: la fuente donde venían a beber los pajaritos; las enredaderas[61] con flores, como cornetas amarillas; el naranjo. Desde que tengo ocho años esperaba conocerla a usted, desde aquel día en que hablamos por teléfono, ¿recuerda? Prometió que iba a regalarme un barrilete.[62]

—Los barriletes son juegos de varones.

—Los juguetes no tienen sexo. Los barriletes me gustaban porque eran como enormes pájaros: me hacía la ilusión de volar sobre sus alas. Para usted fue un juego prometerme ese barrilete; yo no dormí en toda la noche. Nos encontramos en la panadería,[63] usted estaba de espaldas y no vi su cara. Desde ese día no pensé en otra cosa que en usted, en cómo sería su cara, su alma, sus ademanes de mentirosa.[64] Nunca me regaló aquel barrilete. Los

---

[53] **vainillas** vanilla wafers [54] **aullando** howling [55] **paladar** palate [56] **de improviso** unexpectedly [57] **apostada** parked [58] **escurrirse** to slip [59] **se ha encariñado con ella** the dog has become very fond of it [60] **transeúnte** passer-by; pedestrian [61] **enredadera** climbing plant [62] **barrilete** kite (**una cometa**) [63] **panadería** bakery [64] **ademanes de mentirosa** your gestures which made you appear to be lying

árboles me hablaban de sus mentiras. Luego fuimos a vivir a
Morón, con mis padres. Ahora, desde hace una semana estoy de
nuevo aquí.

—Hace tres meses que vivo en esta casa, y antes jamás fre-
5 cuenté estos barrios. Usted estará confundida.

—Yo la había imaginado tal como es. ¡La imaginé tantas
veces! Para colmo de la casualidad,[65] mi marido estuvo de novio
con usted.

—No estuve de novia sino con mi marido. ¿Cómo se llama
10 este perro?

—Bruto.

—Lléveselo, por favor, antes que me encariñe con él.

—Violeta, escúcheme. Si llevo el perro a mi casa, se morirá.
No lo puedo cuidar. Vivimos en un departamento muy chico.
15 Mi marido y yo trabajamos y no hay nadie que lo saque a pasear.[66]

—No me llamo Violeta. ¿Qué edad tiene?

—¿Bruto? Dos años. ¿Quiere quedarse con[67] él? Yo vendría
a visitarlo de vez en cuando, porque lo quiero mucho.

—A mi marido no le gustaría recibir desconocidos en su
20 casa, ni que aceptara un perro de regalo.

—No se lo diga, entonces. La esperaré todos los lunes a las
siete de la tarde en la plaza Colombia. ¿Sabe dónde es? Frente a
la iglesia Santa Felicitas, o si no la esperaré donde usted quiera
y a la hora que prefiera; por ejemplo, en el puente de Constitución
25 o en el parque Lezama. Me contentaré con ver los ojos de Bruto.
¿Me hará el favor de quedarse con él?

—Bueno. Me quedaré con él.

—Gracias, Violeta.

—No me llamo Violeta.

30 —¿Cambió de nombre? Para nosotros usted es Violeta.
Siempre la misma misteriosa Violeta.

Oí el ruido seco de la puerta[68] y el taconeo[69] de Cristina,
subiendo la escalera. Tardé un rato en salir de mi escondite[70] y

---

[65] **para ... casualidad** to top it all; to make matters worse [66] **sacar a pasear**
to take for a walk [67] **quedarse con** to keep [68] **el ruido ... puerta** the
sharp noise of the door closing [69] **taconeo** heel tapping (*meaning the sound
of the heels of Christina's shoes*) [70] **escondite** hiding place

en fingir que acababa de llegar. A pesar de haber comprobado[71] la inocencia del diálogo, no sé por qué, una sorda desconfianza[72] comenzó a devorarme. Me pareció que había presenciado una representación de teatro y que la realidad era otra. No confesé a Cristina que había sorprendido[73] la visita de esa muchacha. Esperé los acontecimientos,[74] temiendo siempre que Cristina descubriera mi mentira, lamentando que estuviéramos instalados en ese barrio. Yo pasaba todas las tardes por la plaza que queda frente a[75] la iglesia de Santa Felicitas, para comprobar si Cristina había acudido a la cita.[76] Cristina parecía no advertir[77] mi inquietud.[78] A veces llegué a creer[79] que yo había soñado. Abrazando al perro, un día Cristina me preguntó:

—¿Te gustaría que me llamara Violeta?

—No me gusta el nombre de las flores.

—Pero Violeta es lindo. Es un color.

—Prefiero tu nombre.

Un sábado, al atardecer,[80] la encontré en el puente de Constitución, asomada sobre el parapeto de fierro.[81] Me acerqué y no se inmutó.[82]

—¿Qué haces aquí?

—Estoy curioseando.[83] Me gusta ver las vías[84] desde arriba.

—Es un lugar muy lúgubre y no me gusta que andes sola.

—No me parece tan lúgubre. ¿Y por qué no puedo andar sola?

—¿Te gusta el humo negro de las locomotoras?

—Me gustan los medios de transporte. Soñar con viajes. Irme sin irme.

Volvimos a casa. Enloquecido de celos[86] (¿celos de qué? De todo), durante el trayecto apenas le hablé.

—Podríamos tal vez comprar alguna casita en San Isidro o

---

[71] **comprobar** to verify   [72] **sorda** deaf **desconfianza** pent-up suspicion
[73] **sorprendido** overhead   [74] **acontecimientos** events   [75] **que queda frente a** that is located in front of   [76] **había . . . cita** had kept the appointment
[77] **advertir** to notice   [78] **inquietud** anxiety; uneasiness   [79] **llegué a creer** I even believed   [80] **al atardecer** at dusk   [81] **asomada . . . fierro** leaning over the iron railing   [82] **no se inmutó** she did not flinch   [83] **curiosear** to browse around   [84] **vías** railroad tracks   [85] **lúgubre** gloomy, dismal   [86] **enloquecido de celos** madly jealous

en Olivos, es tan desagradable este barrio—le dije, fingiendo que
me era posible adquirir una casa en esos lugares.

—No creas. Tenemos muy cerca de aquí el parque Lezama.

—Es una desolación. Las estatuas están rotas las fuentes sin
5 agua, los árboles apestados.[87] Mendigos,[88] viejos y lisiados[89] van
con bolsas, para tirar o recoger basuras.

—No me fijo en esas cosas.

—Antes no querías sentarte en un banco donde alguien había
comido mandarinas[90] o pan.
10 —He cambiado mucho.

—Por mucho que hayas cambiado, no puede gustarte un
parque como ése. Ya sé que tiene un museo con leones de mármol
que cuidan la entrada y que jugabas allí en tu infancia,[91] pero
eso no quiere decir nada.

15 —No te comprendo —me respondió Cristina. Y sentí que me
despreciaba,[92] con un desprecio que podía conducirla al odio.

Durante días, que me parecieron años, la vigilé,[93] tratando
de disimular[94] mi ansiedad. Todas las tardes pasaba por la plaza
frente a la iglesia y los sábados por el horrible puente negro de
20 Constitución. Un día me aventuré a[95] decir a Cristina:

—Si descubriéramos que esta casa fue habitada por otras
personas ¿qué harías, Cristina? ¿Te irías de aquí?

—Si una persona hubiera vivido en esta casa, esa persona
tendría que ser como esas figuritas de azúcar que hay en los
25 postres o en las tortas de cumpleaños:[96] una persona dulce como
el azúcar. Esta casa me inspira confianza, ¿será el jardincito de
la entrada que me infunde tranquilidad? ¡No sé! No me iría de
aquí por todo el oro del mundo. Además no tendríamos adónde
ir. Tú mismo me lo dijiste hace un tiempo.

30 No insistí, porque iba a pura pérdida.[97] Para conformarme
pensé que el tiempo compondría[98] las cosas.

Una mañana sonó el timbre[99] de la puerta de calle. Yo estaba
afeitándome[1] y oí la voz de Cristina. Cuando concluí de afei-

---

[87] **apestados** infested, diseased   [88] **mendigos** beggars   [89] **lisiados** crippled
[90] **mandarinas** mandarines (**fruta**)   [91] **infancia** childhood   [92] **despreciar** to
despise; to scorn; to feel contempt for   [93] **vigilar** to watch; to keep watch on
[94] **disimular** to hide   [95] **aventurarse a** to dare   [96] **tortas de cumpleaños**
birthday cakes   [97] **pura pérdida** waste of time   [98] **componer** to mend; to
reconcile   [99] **timbre** bell   [1] **afeitarse** to shave

tarme, mi mujer ya estaba hablando con la intrusa.[2] Por la
abertura[3] de la puerta las espié. La intrusa tenía una voz tan
grave y los pies tan grandes que eché a reír.

—Si usted vuelve a ver a Daniel, lo pagará muy caro, Violeta.

—No sé quién es Daniel y no me llamo Violeta —respondió 5
mi mujer.

—Usted está mintiendo.

—No miento. No tengo nada que ver con[4] Daniel.

—Yo quiero que usted sepa las cosas como son.

—No quiero escucharla. 10

Cristina se tapó[5] las orejas con las manos. Entré en el cuarto
y dije a la intrusa que se fuera. De cerca le miré los pies, las
manos y el cuello.[6] Entonces advertí que era un hombre
disfrazado[7] de mujer. No me dio tiempo de pensar en lo que
debía hacer; como un relámpago[8] desapareció dejando la puerta 15
entreabierta tras de sí.[9]

No comentamos el episodio con Cristina; jamás comprenderé
por qué; era como si nuestros labios hubieran estado sellados[10]
para todo lo que no fuese besos nerviosos, insatisfechos o palabras inútiles. 20

En aquellos días, tan tristes para mí, a Cristina le dio por
cantar.[11] Su voz era agradable, pero me exasperaba, porque formaba parte de ese mundo secreto, que la alejaba de mí. ¡Por qué,
si nunca había cantado, ahora cantaba noche y día mientras se
vestía o se bañaba o cocinaba o cerraba las persianas![12] 25

Un día en que oí a Cristina exclamar con un aire enigmático:

—Sospecho que estoy heredando[13] la vida de alguien, las
dichas[14] y las penas,[15] las equivocaciones y los aciertos.[16] Estoy
embrujada[17] —fingí no oír esa frase atormentadora. Sin embargo,
no sé por qué empecé a averiguar en el barrio quién era Violeta, 30
dónde estaba, todos los detalles de su vida.

---

[2] **intrusa** intruder   [3] **abertura** opening; gap   [4] **no . . . ver con** I have nothing
to do with   [5] **taparse** to cover   [6] **cuello** neck   [7] **disfrazado(-a) de** disguised
as   [8] **como un relámpago** like a flash   [9] **dejando . . . sí** leaving the door ajar
behind him   [10] **sellado(-a)** sealed   [11] **le dio por cantar** got it into her head to
sing   [12] **persianas** Venetian blinds   [13] **heredar** to inherit   [14] **dichas**
happiness   [15] **penas** unhappiness; sufferings   [16] **las equivocaciones y los
aciertos** her mistakes and her successes   [17] **embrujar** to bewitch

A media cuadra de nuestra casa había una tienda donde
vendían tarjetas postales,[18] papel, cuadernos, lápices, gomas de
borrar[19] y juguetes. Para mis averiguaciones, la vendedora de esa
tienda me pareció la persona más indicada: era charlatana[20] y
5 curiosa, sensible a las lisonjas.[21] Con el pretexto de comprar un
cuaderno y lápices, fui una tarde a conversar con ella. Le alabé[22]
los ojos, las manos, el pelo. No me atreví a pronunciar la palabra
Violeta. Le expliqué que éramos vecinos. Le pregunté finalmente
quién había vivido en nuestra casa. Tímidamente le dije:
10   —¿No vivía una tal Violeta?
Me contestó cosas muy vagas, que me inquietaron[23] más. Al
día siguiente traté de averiguar en el almacén algunos otros
detalles. Me dijeron que Violeta estaba en un sanatorio frenopático[24] y me dieron la dirección.
15   —Canto con una voz que no es mía —me dijo Cristina, re-
novando su aire misterioso—. Antes me hubiera afligido,[25] pero
ahora me deleita.[26] Soy otra persona, tal vez más feliz que yo.
Fingí de nuevo no haberla oído. Yo estaba leyendo el diario.
De tanto averiguar detalles de la vida de Violeta, confieso
20 que desatendía[27] a Cristina.
Fui al sanatorio frenopático, que quedaba en Flores. Ahí
pregunté por Violeta y me dieron la dirección de Arsenia López,
su profesora de canto.
Tuve que tomar el tren en Retiro, para que me llevara a
25 Olivos. Durante el trayecto una tierrita me entró en un ojo, de
modo que en el momento de llegar a la casa de Arsenia López,
se me caían las lágrimas como si estuviese llorando. Desde la
puerta de calle oí voces de mujeres, que hacían gárgaras con las
escalas,[28] acompañadas de un piano, que parecía más bien un
30 organillo.[29]
Alta, delgada, aterradora[30] apareció en el fondo de un corredor Arsenia López, con un lápiz en la mano. Le dije tímidamente que venía a buscar noticias de Violeta.

---

[18] **tarjetas postales** postcards   [19] **gomas de borrar** erasers   [20] **charlatán(-a)**
talkative   [21] **sensible a las lisonjas** susceptible to flattery   [22] **alabar** to
praise   [23] **inquietar** to disturb   [24] **sanatorio frenopático** insane asylum
[25] **afligir** to afflict; to worry   [26]**deleitar** to please   [27] **desatender** to neglect
[28] **hacían gárgaras . . . escalas** were making gargling noises while singing
scales   [29] **organillo** barrel organ   [30] **aterrador** terrifying

—¿Usted es el marido?

—No, soy un pariente —le respondí secándome los ojos con un pañuelo.

—Usted será uno de sus innumerables admiradores —me dijo, entornando los ojos[31] y tomándome la mano—. Vendrá para 5 saber lo que todos quieren saber, ¿cómo fueron los últimos días de Violeta? Siéntese. No hay que imaginar que una persona muerta, forzosamente haya sido pura, fiel, buena.

—Quiere consolarme —le dije.

Ella, oprimiendo[32] mi mano con su mano húmeda, contestó: 10

—Sí. Quiero consolarlo. Violeta era no sólo mi discípula, sino mi íntima amiga. Si se disgustó conmigo, fue tal vez porque me hizo demasiadas confidencias y porque ya no podía engañarme. Los últimos días que la vi, se lamentó amargamente[33] de su suerte. Murió de envidia. Repetía sin cesar: "Alguien me ha 15 robado la vida, pero lo pagará muy caro. No tendré mi vestido de terciopelo, ella lo tendrá; Bruto será de ella; los hombres no se disfrazarán de mujer para entrar en mi casa sino en la de ella; perderé la voz, que transmitiré a esa garganta[34] indigna; no nos abrazaremos con Daniel en el puente de Constitución, ilusio- 20 nados con un amor imposible, inclinados como antaño,[35] sobre la baranda de hierro, viendo los trenes alejarse."

Arsenia López me miró en los ojos y me dijo:

—No se aflija. Encontrará muchas mujeres más leales. Ya sabemos que era hermosa, pero ¿acaso la hermosura es lo único 25 bueno que hay en el mundo?

Mudo,[36] horrorizado, me alejé de aquella casa, sin revelar mi nombre a Arsenia López que, al despedirse de mí, intentó abrazarme, para demostrar su simpatía.

Desde ese día Cristina se transformó, para mí, al menos, en 30 Violeta. Traté de seguirla a todas horas, para descubrirla en los brazos de sus amantes. Me alejé tanto de ella que la vi como a una extraña. Una noche de invierno huyó. La busqué hasta el alba.

Ya no sé quién fue víctima de quién, en esa casa de azúcar, 35 que ahora está deshabitada.

---

[31] **entornar los ojos** to half-close the eyes   [32] **oprimir** to squeeze; to press
[33] **amargamente** bitterly   [34] **garganta** throat   [35] **como antaño** like long ago
[36] **mudo(-a)** speechless

EXERCISES

READING COMPREHENSION

Select the word or phrase that best completes each statement according to *La casa de azúcar.*

1. ¿Por qué Cristina no se ponía el vestido azul?
   a. Porque no le quedaba tan bien como el verde.
   b. Porque la enloquecía de temor.
   c. Porque estaba roto y el verde le quedaba mejor.
   d. Porque si se lo ponía no veía a su novio.

2. ¿Por qué Cristina quería mudarse a un departamento que nadie hubiera habitado?
   a. Porque temía por la vida de su novio.
   b. Porque no le gustaban las casas en los suburbios.
   c. Porque así nadie podría influir sobre su vida.
   d. Porque todos estaban alquilados o vendidos.

3. ¿Qué hacía el marido de Cristina todas las noches?
   a. Descolgaba el tubo del teléfono para que nadie los despertara.
   b. Colocaba las llaves en el buzón de la casa.
   c. Bajaba las escaleras y golpeaba la puerta.
   d. Protestaba por el ruido del papel estrujado.

4. ¿Qué vino a buscar la muchacha?
   a. El barrilete.
   b. El pajarito.
   c. El perro.
   d. La enredadera.

5. ¿Dónde encuentra el marido a Cristina?
   a. En el parque Lezama.
   b. En la iglesia Santa Felicitas.
   c. En el puente de Constitución.
   d. En la plaza Colombia.

Answer the following questions in Spanish.

1. ¿Cómo reacciona Cristina ante la posibilidad de que alguien hubiera habitado su "casa de azúcar"?
2. ¿Qué descubrió el marido sobre la intrusa?
3. ¿Qué cambios nota el marido en Cristina?
4. ¿Por qué piensa el marido que la vendedora es la persona más indicada para averiguar sobre la vida de Violeta? ¿Qué averigua?

5. ¿Por qué se le caían las lágrimas al marido al llegar a casa de la profesora de canto?
6. ¿Cómo y por qué se murió Violeta?
7. ¿Qué importancia tienen sus últimas palabras antes de morir? Explique.
8. ¿Cómo termina el cuento?

VOCABULARY STUDY

A. *Vocabulary Usage*

Select the word or expression in *Column B* closest in meaning or related logically to each term in *Column A*.

A	B
___ 1. vestido	a. suburbio
___ 2. fuente	b. fruta
___ 3. locomotora	c. cabeza
___ 4. barrio	d. conversar
___ 5. cuello	e. estrujar
___ 6. charlar	f. agua
___ 7. mandarina	g. escotado
___ 8. oprimir	h. vías

Write sentences of your own using the following expressions.

1. por azar
2. por más que
3. hacer notar
4. de improviso
5. para colmo
6. aventurarse a
7. inmutarse
8. llevar puesto

Select the letter corresponding to the most logical completion for each sentence.

1. Le hice notar que tenía un _____ roto en su cuarto.
   a. naranjo
   b. marido
   c. espejo
   d. perro

2. A su marido le gustaban los _____ escotados.
   a. barriletes
   b. vestidos
   c. hombros
   d. ojos

3. Cristina no sabía qué decir; estaba _____
   a. muda.
   b. deshabitada.
   c. estrujada.
   d. lisiada.

4. Como le gustaban las _____ , le alabé los ojos, las manos y el pelo.
   a. dichas
   b. persianas
   c. enredaderas
   d. lisonjas

5. Se lo diré cuando salga de su _____
   a. transeúnte.
   b. tarjeta.
   c. escondite.
   d. basura.

B. *Cognate and Word Formation Exercise*

Find the cognates of the following English words in *La casa de azúcar*. Are there any false cognates?

1. superstition
2. initials
3. department
4. convenience
5. to adorn
6. to compromise
7. occupants
8. suburbs
9. luminosity
10. inopportune

STRUCTURES

A. *The Pluperfect Subjunctive Tense*

Rewrite the following sentences, using the pluperfect subjunctive tense of the verbs in parentheses. For a review of the pluperfect subjunctive, see p. 161.

1. Recorrimos los barrios en busca de un departamento que nadie (habitar) _____ .
2. Si una persona (vivir) _____ en esta casa, tendría que ser como tú.
3. Era como si nuestros labios (estar) _____ sellados.
4. Antes su comportamiento me (afligir) _____ , pero ahora me deleita.
5. Tenía los ojos húmedos como si (estar) _____ llorando.

B. *The Conditional Perfect Tense*

Combine the if-clauses below with the information in parentheses to express an event that would have taken place had something else not happened.

EXAMPLE: Si se hubiera mudado (no perder a su mujer) _____.
   Si se hubiera mudado, no habría perdido a su mujer.

1. Si hubiera descubierto la verdad (comprender todo) _____ .
2. Si no hubiéramos estado aquí (vivir en un departamento) _____ .
3. Si hubiera sido un lisiado (no correr tan rápidamente) _____ .
4. Si hubiera sido una mujer (no tener el cuello tan grueso) _____ .
5. Si no hubiera llorado (no sacar el pañuelo) _____ .

C. *The Subjunctive After Certain Adverbial Conjunctions*

The subjunctive always occurs after the following adverbial conjunctions, since they introduce actions or events that are indefinite or uncertain.

a fin de que	*so that*
a menos que	*unless*
a no ser que	*unless*
antes (de) que	*before*
con tal (de) que	*provided (that)*
en caso (de) que	*in case*
para que	*so that*
sin que	*without*

No entro en esa casa **a menos que** no **haya** nadie.

Bésalo, **para que** no se **ofenda**.

Voy a decírtelo todo, **con tal que** no me **dejes**.

Give the Spanish equivalent of the following English sentences.

1. In case the boarder comes, tell him I'm already engaged to be married.
2. Cristina, unless you stop going out at night, I'm going to go crazy.

3. They always kiss without her husband seeing them.
4. Take him away before I become fond of him.
5. I praised her so that she would show me the way to the insane asylum.

Find the answers in *Column B* to the questions in *Column A*.

A	B
1. ___ ¿Vas a sacarlos del escondite?	a. Te esperaré con tal que me ames con locura.
2. ___ ¿Por qué no aceptas mi regalo?	b. No, ya la había encontrado antes de que me lo preguntaras.
3. ___ ¿Me esperas los lunes a las siete de la tarde en el parque?	c. A mi marido no le gustaría que aceptara un perro a menos que fuera de raza.
4. ___ ¿Por qué no querías que hablara con otras personas sobre la casa?	d. Temía que descubrieras mis mentiras.
5. ___ ¿Busca una casa que no esté embrujada?	e. No, a no ser que tú mismo me la dijeras voluntariamente.
6. ___ ¿Te irías de aquí si descubrieras la verdad?	f. No, pero pienso hacerlo antes de que te vayas al sanatorio.

WRITING PRACTICE

La casa de azúcar is narrated mainly from the husband's point of view. Write a one hundred and fifty word summary of the story from Cristina's point of view. Use some or all of the following words and expressions.

supersticiones	quererse con locura	enloquecido de celos
enloquecerse de temor	escurrirse	esposo
anuncio seguro de muerte	encariñarse	infancia
frecuentar	perro	embrujar
comprometerse	sacar a pasear	sanatorio frenopático
influir	ademanes de mentirosa	cantar
amenazar	escondite	como antaño
inquilino	desconfianza	transformarse
engañar	acontecimientos	huir
vestido escotado	parapeto de hierro	absorber la personalidad

COMMUNICATIVE ACTIVITY

Your teacher will ask you to prepare a brief talk for class about one of the following topics. You may wish to include pertinent information from magazines, newspapers or books.

1. **Las supersticiones.** ¿Son parte de su cultura? Explique. ¿Tiene temores personales? ¿Cuáles? ¿Se deben respetar las supersticiones de otras personas? ¿Por qué? ¿Qué tipo de suerte (buena o mala) traen las siguientes creencias populares?: a) pasar por debajo de una escalera; b) encontrarse una moneda en la calle; c) romper un espejo; d) abrir una sombrilla dentro de la casa; e) encontrar un trébol de cuatro hojas. ¿Qué otras supersticiones conoce usted? Explique.

2. **La reencarnación.** ¿Es posible? ¿Tiene amistades que creen en la reencarnación? ¿Qué religiones la tienen como base importante de sus creencias? ¿Ha sentido la necesidad de convertirse en otra persona? ¿En quién? ¿Por qué? ¿Ha sentido a veces que ya ha visitado ciertos lugares o conocido con anterioridad a ciertas personas? ¿Cómo se explica esto?

Un señor muy viejo con unas alas[1] enormes

GABRIEL GARCÍA MÁRQUEZ

Al tercer día de lluvia habían matado tantos cangrejos[2] dentro
de la casa, que Pelayo tuvo que atravesar[3] su patio anegado[4] para
tirarlos en el mar, pues el niño recién nacido había pasado la
noche con calenturas[5] y se pensaba que era a causa de la pesti-
5 lencia.[6] El mundo estaba triste desde el martes. El cielo y el mar
eran una misma cosa de ceniza,[7] y las arenas de la playa, que en
marzo fulguraban como polvo de lumbre,[8] se habían convertido
en un caldo de lodo y mariscos podridos.[9] La luz era tan mansa[10] *weak*
al mediodía, que cuando Pelayo regresaba a la casa después de
10 haber tirado los cangrejos, le costó trabajo ver qué era lo que se
movía y se quejaba en el fondo del patio.[11] Tuvo que acercarse
mucho para descubrir que era un hombre viejo, que estaba tumbado boca abajo en el lodazal,[12] y a pesar de sus grandes esfuerzos
no podía levantarse, porque se lo impedían sus enormes alas.
15 Asustado por aquella pesadilla,[13] Pelayo corrió en busca de
Elisenda, su mujer, que estaba poniéndole compresas al niño
enfermo, y la llevó hasta el fondo del patio. Ambos observaron
el cuerpo caído con un callado estupor.[14] Estaba vestido como
un trapero.[15] Le quedaban apenas unas hilachas descoloridas en
20 el cráneo pelado[16] y muy pocos dientes en la boca, y su lastimosa
condición de bisabuelo ensopado[17] lo había desprovisto[18] de toda
grandeza. Sus alas de gallinazo[19] grande, sucias y medio desplumadas,[20] estaban encalladas[21] para siempre en el lodazal. Tanto

---

[1] **alas** wings [2] **cangrejo** crab [3] **atravesar** to cross [4] **patio anegado** flooded
courtyard [5] **calentura** temperature; fever [6] **pestilencia** stench [7] **el cielo** ...
ceniza sky and sea were a single ash-gray thing [8] **fulguraban** ... **lumbre**
glimmered like powdered light [9] **caldo** ... **podridos** a stew of mud and rot-
ten shellfish [10] **manso(-a)** weak [11] **se quejaba** ... **patio** was groaning in the
rear of the courtyard [12] **tumbado** ... **lodazal** lying face down in the mud
[13] **pesadilla** nightmare [14] **callado estupor** mute stupor [15] **trapero** ragpicker
[16] **le quedaban** ... **pelado** there were only a few faded hairs left on his bald
skull [17] **bisabuelo ensopado** drenched great grandfather [18] **desproveer** to
take away; to deprive [19] **gallinazo** buzzard [20] **medio desplumadas** half-
plucked [21] **encalladas** entangled

lo observaron, y con tanta atención, que Pelayo y Elisenda se sobrepusieron[22] muy pronto del asombro y acabaron por encontrarlo familiar. Entonces se atrevieron a hablarle, y él les contestó en un dialecto incomprensible pero con una buena voz de navegante.[23] Fue así como pasaron por alto[24] el inconveniente de las alas, y concluyeron con muy buen juicio que era un náufrago solitario de alguna nave extranjera abatida por el temporal.[25] Sin embargo, llamaron para que lo viera a una vecina que sabía todas las cosas de la vida y la muerte, y a ella le bastó[26] con una mirada para sacarlos del error.

—Es un ángel—les dijo—. Seguro que venía por el niño, pero el pobre está tan viejo que lo ha tumbado[27] la lluvia.

Al día siguiente todo el mundo sabía que en casa de Pelayo tenían cautivo un ángel de carne y hueso.[28] Contra el criterio de la vecina sabia, para quien los ángeles de estos tiempos eran sobrevivientes fugitivos de una conspiración celestial, no habían tenido corazón para matarlo a palos.[29] Pelayo estuvo vigilándolo toda la tarde desde la cocina, armado con su garrote de alguacil,[30] y antes de acostarse lo sacó a rastras[31] del lodazal y lo encerró con las gallinas en el gallinero alambrado.[32] A media noche, cuando terminó la lluvia, Pelayo y Elisenda seguían matando cangrejos. Poco después el niño despertó sin fiebre y con deseos de comer. Entonces se sintieron magnánimos y decidieron poner al ángel en una balsa[33] con agua dulce y provisiones para tres días, y abandonarlo a su suerte en altamar.[34] Pero cuando salieron al patio con las primeras luces, encontraron a todo el vecindario frente al gallinero, retozando[35] con el ángel sin la menor devoción y echándole cosas de comer por los huecos de las alambradas,[36] como si no fuera una criatura sobrenatural sino un animal de circo.

---

[22] **sobreponerse** to overcome   [23] **voz de navegante** sailor's voice   [24] **pasar por alto** to overlook; to forget about   [25] **náufrago ... temporal** lonely castaway from some foreign ship wrecked by the storm   [26] **bastar** to be enough; to be sufficient   [27] **tumbar** to knock down or over   [28] **ángel ... hueso** flesh-and-blood angel   [29] **no habían ... palos** did not have the heart to club him to death   [30] **garrote de alguacil** bailiff's club   [31] **sacar a rastras** to drag out   [32] **gallinero alambrado** wire chicken coop   [33] **balsa** raft   [34] **abandonarlo ... altamar** leave him to his fate on the high sea   [35] **retozar** to frolic   [36] **huecos de las alambradas** openings in the wire

El padre Gonzaga llegó antes de las siete alarmado por la
desproporción de la noticia. A esa hora ya habían acudido curiosos menos frívolos que los del amanecer, y habían hecho toda
clase de conjeturas sobre el porvenir del cautivo. Los más simples
5 pensaban que sería nombrado alcalde[37] del mundo. Otros, de
espíritu más áspero,[38] suponían que sería ascendido a general
de cinco estrellas para que ganara todas las guerras. Algunos
visionarios esperaban que fuera conservado como semental[39]
para implantar en la tierra una estirpe[40] de hombres alados y
10 sabios que se hicieran cargo del Universo. Pero el padre Gonzaga,
antes de ser cura, había sido leñador macizo.[41] Asomado a las
alambradas repasó en un instante su catecismo, y todavía pidió
que le abrieran la puerta para examinar de cerca a aquel varón
de lástima[42] que más bien parecía una enorme gallina decrépita[43]
15 entre las gallinas absortas.[44] Estaba echado[45] en un rincón, se-
cándose al sol las alas extendidas, entre las cáscaras de frutas[46]
y las sobras[47] de desayunos que le habían tirado los madruga-
dores.[48] Ajeno a las impertinencias del mundo, apenas si levantó
sus ojos de anticuario y murmuró algo en su dialecto cuando el
20 padre Gonzaga entró en el gallinero y le dio los buenos días en
latín. El párroco[49] tuvo la primera sospecha de su impostura al
comprobar que no entendía la lengua de Dios ni sabía saludar a
sus ministros. Luego observó que visto de cerca resultaba demasiado humano: tenía un insoportable olor de intemperie[50] el
25 revés[51] de las alas sembrado de algas parasitarias[52] y las plumas
mayores maltratadas[53] por vientos terrestres, y nada de su naturaleza miserable estaba de acuerdo con la egregia dignidad[54]
de los ángeles. Entonces abandonó el gallinero, y con un breve
sermón previno[55] a los curiosos contra los riesgos de la inge-
30 nuidad. Les recordó que el demonio tenía la mala costumbre de

---

[37] **alcalde** mayor   [38] **de espíritu más áspero** rougher spirit   [39] **semental** stud
[40] **estirpe** race   [41] **leñador macizo** strong woodcutter   [42] **varón de lástima**
pitiful man   [43] **enorme gallina decrépita** a huge decrepit hen   [44] **absorto(-a)**
astonished   [45] **estaba echado** he was lying   [46] **cáscaras de frutas** fruit peels
[47] **sobras** left-overs   [48] **madrugadores(-as)** early risers   [49] **párroco** parish
priest   [50] **tenía . . . intemperie** he had an unbearable smell of the outdoors
[51] **revés** the under-side   [52] **sembrado de algas parasitarias** strewn with
parasitical seaweed (*algae*)   [53] **maltratar** to mistreat (*badly hurt*)   [54] **egregia**
dignidad illustrious dignity   [55] **prevenir** to warn

recurrir a artificios de carnaval para confundir a los incautos.[56]
Argumentó que si las alas no eran el elemento esencial para
determinar las diferencias entre un gavilán[57] y un aeroplano,
mucho menos podían serlo para reconocer a los ángeles. Sin
embargo, prometió escribir una carta a su obispo, para que éste   5
escribiera otra a su primado y para que éste escribiera otra al
Sumo Pontífice, de modo que el veredicto final viniera de los
tribunales más altos.[58]

　　Su prudencia cayó en corazones estériles. La noticia del ángel cautivo se divulgó[59] con tanta rapidez, que al cabo de pocas   10
horas había en el patio un alboroto de mercado,[60] y tuvieron que
llevar la tropa con bayonetas para espantar el tumulto[61] que ya
estaba a punto de tumbar la casa. Elisenda, con el espinazo tor-
cido de tanto barrer basura de feria,[62] tuvo entonces la buena
idea de tapiar el patio[63] y cobrar cinco centavos por la entrada   15
para ver al ángel.

　　Vinieron curiosos hasta de la Martinica. Vino una feria
ambulante[64] con un acróbata volador,[65] que pasó zumbando[66]
varias veces por encima de la muchedumbre, pero nadie le hizo
caso[67] porque sus alas no eran de ángel sino de murciélago si-   20
deral.[68] Vinieron en busca de salud los enfermos más desdicha-
dos del Caribe: una pobre mujer que desde niña estaba contando
los latidos de su corazón[69] y ya no le alcanzaban los números,
un jamaicano que no podía dormir porque lo atormentaba el
ruido de las estrellas, un sonámbulo[70] que se levantaba de noche   25
a deshacer dormido las cosas que había hecho despierto, y muchos otros de menor gravedad.[71] En medio de aquel desorden de
naufragio que hacía temblar la tierra, Pelayo y Elisenda estaban
felices de cansancio,[72] porque en menos de una semana

---

[56] **incauto(·a)** unwary; gullible　[57] **gavilán** sparrow hawk　[58] **tribunales más
altos** higher courts　[59] **divulgarse** to spread; to divulge　[60] **alboroto de
mercado** marketplace uproar; noise　[61] **espantar el tumulto** to disperse the
mob　[62] **con el espinazo . . . feria** her spine strained from sweeping up so
much marketplace trash　[63] **tapiar el patio** to fence in the yard　[64] **feria
ambulante** traveling circus　[65] **volador(-a)** flying　[66] **zumbar** to buzz; to
hum　[67] **hacer caso** to pay attention　[68] **murciélago sideral** sidereal bat
[69] **latidos de su corazón** heartbeats　[70] **sonámbulo** sleepwalker, somnambulist
[71] **de menor gravedad** less serious　[72] **felices de cansancio** happy with fatigue

atiborraron[73] de plata los dormitorios, y todavía la fila de
peregrinos[74] que esperaban turno para entrar llegaba hasta el otro
lado del horizonte.[75]
El ángel era el único que no participaba de su propio acon-
5 tecimiento. El tiempo se le iba en buscar acomodo en su nido
prestado,[76] aturdido por el calor de infierno de las lámparas de
aceite y las velas de sacrificio que le arrimaban a las alambradas.[77]
Al principio trataron de que comiera cristales de alcanfor,[78] que,
de acuerdo con la sabiduría de la vecina sabia, era el alimento
10 específico de los ángeles. Pero él los despreciaba,[79] como des-
preció sin probarlos los almuerzos papales que le llevaban los
penitentes, y nunca se supo si fue por ángel o por viejo que
terminó comiendo nada más que papillas de berenjena.[80] Su
única virtud sobrenatural parecía ser la paciencia. Sobre todo en
15 los primeros tiempos, cuando le picoteaban las gallinas[81] en
busca de los parásitos estelares que proliferaban en sus alas, y
los baldados[82] le arrancaban plumas para tocarse con ellas sus
defectos, y hasta los más piadosos le tiraban piedras tratando de
que se levantara para verlo de cuerpo entero. La única vez que
20 consiguieron alterarlo fue cuando le abrasaron el costado con un
hierro de marcar novillos,[83] porque llevaba tantas horas de estar
inmóvil que lo creyeron muerto. Despertó sobresaltado, despotri-
cando[84] en lengua hermética y con los ojos en lágrimas, y dio
un par de aletazos[85] que provocaron un remolino de estiércol de
25 gallinero y polvo lunar,[86] y un ventarrón de pánico[87] que no
parecía de este mundo. Aunque muchos creyeron que su reacción
no había sido de rabia sino de dolor, desde entonces se cuidaron
de no molestarlo, porque la mayoría entendió que su pasividad
no era la de un héroe en uso de buen retiro sino la de un cata-
30 clismo en reposo.

---

[73] **atiborrar** to cram   [74] **peregrino** pilgrim   [75] **hasta** . . . **horizonte** beyond the
horizon   [76] **nido prestado** borrowed nest   [77] **aturdido** . . . **alambradas** dazed
by the heat of the oil lamps and sacramental lamps placed along the wire
[78] **cristales de alcanfor** mothballs   [79] **despreciar** to scorn   [80] **papillas de
berenjena** mashed eggplant   [81] **cuando** . . . **gallinas** when the hens pecked
him   [82] **baldado(-a)** crippled; disabled   [83] **le abrasaron** . . . **novillos** they
burned his side with an iron for branding steers   [84] **despotricar** to carry on;
to rant   [85] **aletazo** flap of the wing   [86] **remolino** . . . **lunar** a whirling of
chicken dung and lunar dust   [87] **ventarrón de pánico** a gale of panic

El padre Gonzaga se enfrentó a la frivolidad de la muchedumbre con fórmulas de inspiración doméstica, mientras le llegaba un juicio terminante sobre la naturaleza del cautivo. Pero el correo de Roma había perdido la noción de la urgencia. El tiempo se les iba en averiguar si el convicto tenía ombligo,[88] si su dialecto tenía algo que ver con el arameo, si podía caber muchas veces en la punta de un alfiler, o si no sería simplemente un noruego con alas. Aquellas cartas de parsimonia[89] habrían ido y venido hasta el fin de los siglos, si un acontecimiento providencial no hubiera puesto término a las tribulaciones del párroco.

Sucedió que por esos días, entre muchas otras atracciones de las ferias errantes del Caribe, llevaron al pueblo el espectáculo triste de la mujer que se había convertido en araña por desobedecer a sus padres. La entrada para verla no sólo costaba menos que la entrada para ver al ángel, sino que permitían hacerle toda clase de preguntas sobre su absurda condición, y examinarla al derecho y al revés, de modo que nadie pusiera en duda la verdad del horror. Era una tarántula espantosa del tamaño de un carnero[90] y con la cabeza de una doncella triste. Pero lo más desgarrador[91] no era su figura de disparate, sino la sincera aflicción con que contaba los pormenores de su desgracia:[92] siendo casi una niña se había escapado de la casa de sus padres para ir a un baile, y cuando regresaba por el bosque después de haber bailado toda la noche sin permiso, un trueno[93] pavoroso abrió el cielo en dos mitades, y por aquella grieta salió el relámpago[94] de azufre que la convirtió en araña. Su único alimento eran las bolitas de carne molida que las almas caritativas quisieran echarle en la boca. Semejante espectáculo, cargado de tanta verdad humana y de tan temible escarmiento,[95] tenía que derrotar[96] sin proponérselo al de un ángel despectivo que apenas si se dignaba mirar a los mortales. Además los escasos[97] milagros

---

[88] **ombligo** navel   [89] **cartas de parsimonia** unhurried letters (*that take forever to arrive*)   [90] **carnero** ram   [91] **desgarrador(-a)** heartrending   [92] **pormenores ... desgracia** details of her misfortune   [93] **trueno** thunderclap   [94] **relámpago** lightning   [95] **temible escarmiento** fearful lesson   [96] **derrotar** to defeat   [97] **escaso** few

que se le atribuían al ángel revelaban un cierto desorden mental,
como el del ciego que no recobró la visión pero le salieron tres
dientes nuevos, y el del paralítico que no pudo andar pero estuvo
a punto de ganarse la lotería, y el del leproso a quien le nacieron
5 girasoles en las heridas.[98] Aquellos milagros de consolación que
más bien parecían entretenimientos de burla,[99] habían quebran-
tado ya la reputación del ángel cuando la mujer convertida en
araña terminó de aniquilarla.[1] Fue así como el padre Gonzaga se
curó para siempre del insomnio, y el patio de Pelayo volvió a
10 quedar tan solitario como en los tiempos en que llovió tres días
y los cangrejos caminaban por los dormitorios.

Los dueños de la casa no tuvieron nada que lamentar. Con
el dinero recaudado[2] construyeron una mansión de dos plantas,
con balcones y jardines, y con sardineles[3] muy altos para que
15 no se metieran los cangrejos del invierno, y con barras de hierro[4]
en las ventanas para que no se metieran los ángeles. Pelayo es-
tableció además un criadero de conejos[5] muy cerca del pueblo
y renunció para siempre a su mal empleo de alguacil, y Elisenda
se compró unas zapatillas satinadas[6] de tacones altos y muchos
20 vestidos de seda tornasol,[7] de los que usaban las señoras más
codiciadas[8] en los domingos de aquellos tiempos. El gallinero
fue lo único que no mereció atención. Si alguna vez lo lavaron
con creolina y quemaron las lágrimas de mirra[9] en su interior,
no fue por hacerle honor al ángel, sino por conjurar la pestilencia
25 de muladar[10] que ya andaba como un fantasma por todas partes
y estaba volviendo vieja la casa nueva. Al principio, cuando el
niño aprendió a caminar, se cuidaron de que no estuviera muy
cerca del gallinero. Pero luego se fueron olvidando del temor y
acostumbrándose a la peste, y antes de que el niño mudara los
dientes se había metido a jugar dentro del gallinero, cuyas alambradas podridas se caían a pedazos. El ángel no fue menos
30 displicente[11] con él que con el resto de los mortales, pero so-

---

[98] **leproso . . . heridas** a leper whose sores sprouted sunflowers   [99] **burla** jeer;
taunt   [1] **aniquilar** to annihilate, to destroy   [2] **recaudar** to collect   [3] **sardinel**
brick wall   [4] **barras de hierro** iron bars   [5] **criadero de conejos** rabbit warren
[6] **zapatillas satinadas** satin pumps   [7] **seda tornasol** shot silk   [8] **codiciado(-a)**
desirable; coveted   [9] **mirra** myrrh   [10] **pestilencia de muladar** dungheap
stench   [11] **displicente** standoffish

portaba las infamias más ingeniosas con una/mansedumbre de perro sin ilusiones. Ambos contrajeron la varicela[12] al mismo tiempo. El médico que atendió al niño no resistió a la tentación de auscultar[13] al ángel, y le encontró tantos soplos en el corazón[14] y tantos ruidos en los riñones,[15] que no le pareció posible que   5 estuviera vivo. Lo que más le asombró, sin embargo, fue la lógica de sus alas. Resultaban tan naturales en aquel organismo completamente humano, que no podía entender por qué no las tenían también los otros hombres.

Cuando el niño fue a la escuela, hacía mucho tiempo que el   10 sol y la lluvia habían desbaratado el gallinero. El ángel andaba arrastrándose por acá y por allá como un moribundo sin dueño. Parecía estar en tantos lugares al mismo tiempo, que llegaron a pensar que se desdoblaba, que se repetía a sí mismo por toda la casa, y la exasperada Elisenda gritaba fuera de quicio[16] que era   15 una desgracia vivir en aquel infierno lleno de ángeles. Apenas si podía comer, sus ojos de anticuario se le habían vuelto tan turbios[17] que andaba tropezando, y ya no le quedaban sino las últimas plumas. Pelayo le echó encima una manta y le hizo la caridad de dejarlo dormir en el cobertizo,[18] y sólo entonces ad-   20 virtieron que pasaba la noche con calenturas delirantes en trabalenguas[19] de noruego viejo. Fue esa una de las pocas veces en que se alarmaron, porque pensaban que se iba a morir, y ni siquiera la vecina sabia había podido decirles qué se hacía con los ángeles muertos.   25

Sin embargo, no sólo sobrevivió a su peor invierno, sino que pareció mejor con los primeros soles.[20] Se quedó inmóvil muchos días en el rincón más apartado del patio, donde nadie lo viera, y a principios de diciembre empezaron a nacerle en las alas unas plumas grandes y duras, plumas de pajarraco viejo,[21] que más   30 bien parecían un nuevo percance de la decrepitud.[22] Pero él debía conocer la razón de esos cambios, porque se cuidaba muy bien

---

[12] **varicela** chicken pox   [13] **auscultar** to auscultate, to listen to the heart
[14] **soplos en el corazón** whistling in the heart   [15] **riñones** kidneys   [16] **fuera de quicio** infuriated; exasperated   [17] **turbio** foggy   [18] **cobertizo** shed
[19] **trabalenguas** tongue twisters   [20] **primeros soles** first suns (*meaning sunny days*)   [21] **pajarraco viejo** big old ugly bird   [22] **percance de la decrepitud** misfortune of decrepitude

de que nadie los notara, y de que nadie oyera las canciones de navegantes que a veces cantaba bajo las estrellas. Una mañana, Elisenda estaba cortando rebanadas de cebolla[23] para el almuerzo, cuando un viento que parecía de alta mar se metió en
5 la cocina. Entonces se asomó por la ventana, y sorprendió al ángel en las primeras tentativas[25] del vuelo. Eran tan torpes,[26] que estuvo a punto de desbaratar el cobertizo con aquellos aletazos indignos[27] que resbalaban en la luz y no encontraban asidero[28] en el aire. Pero logró ganar altura. Elisenda exhaló un
10 suspiro de descanso, por ella y por él, cuando lo vio pasar por encima de las últimas casas, sustentándose[29] de cualquier modo con un azaroso aleteo de buitre senil. Siguió viéndolo hasta cuando acabó de cortar la cebolla, y siguió viéndolo hasta cuando ya no era posible que lo pudiera ver, porque entonces ya no era
15 un estorbo[30] en su vida, sino un punto imaginario en el horizonte del mar.

buzard / vulture

EXERCISES

READING COMPREHENSION

Select the word or phrase that best completes each statement according to the story, *Un señor muy viejo con unas alas enormes.*

1. ¿Quién se quejaba en el fondo del patio?
   a. Un recién nacido con calenturas.
   b. Un hombre muy viejo tumbado boca abajo.
   c. Un náufrago con pestilencia.
   d. Un navegante lleno de lodo y mariscos.

2. Según la vecina sabia, el viejo era
   a. un náufrago solitario.
   b. un gallinazo grande.
   c. un navegante extranjero.
   d. un ángel de carne y hueso.

---

[23] **rebanadas de cebolla** onion slices   [24] **alta mar** high sea   [25] **tentativas** attempts   [26] **torpe** clumsy   [27] **aletazo indigno** ungainly flapping   [28] **asidero** grip   [29] **sustentándose** holding himself up   [30] **estorbo** annoyance

3. ¿Por qué decidieron poner al viejo en una balsa con agua y provisiones? Porque . . .
   a. seguían matando cangrejos.
   b. se sintieron magnánimos.
   c. pensaban que era una criatura sobrenatural.
   d. retozaban con él sin devoción.

4. ¿Por qué pensaba el párroco que el viejo era un impostor? Porque . . .
   a. parecía una enorme gallina decrépita.
   b. parecía un leñador macizo.
   c. el Sumo Pontífice lo había dicho.
   d. no entendía la lengua de Dios.

5. ¿Qué idea tuvo la mujer de Pelayo?
   a. Cobrar cinco centavos por la entrada.
   b. Llevar la tropa con bayonetas.
   c. Barrer la basura.
   d. Tumbar la casa para ver al ángel.

Answer the following questions in Spanish.

1. ¿Por qué no podía dormir el jamaicano que vino en busca del ángel? ¿Cómo eran los otros enfermos que vinieron a verlo?
2. ¿Estaban felices Pelayo y Elisenda? ¿Por qué?
3. ¿Por qué querían que el viejo comiera cristales de alcanfor? ¿Qué era lo único que comía?
4. ¿Tenía paciencia el ángel? ¿Por qué? ¿Cuándo consiguieron alterarlo?
5. ¿Por qué no lo molestaron más?
6. ¿Qué querían averiguar los religiosos de Roma?
7. ¿Quién era la mujer araña? Cuente su historia. ¿Qué efectos tuvo su llegada?
8. ¿Por qué le atribuían al ángel cierto desorden mental?
9. ¿Qué hizo Pelayo con el dinero recaudado?
10. ¿Por qué quemaron mirra en el gallinero?

Change the false statements to make them agree with the story, *Un señor muy viejo con unas alas enormes*.

1. Lo que más sorprendió al médico que auscultó al ángel fueron los soplos que le encontró en el corazón.
2. El ángel contrajo la varicela al mismo tiempo que el hijo de Pelayo.
3. Cuando el cura desbarató el gallinero, el ángel se escondió en la escuela.

4. Elisenda pensaba que era una desgracia vivir en un infierno lleno de ángeles.
5. El ángel no sobrevivió las calenturas que sufrió durante el verano.
6. Pelayo y Elizanda sabían por qué le estaban saliendo plumas nuevas al ángel.
7. El viejo volaba fácilmente por encima de las casas.
8. El ángel se metió en la cocina porque no pudo volar.
9. Elisenda lo siguió con la vista hasta que se perdió en el horizonte del mar.

VOCABULARY STUDY

A. *Vocabulary Usage*

Select the word or expression in *Column B* closest in meaning or related logically to each term in *Column A*.

A	B
1. __ calentura	a. mal olor
2. __ alas	b. tormenta
3. __ temporal	c. deseado
4. __ pestilencia	d. mal sueño
5. __ pesadilla	e. anegado
6. __ codiciado	f. navegante
7. __ ensopado	g. fiebre
8. __ náufrago	h. columna vertebral
9. __ garrote	i. plumas
10. __ espinazo	j. palo
11. __ trueno	k. cordón umbilical
12. __ ombligo	l. relámpago
13. __ araña	m. quemar
14. __ insomnio	n. sonámbulo
15. __ abrasar	o. tarántula

Give the Spanish equivalent of the words(s) in parentheses.

1. Pelayo cruzó (*his drenched courtyard*) _____ para tirar los (*crabs*) _____ al mar.
2. El pueblo quería (*club him to death*) _____ .
3. Muchos esperaban que fuera conservado como (*stud*) _____ .
4. Había sido (*mistreated*) _____ por los habitantes.
5. Sus aletazos provocaron un gran (*whirlwind*) _____ .
6. Cuando no dormía (*outdoors*) _____ , dormía en el (*shed*) _____ .

7. El ángel estaba echado entre las (*fruit peels*) _____ .
8. Querían poner al ángel en una (*raft*) _____ y (*leave him to his fate on the high sea*) _____ .
9. La tropa con bayonetas trató de (*to disperse the mob*) _____ .
10. Las gallinas (*pecked him*) _____ en busca de los parásitos que proliferaban en sus alas.

Define in Spanish the following words and expressions.

1. luz mansa
2. tumbado boca abajo
3. cráneo pelado
4. bisabuelo ensopado
5. de carne y hueso

6. sacar a rastras
7. espantar el tumulto
8. atiborrar
9. temible escarmiento
10. fuera de quicio

Now write sentences of your own using the above words and expressions.

B. *Cognate and Word Formation Exercise*

Find the cognates of the following English words in *Un señor muy viejo con unas alas enormes*. Are there any false cognates?

1. conjectures
2. compresses
3. frivolous
4. conspiracy
5. somnambulist
6. captive
7. inconvenience
8. catechism
9. decrepitude

10. antiquarian
11. imposture
12. primate
13. to divulge
14. cataclysm
15. repose
16. creolin
17. auscultate

STRUCTURES

A. *Sino, sino que* and *pero*

Sino is used to contradict or correct a preceding negative statement. It means *but on the contrary, but rather*. Before a conjugated verb, **sino** is replaced by **sino que**.

El ángel no es joven sino viejo.
The angel isn't young but (rather) old.

El angel no es joven sino que es viejo.
The angel isn't young but is old.

Pero is used when there is no contradiction. It means *but, yet, on the other hand.* The preceding statement can be either negative or affirmative.

El viejo no es un ángel, pero tiene alas.
The old man is not an angel, but he has wings.

En ángel contestó en un dialecto incomprensible pero con una buena voz de navegante.
The angel answered in an incomprehensible dialect but with a strong sailor's voice.

Rewrite the following sentences, using **sino, sino que** or **pero**.

1. El ángel venía por el niño, _____ estaba tan viejo que lo había tumbado la lluvia.
2. Sus alas no eran de ángel _____ de murciélago sideral.
3. Su reacción no había sido de rabia _____ de dolor.
4. La entrada para ver a la mujer araña no sólo costaba menos, _____ permitían hacerle toda clase de preguntas.
5. Lo más desgarrador no era la triste figura de la mujer araña, _____ su manera de contar sus desgracias.
6. Ya el ángel no era un estorbo en su vida _____ un punto imaginario en el horizonte del mar.
7. El paralítico no pudo andar _____ estuvo a punto de ganarse la lotería.
8. El viejo con alas no sólo sobrevivió a su peor invierno, _____ parecía mejor con los primeros soles.
9. El ángel estuvo a punto de desbaratar el cobertizo con sus alas, _____ logró ganar altura.

B. *The Imperfect Subjunctive Tense*

Rewrite the following sentences, using the imperfect subjunctive tense. Give the reason for the use of the imperfect subjunctive. Use the **-ra** endings. For a review of the imperfect subjunctive tense see p. 158.

1. Actuaba como si no (ser) _____ una criatura sobrenatural sino un animal de circo.

2. El ángel sería ascendido a general de cinco estrellas para que (ganar) _____ todas las guerras.
3. El padre pidió que le (abrir) _____ las puertas del gallinero.
4. El párroco prometió escribirle una carta a su obispo para que éste (escribir) _____ otra al Sumo Pontífice.
5. Los vecinos siempre le tiraban piedras tratando de que el ángel (levantarse) _____ .
6. El matrimonio construyó una mansión con barras de hierro en las ventanas para que no (meterse) _____ los ángeles.
7. El paralítico se quedó inmóvil donde nadie lo (ver) _____ .
8. Los visionarios esperaban que el ángel (ser) _____ conservado como semental para que éste (implantar) _____ una estirpe de hombres alados.
9. Lo hizo de modo que el veredicto final (venir) _____ de los tribunales más altos.

C. The Reflexive Construction

Rewrite the following sentences, using the past tense of the reflexive verbs in parentheses. Use the imperfect in *Sentences 1-6*, and the preterite in *Sentences 7-11*.

1. Le costó trabajo ver lo que (moverse) _____ en el fondo del patio.
2. Había un sonámbulo que (levantarse) _____ de noche a deshacer dormido lo que había hecho despierto.
3. Los baldados (tocarse) _____ sus defectos con las plumas del ángel.
4. Era un ángel despectivo que apenas (dignarse) _____ mirar a los mortales.
5. Poco a poco, los vecinos (acostumbrarse) _____ a la peste.
6. Pensaron que el ángel (desdoblarse) _____ , que (repetirse) _____ a sí mismo por toda la casa.
7. Elisenda y Pelayo (sobreponerse) _____ muy pronto del asombro.
8. El matrimonio (atreverse) _____ a hablar con el ángel.
9. Pelayo y su mujer (sentirse) _____ magnánimos.
10. Fue así como el párroco (curarse) _____ para siempre del insomnio.
11. Elisenda (asomarse) _____ a la ventana y sorprendió al ángel en sus tentativas de vuelo.

D. *The Impersonal Reflexive Construction*

The reflexive pronoun **se** + *a verb in the third-person singular* is frequently used in Spanish to express a situation in which no one in particular performs the action. This construction is translated into English with *one, people, they, we, you,* or a passive construction.

Se pensaba que era a causa de la pestilencia.

They thought it was due to the stench.

Rewrite the following sentences, using the impersonal reflexive construction.

EXAMPLE: Creemos que el niño está mejor.

Se cree que el niño está mejor.

1. Uno no sabe qué hacer con los ángeles muertos.
2. La gente cree que todas las personas con alas son ángeles.
3. Ellos divulgan la noticia por toda la región.
4. Hicimos lo necesario para ayudar al ciego.
5. Entramos por el gallinero desbaratado y salimos por la cocina.

WRITING PRACTICE

Write a two-hundred word composition about one of the following topics. Use the vocabulary and grammar you have studied in this section.

1. El papel de la religión en la vida de los personajes.
2. La historia narrada desde el punto de vista del señor con alas enormes.
3. Los elementos irónicos de la historia.

COMMUNICATIVE ACTIVITY

Prepare a five-minute talk for class presentation about one of the following topics.

1. **La realidad y la fantasía.** ¿Cuáles son los elementos reales del cuento? ¿Cómo se presentan? ¿Cuáles son los elementos fantásticos? ¿Cómo se presentan? ¿Se sigue un sistema específico en su presentación? ¿Cuál es el tono prevalente del cuento?

2. **La sociedad hispanoamericana.** ¿Qué visión se presenta? ¿Por qué? ¿Qué clases sociales están representadas? ¿Por qué? Dé ejemplos específicos.
3. **Lo humorístico.** ¿Cuáles son los aspectos humorísticos del cuento? ¿Pierden su impacto si se traducen a otro idioma? ¿Por qué?

REVIEW EXERCISE

Review the vocabulary and grammar covered up to this point in *Part V.* Then rewrite each sentence with the Spanish equivalent of the word(s) in parentheses.

1. Casi todos los catecúmenos estaban (*barefooted*) _____ .
2. El pensó que (*everything was moving right along*) _____ .
3. Me han rechazado (*as if I were crazy*) _____ .
4. Para tomar la rosa sólo tienes que (*to stretch your arm*) _____ .
5. Nunca me han gustado los (*frauds*) _____ .
6. La vi (*by pure chance*) _____ .
7. Esa blusa (*looks better on you*) _____ .
8. (*I pointed out to her*) _____ la verdad.
9. Una tarde llegué (*unexpectedly*) _____ a la casa.
10. (*She did not flinch*) _____ cuando supo lo que querían.
11. (*I have nothing to do with*) _____ tus problemas.
12. ¿Por qué no dejas la puerta (*ajar behind you*) _____ ?
13. (*She praised me*) _____ aunque sabía que yo no era (*susceptible to flattery*) _____ .
14. Las cosas nunca podrán ser (*like long ago*) _____ .
15. Lo encontraron (*lying face down in the mud*) _____ .
16. Eso no es gallina sino (*buzzard*) _____ .
17. No quiero que tú (*overlook*) _____ lo que me han hecho.
18. No creo que sea un ángel de (*flesh and blood*) _____ .
19. ¿Encontraron a ese náufrago (*on the high sea*) _____ ?
20. ¡Las (*fruit peels*) _____ son para los animales!
21. Estas (*left-overs*) _____ son para los baldados.
22. Ella nunca (*pays attention to me*) _____ .
23. El ángel y el niño contrajeron (*chicken pox*) _____ al mismo tiempo.
24. Elisenda gritaba (*exasperated*) _____ que era una desgracia vivir allí.

25. Partió la cebolla en (*slices*) _____ .
26. Sus (*attempts*) _____ eran (*clumsy*) _____ .
27. Todos lo consideraban un (*annoyance*) _____ .

Rewrite the paragraph below, using the correct verb form or the Spanish equivalent of the words in parentheses.

Lo que se quejaba en el (*rear of the courtyard*) _____ no (ser) _____ un náufrago con calenturas, (*but rather*) _____ un hombre muy viejo tumbado boca abajo en el (*mud*) _____ . Cuando Pelayo y su mujer (ver) _____ las grandes (*wings*) _____ que (tener) _____ y (escuchar) _____ su (*voice*) _____ de navegante solitario, (darse cuenta) _____ que estaban ante algo que (*they had never seen before*) _____ . Pero de tanto mirarlo pronto (acostumbrarse) _____ a su apariencia y (*took him away*) _____ con mucho cuidado y (*locked him up*) _____ con las gallinas en el (*wire chicken coop*) _____ que (*they had just finished building*) _____ . Pronto todos los (*neighbors*) _____ (venir) _____ a ver el extraño individuo con alas que (*would change for ever*) _____ el futuro de su miserable pueblo a orillas del mar. Aunque la vecina más sabia dijo que (ser) _____ un ángel de carne y hueso, el (*priest*) _____ del pueblo (*assured them*) _____ que no lo era porque no (entender) _____ latín, que era (*as it is well known*) _____ la lengua de Dios. El pueblo (preferir) _____ creerle a la vecina y no al párroco, y pronto la casa del matrimonio (ser) _____ invadida por un (*crowd*) _____ de curiosos que (pagar) _____ cinco centavos para ver la criatura celestial. El ángel (aguantar) _____ con resignación y paciencia la gran acometida (*but took no part in his own act*) _____ . El tiempo se le iba (*trying to get comfortable*) _____ en su (*borrowed nest*) _____ y en su constante intento de no dejarse aturdir por el calor infernal de las (*oil lamps*) _____ que (alumbrar) _____ su mísero gallinero alambrado. Apenas (dignarse) _____ mirar a los mortales que (venir) _____ a verlo y a pedirle que les (curar) _____ sus males. (Ser) _____ tanta su pena que todos (creer) _____ que (irse) _____ a morir. (*Nevertheless*) _____ , no sólo sobrevivió a su (*worst winter*) _____ , (*but*) _____ se mejoró poco a poco (*until*) _____ que un día (comenzar) _____ a dar aletazos indignos al principio pero que luego le (permitir) _____ comenzar a volar hasta perderse para siempre en el (*horizon of the sea*) _____ .

Vocabulary

This vocabulary contains the basic words used in this text. Cognates and most adverbs ending in -**mente** and derived from adjectives defined in the vocabulary are omitted. Irregular verb forms that might pose some difficulty, all idioms used in the text, and all proper names are included. For those adjectives and nouns with differing masculine and feminine written forms, both forms or endings are given.

Abbreviations: adj. adjective; *adv.* adverb; *Amer.* Americanism; *cond.* conditional; *conj.* conjunction; *f.* feminine; *fam.* familiar; *fut.* future; *imp.* imperfect; *ind.* indicative; *inf.* infinitive; *int.* interrogative; *inter.* interjection; *m.* masculine; *n.* noun; *p.p.* past participle; *pl.* plural; *prep.* preposition; *pres. ind.* present indicative; *pres. part.* present participle; *pres. subj.* present subjunctive; *pret.* preterit; *pron.* pronoun; *subj.* subjunctive.

a at, into, on, by, with; to; from, for
abajo down, below; ¡**abajo!** down with
abandonar to forsake, leave, give up
la **abertura** opening
abierto-a open, opened
abotonar to button
el **abra** (*f.*) mountain gap, gorge
el **abrazo** embrace
el **abrigo** coat
abrir to open; ¡**abra!** Open up!
absorto-a astonished
la **abuela** grandmother

el **abuelo** grandfather
la **abundancia** abundance
abundante abundant
aburrir to annoy, bore
aburrirse to grow tired, be bored; **aburrirse en casa** to be bored at home
acabado-a finished
acabar to end, finish; **acaba de (salir)** has just (gone out); ¡**Se acabó!** It is finished! This is the end!
acalorar to warm, heat
acariciar to fondle, caress
acaso perhaps
la **acción** action

el **acecho** ambush; **en acecho** (waiting) in ambush

el **aceite** oil; **aceite bronceador** suntan oil

aceptar to accept

acerca: acerca de (*prep.*) about, concerning

acercarse to approach; **me acerqué** I approached, got near

el **acierto** success

acogedor-a hospitable

acompañado-a (de) accompanied (by)

acompañar to accompany

el (la) **acompañante** companion

acompasar to keep in time; mark the rhythm

aconsejar to advise

el **acontecimiento** event, happening

acordarse (ue) to remember

acostarse (ue) to go to bed, lie down

la **actitud** attitude

el **acto** act; **en el acto** at once

actuar to act; perform or discharge a duty

acudir to come, go; **acudir a una cita** to keep an appointment

el **acuerdo** agreement; **ponerse de acuerdo** to come to an agreement

ad libitum freely

adelante forward, ahead; **¡Adelante!** Come in! **en adelante** henceforth

el **ademán** gesture, movement; expression, look

además (*adv.*) besides, moreover, in addition; **además (de)** (*prep.*) besides

adentro inside; **lo de adentro** the inside, things inside

¡adiós! Goodbye!

adivinar to guess

administrar to administer, manage

admirar to admire

admirarse de to be surprised

adonde where, to which

adoptar to adopt

adornar to adorn, beautify, embellish, decorate

adquirir (ie, i) to acquire

advertir (ie, i) to warn, advise, tell; to notice, see

afeitarse to shave, put makeup on

afligir to cause pain to; worry outside; **el (la) de afuera** the one outside; **lo de afuera** the outside; things outside

ágil agile

agitado-a (*adj.*) excited

agradecer to be thankful (grateful) for

el **agradecimiento** gratitude

agregar to add

el **agua** (*f.*) water

aguantar to sustain, hold, suffer, bear, endure, **No pude aguantarme.** I could resist no longer.

agudo-a sharp
el **agujero** hole
aguzar to sharpen; **aguzar**
el oído to prick up one's
ear(s)
ahí there; **por ahí** over
there
ahogado-a strangled,
choked; drowned
ahogar(se) to drown;
choke
ahora now; **ahora bien** so
now, well; **ahora**
mismo right now; **hasta**
ahora so far
el **aire** air
aislar to isolate, place apart
al (= a + el) to the
al + *inf.* on + *pres. part.*;
al oír on hearing; **al**
ver on seeing
el **ala** (*f.*) wing; brim; eave
alabar to praise
el **alambrado** wire netting,
wire fence
el **alambre** wire; **tejido de**
alambre wire netting
la **alarma** alarm
el **alba** (*f.*) dawn; **al alba** at
dawn
el **alboroto** din; **alboroto de**
mercado market place
din, noise
alcanzar to reach; to
overtake, come to, join; **No**
me alcanza. It is not
sufficient.
alegrarse to be glad
alegre gay, merry, cheerful
la **alegría** happiness
alejar to remove, move
away from

alejarse de to move away,
move out of sight
alerto-a alert
el **aletazo** flapping
el **alfiler** pin
las **alforjas** saddlebags;
knapsack
algo something; somewhat;
algo de (or **que**)
comer something to eat
el **algodón** cotton
el **alguacil** bailiff
alguien someone,
somebody
algún, alguno-a some; (*pl.*)
some, a few; **alguna**
cosa something
alimentar to feed
el **alimento** food
el **alma** (*f.*) soul
el **almacén** store
almorzar (ue) to eat lunch
el **almuerzo** lunch
las **alpargatas** sandals (of
canvas and hemp sole)
alrededor (de) around
alterar to disturb
alto-a high; **(lo) más**
alto the highest (*part*);
loudly
Alto Perú Peru and Bolivia
(old Spanish colonial
division)
allá (*adv.*) there, over there
(*less precise than* **allí**);
hasta allá there; **por**
allá over there, that way
allí (*adv.*) there (*more*
precise than **allá**); **de**
allí from there; **por**
allí around there
amable (*adj.*) kind

el (la) **amante** lover,
   sweetheart
amar to love
amargo-a bitter
amarillo-a yellow
ambos-as both
americano-a American,
   (especially Spanish-
   American) New World
el (la) **amigo-a** friend
la **amistad** friendship
el (la) **amo-a** boss, master,
   head of the family,
   landowner; lady of the
   house, owner, housewife
amontonar to pile up, heap
   up; to crowd together
el **amor** love
Anaconda type of boa;
   (*proper name*)
ancho-a wide, broad
andar to walk, go; to be;
   andar (buscando) to be
   (looking for); **andar de un
   lado a otro** to be
   everywhere, be all over
   the place; **andar en los
   veintiuno** to be almost
   twenty-one
Andes (*m. pl.*) Andes
   Mountains (along South
   America's western coast)
anegar to drench, flood
el **ángel** angel;
   angelito baby, little angel
el **anillo** ring, band, coil
aniquilar to annihilate
anoche last night
anochecer to grow dark
   (at the approach of
   night);
   al anochecer at nightfall
la **ansiedad** anxiety

ante in the presence of;
   before, in front of
**antemano: de
   antemano** beforehand
el **anteojo** glasses; **anteojos
   para el sol** sun glasses
anterior anterior, former,
   previous
antes (*adv.*) before; first,
   antes de (*prep.*) before
anunciar to announce
el **anuncio** announcement,
   news
añadir to add
el **año** year; **hacía muchos
   años** many years ago
apacible pleasant
apagado-a extinguished;
   muffled (sound)
apagarse to go out (a light),
   be extinguished
aparecer to appear
la **apariencia** appearance
apartar to separate,
   remove; **apartar los
   ojos** to look away
apartarse to withdraw,
   move away, depart
apearse to get off
apelar to appeal
apenas hardly, scarcely
apestar to infect with the
   plague; **Aquí apesta.** It
   smells here;
   apestado diseased
apilar: apilarse to pile up,
   heap up
aplastar to crush, flatten
apoderarse de to take
   possession of
apostar to park (a bicycle)
la **apostura** bearing; **de buena
   apostura** of good bearing

apoyado-a leaning against
apoyar to support
el **apoyo** support; **punto de
apoyo** fulcrum, support
apreciar to appreciate; to
appraise, esteem; **apreciar
mucho** to admire greatly
aprender to learn
apresurarse to hurry
apretarse to tighten
aprobar (ue) to approve
aprovechar to take
advantage of
apuntalado-a propped
apurar(se) to hurry up
aquel, aquella (*adj.*) that
(at a distance); (*pl.*) those
**aquél, aquélla,
aquello** (*pron.*) that one;
he/she; the former; that;
(*pl.*) those; they
aquí here; **aquí
mismo** right here; **por
aquí** this way, here
la **araña** spider
el **árbol** tree
ardiente ardent
ardoroso-a blistering hot
la **arena** sand
argumentar to argue
el **arma** (*f.*) arm, weapon
la **armadura** armour, suit of
armour
el **aro** earring; hoop; ring
arrancar to wrest, force
out, tear out, root out, pull
away
arrastrarse to crawl, creep
arreglar to settle, put in
order, fix, arrange
arrendar to rent
arrepentirse (ie, i) to
repent, be sorry

arriba up, above, **hacia
arriba** up, upward
arrodillarse to kneel down
arrojar to throw, cast
el **arroyo** creek, small stream
el **arte** art; **bellas artes** fine arts
asaltar to assault
asegurar to secure, fix,
make safe
asequible easy to get
así so, thus, like that, in
that manner; **Así es.** It is
so; **así que** as soon as
el **asidero** grip
el **asilo** asylum, refuge;
shelter
asir to seize, take hold of
el (la) **asistente** assistant
asistir a to be present (at),
attend
asomar to appear; to show;
to put one's head out
(of a window)
asomarse a (la puerta) to
peer out (the door)
asunto matter, affair;
business; **asuntos
particulares** private
conflicts
asustar to scare
asustarse to be frightened
atacar to attack
el **ataque** attack
el **atardecer** late afternoon,
evening; **al atardecer**
at dusk
la **atención** attention; **con
atención** attentively,
carefully
atender (ie) to attend (to);
to pay attention; to
answer; to look over
carefully

atentamente attentively

aterrador-a terrifying, frightening

atiborrar to cram, stuff, pack

atinar to find; to discover; to hit upon

la **atmósfera** atmosphere, air

atormentado-a tormented

atormentar to torment; to bother; to tease

atrancar to bolt

atrás back; ¡**Atrás!** Go back! **desde atrás** from behind; **hacia atrás** backward

atreverse to dare; **atreverse a (salir)** to dare (to go out)

atroz cruel; awful (*also a proper name*)

aturdido-a reckless, dazed, bewildered

aullar to howl

el **aullido** howl

aumentado-a increased

aumentar to increase

aun, aún yet, still

aunque although, though, even though

auscultar to auscultate, sound

la **ausencia** absence

austral southern, austral

el (la) **autor-a** author

la **autoridad** authority; government

avanzar to advance, move forward

la **aventura** adventure

averiguar to inquire, investigate, ascertain, find out

¡**Ay!** (*inter.*) Ouch! Oh! (expressing pain or grief)

ayer yesterday

la **ayuda** help, aid

ayudar to help

azar chance; **por azar** by pure chance

azotado-a whipped

el **azote** lash (blow) with a whip

azul blue

bailar to dance

bajar to come down; to go down; to lower

bajarse to get down; to go down; to lower

bajo (*prep.*) under; **bajo-a** (*adj.*) low

el **balazo** shot

el **baldado** cripple

la **balsa** raft

la **banda** stripe; band; edge, border

la **bandera** flag

el **bandido** bandit

bañar to bathe

bañarse to take a bath

el (la) **bañista** swimmer; bather

barato-a cheap

la **barba** beard; chin

barbudo-a bearded

el **barco** ship

las **barras de hierro** iron bars

la **barrera** barrier; **barrera de zinc liso** barrier of smooth zinc

el **barrilete** small barrel; kite

el **barrio** district, area; a residential district, neighborhood el **barrote** bar

bastante enough; rather, fairly

bastar to be enough

la **basura** rubbish, trash, garbage

la **batalla** battle

batir whip; to beat (eggs); to cream

bautizar to baptize

beber to drink

bello-a beautiful; **bellas artes** fine arts

bendito-a blessed

la **berenjena** eggplant; **papilla de berenjena** puréed or mashed eggplant

besar to kiss

bien well, all right; **hacer un bien** to do a good deed; **no bien** no sooner, as soon as, just as

la **bienvenida** welcome

el (la) **biznieto-a** great-grandson, great-granddaughter

blanco-a white

el **blusón** large blouse; **blusón de toalla** terry cloth blouse

la **boa** boa constrictor, snake

la **bobería** foolishness, nonsense

la **boca** mouth

la **bola** ball

la **bolsa** bag; **bolsa de género** cloth bag; purse

el **bolsillo** pocket

la **bondad** kindness, goodness, kindliness

bondadoso-a kindhearted

bonito-a pretty

el **borde** border, edge

la **borrachera** drunkenness

borrado-a erased

borrar to erase, rub out

el **bosque** forest, woods

la **bota** boot; shoe

botar to throw away

la **botella** bottle

la **brasa** red-hot coal

bravamente angrily, bravely

bravo-a ill-tempered, quick-tempered; brave; wild

el **brazo** arm

el **break** high four-wheeled carriage

brevemente briefly, shortly

brillante brilliant, shiny

brillar to shine, gleam

el **brin** coarse linen fabric

brincar to jump

el **brocal** curbstone of a well

el **brujo** sorcerer, wizard, warlock

buen, bueno-a good; **Buenos días.** Good morning. **de buen grado** willingly

bullir to boil; to bubble

burla gibe, jeer, taunt; joke; **de burlas** in fun

burlar to mock

burlarse de to make fun of

el **burro** donkey

busca: en busca de in search of

buscar to look for, seek

el **buzón** mailbox

la **caballeriza** stable

el **caballero** gentleman; **Caballero de Gracia** famous street in Madrid

el **caballo** horse;
a caballo on horseback;
montar a caballo to go
horseback riding
los **cabellos** hair
la **cabeza** head; **cabeza
abajo** headfirst; **cabeza
hueca** empty-headed; **de
cabeza** headfirst
el **cabo** end; **al cabo** in the
end; **al cabo de** at the
end of, after
la **cabra** goat
cada each; **cada vez
más** more and more
el **cadáver** dead body, corpse
la **cadena** chain; **cadena de
plata** silver chain
caer to fall; **caer en
casa** to drop in (for a
visit); **caer en manos
de** to fall into the hands
of; **caer encima** to fall
upon
**caerse: caerse de
espaldas** to fall over;
caerse de sueño to be
dead tired, sleepy; **Se me
cayó.** It fell.
la **caída** fall
la **caja** box, case
el **cálculo** calculation,
estimate; **hacer
cálculos** to estimate
la **calentura** fever, temperature
la **calma** calm; **con
calma** calmly,
deliberately
calmar to calm
calmarse to calm down,
become calm
el **calor** heat; **hacía calor** it
(the weather) was hot

caluroso-a hot
los **calzones** underwear, shorts
callado-a silent
callar to be silent, keep
silent
callarse to be silent, stop
talking; **Cállate.** Be quiet.
(*fam. imperative*);
Cállense. Be quiet
(*formal imperative*)
la **calle** street; **por la
calle** through the street
la **cama** bed
Camagüey city in Cuba
cambiar to change; to
exchange; **cambiar de
(traje)** to change
(clothes); **se cambió
en** he/she/you changed
into
el **cambio** exchange; change;
a cambio de in exchange
for; **en cambio** on the
other hand; in exchange
caminar to walk, travel
el **camino** road; **camino
real** highway; **en
camino** on the way; **ir de
camino** to be on one's
way; to be traveling
el **camión** truck
la **campana** bell
el (la) **campesino-a** farmer
el **campo** country; field
la **canasta** basket
¡Canejo! Great guns!
**¡Canejo con la
muchacha!** Great guns,
that girl!
el **cangrejo** crab
cansado-a tired, weary
el **cansancio** weariness,
fatigue

cansarse to get tired
cantar to sing
la **cantidad** quantity, sum
el **canto** song
la **caña** cane, reed
el **cañaveral** cane field; reed
  patch
la **capa** cape, cloak
la **capacidad** competence,
  skill
capaz capable, able
capelo real Royal Hooded
  (a type of cobra)
el **capuchón** hood
la **cara** face
la **carcajada** loud laughter;
  reír a carcajadas to
  laugh heartily
la **cárcel** jail, prison
la **carga** load, burden
cargado-a (de) loaded
  (with)
cargar to load; to carry
Carlitos little Carlos
  (*proper name*)
la **carne** meat
la **carpa** tent
el **carro** cart, wagon;
  automobile
la **carta** letter; playing card
la **casa** house, home; **a
  casa** home; **casa de
  beneficencia** orphanage,
  home for orphans; **casa y
  comida** board and
  lodging; **en casa** at home
el **casamiento** marriage
casarse to get married
el **cascabel** rattle; **serpiente
  de cascabel** rattlesnake
la **cáscara** fruit peel
casi almost; **ya
  casi** almost

el **caso** case, affair; fact; **en
  todo caso** anyhow; **es el
  caso** the fact is; **en el
  mejor de los casos** at best
castigar to punish
el **castillo** castle
catequista catechist
catequizar to catechize,
  preach
catorce fourteen
el **catre** cot, small bed
el **caudillo** leader; **caudillo
  político** political boss
la **causa** cause; **a causa
  de** because of
causar to cause, produce
la **cautela** watchfulness, care
la **caverna** cavern, cave
cayendo *pres. part. of* **caer**
cayó, cayeron *pret. forms of*
  caer
cazador-a (*adj. or
  n.*) hunter; type of snake
cazar to hunt; to capture
ceder to yield, give in
el **cedro** cedar
la **ceja** eyebrow
la **celda** cell
celeste (*adj.*) sky-blue; **el
  celeste** sky-blue color
los **celos** jealousy
celoso-a jealous
cenar to eat supper
el **centímetro** centimeter (.39
  inch)
el **centro** center
la **cerca** fence
cerca (de) (*prep.*) near,
  nearly; (*adv.*) near, nearby
cercado-a fenced in
cercar to fence; to enclose
cercenar to cut, trim; to cut
  off; to amputate

cerrado-a closed
la **cerradura** lock
cerrar (ie) to close, shut,
  shut up, enclose
la **cicatriz** scar
el **cielo** sky
cien(to) (a) hundred
la **ciencia** science; knowledge
científico-a scientific
cierto-a certain; sure; **Es
  cierto.** It is true. **Por
  cierto** Certainly
el **cinc** zinc; **barrera de cinc
  liso** barrier of smooth
  zinc
cinco five; **las cinco** five
  o'clock
cincuenta fifty
el **cinturón** belt
el **círculo** circle
la **circunstancia** circumstance
la **cita** appointment; date
la **ciudad** city
claro-a clear; **Claro
  está** Obviously; **Claro
  que . . .** Of course . . .; **la
  clara verdad** self-evident
  truth
la **clase** class, kind
clavar to drive in, nail; to
  stick, jab; to sink
el **clavo** nail
Coatiarita type of snake
  (*proper name*)
cobarde timid; cowardly
el **cobertizo** shed
la **cobra** cobra (snake)
cobrar to charge
la **cocina** kitchen
el **coche** coach, carriage;
  automobile
cochino-a (*adj.* and
  n.) dirty; pig

codiciado-a much desired,
  desirable, coveted
coger to seize, catch,
  capture; to pick, gather;
  cogido-a caught
cojear to limp
la **cola** tail
el **colchón** mattress
colgar (ue) to hang (up)
el **colmillo** fang
el **colmo** height, summit;
  para colmo to top it all
colocar to place
colorado-a (*adj.*) red; **el
  colorado** red color
el **comedor** dining room
comenzar (ie) to
  commence, begin;
  comenzar a (llorar) to
  begin (to cry)
comer to eat
comerse to eat up
cometer to commit; to
  make (an error)
la **comida** food, meal
  (especially dinner); **buena
  comida** good meal
el **comienzo** beginning; **al
  comienzo** at the
  beginning
el **comisario** police inspector
como as, like; since; as
  well as; about;
  ¿Cómo? What?, What did
  you say? **como de** of,
  about; **como hombre** like
  a man; **¿Cómo dices?**
  What did you say?; **¿Cómo
  no?** Why not? **¡Cómo
  no!** Of course!; **¿Cómo
  que no sabes?** What do
  you mean, you don't
  know?; **como si** as if

cómodo-a comfortable

el (la) **compañero-a** companion, colleague, comrade

comparar to compare

compartir to share

la **compasión** pity, compassion

completar to complete

completo-a complete

la **complexión** constitution, disposition, nature

componer to compose, form; to repair, mend; to reconcile

comprar to buy

comprender to understand; to realize

comprobar to check, prove, confirm

comprometerse (*Amer.*) to get engaged; to commit; to engage oneself to do something

compuesto *p.p. of* **componer**

con (*prep.*) with; by

conceder to give, bestow, grant, concede

la **conciencia** consciousness; conscience

el **conde** count; **Conde Lucanor** (*proper name*)

el **cóndor** condor, vulture

conducir to drive; to lead; to bring about

la **conducta** behavior, conduct

el **conejo** rabbit; **criadero de conejos** rabbit warren

la **confianza** confidence, trust, intimacy

la **confidencia** secret

conforme according to, in proportion to

confundido-a mixed-up

el **congreso** congress; gathering

conmigo with me

conmovido-a stirred (with emotion)

conocer to be acquainted with, know; to recognize; to meet (*pret.*)

conocido-a well-known, familiar

el **conocimiento** knowledge; acquaintance

el (la) **consejero-a** advisor

el **consejo** counsel; **los consejos** advice

considerar to consider, think over; to judge; to treat with consideration or respect

consigo with himself, with it

consolar (**ue**) to console, comfort

la **constelación** constellation

contar (**ue**) to tell, narrate; to count; **contar con** to count on, rely on

contener (**ie**) to contain, restrain, hold in

contento-a happy; **lo contento que estaba** how happy he was

contestar to answer

contiene *pres. ind. form of* **contener**

contigo with you; **contar contigo** to rely on you

contra against

contrario-a contrary; **al contrario** on the contrary

convencido *p.p. of* **convencer(se)** convinced

convenir (ie) to be fitting, be good for you (for one)
convertido-a (en) transformed (into)
el (la) **convicto-a** prisoner
la **copa** glass, goblet
el **coral** coral; coral snake
Coralina type of snake (*proper name*)
el **corazón** heart
la **corneta** trumpet, bugle
el **corredor** hallway, corridor, gallery
correr to run; to open (a curtain); to circulate (a rumor); **a todo correr** at full speed
la **corriente** current (of water); **irse con la corriente** to follow the crowd; **seguir la corriente** to go along with
la **cortada** cut
cortar to cut; **cortar la cabeza** to cut off (his) head
la **corte** court; **el corte** piece of material; **hacer la corte** to court
cortés courteous
cortésmente courteously
corto-a short
la **cosa** thing; **cosa de todos los días** an everyday affair; **cosa igual** anything like it; **¡Cosa más rara!** How strange!; **cosa rara** strange thing; **otra cosa** anything else, something else
la **cosecha** crop, harvest

cosechar to harvest
costar (ue) to cost
la **costumbre** habit, custom
la **creación** creation; construction
crear to create
crecer to grow
crecido-a large, considerable; **una cantidad crecida** a large amount
la **creencia** belief
creer to believe, think; **Se creía importante.** He thought he was important. **¡Ya lo creo!** Sure! You bet! Of course!
el **criado** servant; **la criada** maid, servant
criado-a brought up, raised
la **crianza** upbringing; **dar crianza** to bring up
criar to raise
el (la) **criollo-a** Creole, native
los **cristales de alcanfor** mothballs
la **cruz** cross; **en cruz** crossed
Cruzada proper name (from **cruz**)
cruzar to cross; to exchange
la **cuadra** stable; ward (of a hospital); (*Amer.*) block (of houses)
el **cuadro** picture, painting; square
cual which, who; **lo cual** (an act) which; **por el cual** for which; **por lo cual** for which (reason)
cualquier(a) (*pl.* **cualesquier(a)**)

any, anyone; **una
cualquiera** a loose
woman, a woman of no
account, a nobody
cuando when;
¿Cuándo? When?;
**cuando menos lo
esperaba** when he least
expected it; **de cuando en
cuando** from time to
time; **de vez en cuando**
from time to time
cuanto as much as;
¿Cuánto? How much? **en
cuanto** as soon as; **todo
cuanto** all that (which);
unos cuantos a few
cuarenta forty; **a los
cuarenta** at forty (years
of age)
cuarentón-ona (*adj. and
n.*) (person) in his (her)
forties
el **cuarto** room; quarter
cuatro four;
cuatrocientos four
hundred; **las cuatro** four
o'clock
cubierto-a *p.p. of* **cubrir**
covered; **cubierto de
(sangre)** covered with
(blood)
cubrir to cover
la **cuchara** spoon
el **cuchillo** knife; **cuchillo de
mesa** table knife
el **cuello** neck
cuenta *pres. ind. of* **contar**
la **cuenta** bill; **dar cuenta de**
to give an account of
darse cuenta de to
realize, notice; **tener en
cuenta** to consider

el **cuento** short story, tale;
(*fam.*) gossip, fib; **no me
vengas con cuentos.**
Don't come to me with
fibs.
cuerdo-a prudent, sensible,
wise; **ser cuerdo** to have
good sense
el **cuerno** horn
el **cuerpo** body; **de cuerpo
entero** full-length
la **cuestión** problem;
argument; matter
la **cueva** cave, hole
el **cuidado** care; **con
cuidado** carefully;
¡Cuidado! Look out! Be
careful!; **¡Mucho cuidado!**
Be careful!; **sin cuidado**
without worry; **tener
mucho cuidado** to be
very careful
cuidar to take care, be
careful; to take care of
la **culebra** nonpoisonous
snake
la **culpa** fault; sin, offence;
por su culpa because of
him; **tener la culpa** to be
responsible for, be to
blame for
culto-a cultivated, well-
educated, enlightened,
civilized
la **cultura** culture
la **cuña** wedge
el **cura** priest
curar to cure
curiosear to look around;
to browse around; to pry
into other people's affairs
la **curiosidad** curiosity
curioso-a curious, strange

la **curva** curve
cuyo-a whose, which, of whom, of which
Cuzco city in southern Perú, ancient capital of the Incan Empire

el **charco** puddle, pool
chico-a small
el (la) **chico-a** boy, youngster; girl
el **chillido** shriek
chino-a Chinese
el **chiste** joke, funny story
chorrear to drip

Daboy name of a dog
la **damajuana** demijohn
el **daño** harm; **hacer daño** to harm, hurt
dar to give; to emit; **dar con** to hit; **dar de comer** to feed; **dar gusto (ver)** to be pleased (to see); **dar la mano** to shake hands; **dar las cuatro** to strike four; **dar paso** to make way; **dar vuelta** to turn over, turn around
los **datos** data
de (prep.) of; from; about; by; in; than; with
debajo (adv.) under; **debajo de** (prep.) under, beneath
deber ought, must; to owe; **debido a** owing to, due to; **debieron** must have
deberse a to be due to
débil weak
la **debilidad** weakness; fondness

decente nice; decent; honest
decidir to decide
decidirse to resolve, make up one's mind; **se decidió** it was decided to say, tell
decir (i) to say, tell
decirse to say to oneself; **se dice** it is said
el **dedo** finger
defender (ie) to defend; **defenderse** to defend oneself
definitivamente definitely, finally
dejar to leave; to let, allow; **dejar caer** to drop
dejar de + *inf.* to cease, stop; to fail to; **dejar de burlarse** to stop making fun; **dejar de moverse** to stop moving; **dejar de ser** to stop being
del = de + el of the
el **delantal** apron, uniform
delante in front, before; **delante de su madre** with her mother present; **por delante** in front
deleitar to please, delight, content
el **deleite** delight, pleasure, joy
deleitoso-a delightful
demacrado-a emaciated
demás (the) rest; **los (las) demás** the rest; **por lo demás** as for the rest
demasiado (adv.) too, too much
demorar to delay, put off
dentro (adv.) within;

dentro de (*prep.*) within, inside of; **dentro de un rato** in a little while; **por dentro** from the inside

denunciar to denounce, accuse

el **departamento** apartment

el **depósito** storeroom

derecho-a right; straight; **la derecha** right hand, right side

el **derecho** right; **tener derecho a (ser)** to have the right (to be)

derramar to spill; to shed; to pour out

la **derrota** defeat

derrotar to defeat

desagradable unpleasant, disagreeable

el **desaliento** discouragement; loss of heart

desaparecer to disappear

desarrapado-a (*adj. and n.*) shabby (person)

desatender to disregard, slight, neglect, take no notice of a person or thing

desbandarse to disband; to spread out so as to make an attack more difficult

desbaratar to mess up; to ruin; to break; to spoil

descalzo(za) barefoot, shoeless

descansar to rest

el **descanso** rest

descarado-a impudent, shameless

desconcertar to baffle

desconocido-a unknown; strange

el (la) **desconocido-a** stranger

describir to describe

descubrir to discover

desde from; since; **desde años atrás** for many years; **desde aquel día en adelante** from that day on; **desde que** since

el **desdén** disdain, scorn

desdeñosamente disdainfully

desear to wish, desire

el **desenfado** openness, frankness; self-confidence

desengañar to disappoint

desenvolver (ue) to develop (a theme)

desenvuelto-a natural; assured

desequilibrado-a off balance; unbalanced person

la **desesperación** desperation, despair

desesperadamente desperately

el **desfile** parade; procession

desganar to spoil the appetite of; to turn off; to get bored

desgarrador-a heartrending, heartbreaking

la **desgarradura** rip, tear

desgarrar to rip, tear

la **desgracia** misfortune, blow, mishap; **para desgracia tuya** unfortunately for you

deshabitado-a uninhabited, deserted

deshabitar to leave, move out of a house

el **desierto** desert

desistir to give up, desist

deslizarse to glide, slide
desmayado-a unconscious
desmayarse to pass out, faint
desnudar to bare, undress
la **desocupación** idleness
desocupado-a idle, unoccupied
la **desolación** desolation; distress, grief, loneliness
despachar to settle, finish; to deal with, attend to
despacio slow, slowly; silently
despacito slowly, silently
despecho: a despecho de in defiance of
la **despedida** farewell
despedir to dismiss, fire
despedirse (i) to say goodbye; **despedirse (de)** to take leave of
despeñarse to fall down a precipice
despertarse (ie) to wake up
despierto-a awake
desplumar to pluck
despojar to deprive, strip; to despoil, divest
despotricar to carry on, rant on
despreciar to scorn; to feel contempt for
desproveer to deprive, take away
después (adv.) after, later; afterwards, then; **después de** (prep.) after
destacar to make (something) stand out, stand out
el **destierro** banishment, exile

el **destino** destination; fate, destiny
destrozar to destroy, break into pieces
destruir to destroy
el **desván** attic
desvanecido-a dizzy, faint, in a faint
el **detalle** detail
detener to stop, halt
detenerse (ie) to stop
detrás de behind, in back of
detuvieron, detuvo pret. forms of **detener**
la **devastación** devastation, destruction
devolver (ue) to return, give back
di, dio, dimos pret. forms of **dar**
el **día** day; daylight; **al día siguiente** the next day; **a los dos días** within two days; **cosa de todos los días** an everyday affair; **desde tres días atrás** for the last three days; **día a día** day by day; **hace días** for days; **pocos días** a few days; **todo el día** all day; **todos los días** every day; **ya de día** already daylight
el **diablo** devil
dibujar to draw
dice, dicen pres. ind. forms of **decir**
diciembre December
diciendo pres. part. of **decir**
la **dicha** happiness, good luck
dicho p.p. of **decir; mejor**

dicho rather, that is to say

el **diente** tooth; **murmurar entre dientes** to mumble, mutter

dieron *pret. form of* **dar**

diez ten

difícil difficult

la **dificultad** difficulty

la **dignidad** dignity

digo *pres. ind. form of* **decir**

dije, dijiste, dijo, dijimos *pret. forms of* **decir**

dilatar to dilate, expand

el **dinero** money

dios god; **¡Por Dios!** for Heaven's sake!

dirá, dirán *fut. forms of* **decir**

la **dirección** direction; **en dirección de** toward

directamente directly

diría *cond. form of* **decir**

dirigir to direct

dirigirse a to go toward

el (la) **discípulo-a** disciple; follower; pupil

el **disgusto** displeasure

disiparse to vanish

la **displicencia** indifference, coolness, coldness

disponer to order, command

dispuesto-a ready; willing

la **disputa** dispute, controversy

la **distancia** distance

distinguir to distinguish, make out

distinto-a different

divertido-a amusing, entertaining

divertir (ie,i) to amuse, entertain; to divert

divertirse to amuse oneself; to have a good time

dividir to divide

divulgarse to spread, circulate

doce twelve

la **docena** dozen

doler (ue) to hurt

el **dolor** pain; sorrow

dolorido-a sore, full of pain

dominar to dominate, rule, control, conquer

el **domingo** Sunday; **misa de los domingos** Sunday mass

don title used before the Christian names of men; (*f.*) **doña**

donde where; **¿Dónde?** Where?; **dondequiera** wherever

doña *see* **don**

dormir (ue,u) to sleep

dormirse to fall asleep

dos two; **a los dos** at two o'clock; **doscientos** two hundred

doy *pres. ind. form of* **dar**

la **duda** doubt; **No hay duda.** There is no doubt.; **sin duda** doubtless

dudar to doubt

el **dueño** owner; **la dueña** (female) owner; **dueña de casa** housewife, mistress of the house

duerme *pres. ind. form of* **dormir**

dulce sweet; pleasant
durante during; through; for
durar to last
duro-a hard; stern

e and (*replaces* **y** *before* **i** *and* **hi**)
económico-a economic, economical
echar to throw, cast; **echado el sombrero sobre los ojos** with his (their) hat(s) pulled over his (their) eyes; **echar gasolina** to gas up
echarse a reír to burst out laughing
la **edad** age; **en el vigor de la edad** in the prime of life; **edad madura** elderly
el **edificio** building
la **educación** training, education
educado-a educated
el **efecto** effect; **en efecto** in fact, as a matter of fact; indeed
la **efigie** effigy
egregio-a illustrious, eminent
¿Eh? Understand?; **¡Eh!** Hey!, Eh!
el **ejemplo** example; **poner un ejemplo** to set an example
el **ejército** army
el **el** the; **el de** the one of, that of
él he; him; it; **el de él** his
el **elogio** praise; compliment
ella she; her; it
ellos, ellas they; them

embargo: sin embargo nevertheless, still
emocionarse to be touched, stirred, moved
el **empaque** packing (materials); bearing, presence (of a person)
empeñado: andar empeñado en to be bent on
empezar (ie) to begin
emplazar to summon; to locate
el (la) **empleado-a** employee, clerk
emplear to employ
el **empleo** job, employment
empujar to push
el **empujón** push, shove
en in, into, on, upon
enamorarse to fall in love
encallar to run aground; to founder
encantado-a delighted; enchanted
el (la) **encapuchado-a** person wearing a hood fastened to a cloak
encaramarse to climb
encargar to request; to entrust
encargarse de to take charge of; **Se la encargó.** It was entrusted to him/her/you.
encariñar to endear, arouse affection in, become fond of
encender (ie) to light, kindle, start (a fire)
encerrar (ie) to fence in; to lock up, shut up
encima above; **por encima de** over

encontrar (ue) to find, come upon, meet

el **encuentro** meeting, encounter

enemigo-a (*adj.*) unfriendly

el (la) **enemigo-a** enemy

la **energía** energy, force

enfadarse to become angry

enfermo-a (*adj.*) ill, sick

el (la) **enfermo-a** patient, sick person

enfurecerse to rage, get furious

engañar to deceive

engañarse to be deceived

enloquecer to drive mad, madden; **enloquecer (se)** to go mad or insane; **enloquecido de celos** madly jealous

enlutado-a in mourning, wearing black clothes

enorme huge, enormous; horrible

la **enredadera** climbing plant

enriquecer to make rich

enrollarse to coil up

el **ensayo** test, experiment; rehearsal

en seguida at once, immediately; next

enseñar to teach; to show

ensillado-a saddled

ensillar to saddle

ensopado-a drenched

ensucian to soil

el **ensueño** dream; daydream

entender (ie) to understand; **¿Entendido?** Do you understand?

enternecido-a touched, stirred (with emotion)

entero,-a whole, entire

entonces then; at that time; **desde entonces** since then; **por entonces** at the time

entornado-a ajar, slightly open

entornar los ojos to half-close the eyes

la **entrada** entrance; entry, admittance; ticket

entrar (en) to enter, go in, come in

entre between; among; **de entre** from between; **por entre** among

entreabrir to half-open, leave ajar (door)

entregar to deliver, hand over

entretenerse to pass the time, amuse oneself

envenenado-a poisoned

el **envenenamiento** poisoning

enviciar to corrupt

la **envidia** envy

envolver (ue) to coil around, wrap up, wrap around

equivocarse to be wrong

era, eran *imp. forms of* **ser**

eres *pres. ind. form of* **ser**

erguirse to straighten up

errante wandering, roaming, nomadic

errar to err, make a mistake; **errar el camino** to take the wrong road

es *pres. ind. form of* **ser**

esbelto-a slender

la **escala** scale

la **escalera** stairs; ladder; **escalera de mano** portable ladder

escaparse to escape, run away

el **escarmiento** lesson, punishment

escoger to select, choose

esconderse to hide

escondido-a hidden

el **escondite** hiding place; **jugar al escondite** to play hide-and-seek

el **escondrijo** hiding place

escotado-a low-necked, low cut (dress)

escribir to write

escuchar to listen

escurrirse to slip

ese, esa (*adj.*) that; (*pl.*) **esos, esas**

ése, ésa (*pron.*) that one, that; (*pl.*) **ésos, ésas**

el **esfuerzo** effort

eso (*pron.*) that; **en eso** at that moment

la **espada** sword; **sacar la espada** to draw one's sword

las **espaldas** back; **de espaldas** on one's back; **caerse de espaldas** *see* **caer**

espantado-a frightened

espantoso-a frightful

español-a (*adj.*) Spanish; **el español** the Spanish language, Spaniard

la **especie** kind, sort, species

la **esperanza** hope

esperar to wait (for); to expect; to hope

la **espina** thorn; splinter

el **espinazo** spine

el **espíritu** spirit

el **esposo** husband;

la **esposa** wife

está, están *pres. ind. forms of* **estar**

el **establecimiento de campo** farm

la **estación** station

el **estado** state; condition

estallar to explode, burst

la **estancia** farm; estate

estar to be; **Está bien.** It is fine. Very well. **estar para (caer)** to be about to (fall); **¡Ya está!** Now it is ready!; There you are!

este, esta (*adj.*) this; **éste, ésta, esto** (*pron.*) this one; this; the latter; **para** or **por esto** for this reason

el **este** east

estéril barren

el **estilo** style; **por el estilo** of the kind, of that sort

estimar to esteem, respect, appreciate

estipular to stipulate

estirar to stretch out

la **estirpe** stock; lineage, ancestry

esto (*pron.*) this

el **estorbo** annoyance

estoy *pres. ind. form of* **estar**

estrecho-a narrow

la **estrella** star

estremecerse to shiver, shudder

la **estructura** structure

estrujar to squeeze, crumple up

el (la) **estudiante** student

el **estudio** study; studio

estúpido-a stupid
estuve, estuvimos *pret.*
forms of **estar**
eterno-a eternal
evangelizador-a (*adj.*)
evangelizing
evangelizar to evangelize
evitar to avoid
el **examen** examination
examinar to examine
exasperado-a exasperated
excepto except, with the
exception of
el **exceso** excess
exclamar to exclaim,
clamor, cry out
exento: no exento de free
from
la **exhibición** exhibition,
show
el **éxito** success
la **explicación** explanation
explicar to explain
la **exploración** exploration
el (la) **explorador-a** explorer
explotar to exploit
extender(se) (ie) to extend;
to spread out
extranjero-a foreign; **el (la)**
extranjero-a foreigner
extraño-a strange
el **extravío** misconduct
el **extremo** extreme, end

las **facciones** features
fácil easy
la **facilidad** facility, ease
la **falda** skirt
falso-a false; **falso**
movimiento accidental
movement

la **falta** lack; absence; **falta**
de lacking in, for want of
faltar to lack; to be lacking;
Poco faltó para que
(terminase su
visita). (He/she/you)
almost (finished his/her/
your visit)
la **familia** family
famoso-a famous
el **fango** mud; **fangoso-a**
muddy
la **fantasía** whim
el **fantasma** phantom; ghost
el **farol** lantern; **farol de**
viento storm lantern
fastidiar to bother
la **fatiga** fatigue, weariness
el **favor** favor; **hacer el favor**
de please (*in a request*)
fecundo-a fertile, fecund
la **felicidad** happiness
feliz (*pl.* **felices**) happy
felizmente fortunately
el **fenómeno** phenomenon
la **feria** fair; circus; holiday
feroz (*pl.* **feroces**) ferocious;
fierce
fiel faithful
el **fierro** iron
la **fiesta** festival, festivity,
party, celebration
la **figura** figure, form, shape;
hacer mala figura to
make a bad impression
fijamente fixedly, firmly,
assuredly
fijar to fix, fasten
fijarse en to notice, observe
filtrarse to filter, filter
through
el **fin** purpose; end; **al**
fin finally; **en fin de**

cuentas after all; **por fin** finally

fingir to feign, simulate, pretend

fino-a fine, delicate

la **finura** fineness; delicacy; politeness; refinement

la **firma** signature

firmar to sign

firmísimo-a very firm

físico-a physical

la **flor** flower

flote: a flote afloat

el **fogón** hearth, fireplace

el **fondo** back, rear; bottom; **en el fondo** at heart; **al fondo** at the back

forjar to forge; **hierro forjado** wrought iron

la **forma** form

formar to form

la **fortuna** fortune; good luck; **por fortuna** fortunately

forzosamente forcibly, necessarily

el **fracaso** failure

Fragoso-a noisy (proper name)

el **fraile** friar, monk

el **frasco** bottle, jar, flask

la **frase** phrase; sentence

frecuentar to frequent; to visit frequently

frecuente frequent

la **frenopatía** phrenopathy, alienation

la **frente** forehead; face; **frente a frente** face to face

el **frente** front; **frente a** in front of

fresquísima-o very cool

frío-a cold

frotar to rub

la **fruición** delight, pleasure

fue, fueron pret. forms of **ir** and **ser**

el **fuego** fire

la **fuente** fountain

fuera outside; **fuera de** outside of, in addition to; **¡Fuera de aquí!** Be off!, Go away!; **fuera de sí** beside himself/ yourself/herself, crazy

fuerte strong

la **fuerza** force; strength; **a fuerza de músculos** by sheer strength of muscle

las **fuerzas** strength

el (la) **fugitivo-a** fugitive

fui, fuimos pret. forms of **ir** and **ser**

fundar to found

el **fundo** piece of real estate; country estate; property

furioso-a furious

fusilar to shoot, execute

futuro-a future

la **gallina** chicken, hen

el **gallinazo** buzzard

el **gallinero** chicken coop

el **gallo** rooster

la **gana** desire; **sin ganas** unwillingly; **tener ganas de** to feel like, want to

ganar to earn

ganarse la vida to earn a living

el **garaje** garage

la **gárgara** gargling

el **garrote** club

el (la) **gaucho-a** gaucho (Argentinean cowboy/cowgirl)

el **gavilán** hawk

la **gavilla** sheaf; **gavilla de rayos** beam (of light)

el **genio** genius; temper; **mal genio** bad temper

la **gente** people, folks; **ruido de gente** noise (made) by people

germinar to germinate, grow

el **gesto** expression (facial)

girar to rotate, revolve; **hacer girar la llave en la cerradura** to turn the key in the lock

el **girasol** sunflower

el **golpe** blow; shaft; **dar golpes** to beat up

la **goma** gum, glue; **goma de borrar** eraser

la **gota** drop

gozar (con) to enjoy

grabar to engrave

las **gracias** thanks; **dar las gracias** to thank; **gracias a Dios** thank God

gracioso-a attractive; funny

el **grado** degree; **de buen grado** willingly

el **gramo** gram (.035 of an ounce)

la **granada** pomegranate

grande (gran) large, big; great; grand

grandioso-a magnificent

grave grave, serious

gritar to shout, cry out, scream

el **grito** shout, howl, cry

la **grosería** coarseness, rudeness, crudeness

grueso-a thick, heavy; big

el **grueso** thickness

el **grupo** group

guardar to keep; to put away; **guardar silencio** to keep silent; **para sí sola se guardaba** she kept it to herself

el **guardia** guard; **en guardia** on guard

la **guerra** war

el **guía** guide

guiar to guide, lead

la **guiñada** wink; **guiñada inteligente** meaningful wink

la **guitarra** guitar

gustar to please, be pleasing; to enjoy; **le gusta(n)** he/she/you like(s); **les gusta(n)** they like; **no me gusta(n)** I do not like; **no le gustaba(n)** they didn't like

el **gusto** pleasure; taste; liking; **con (mucho) gusto** gladly

ha, han, he, hemos *pres. ind. forms of* **haber**

haber to have (*used to form the perfect tenses*); **haber tomado** having taken; **había, hubo** there was, there were, there existed; **ha de (decir)** he/she/you is (are) supposed (to say); **hay** there is, there are; **hay que** + *inf.*

one must, it is necessary
to; **No había nada más
que hacer.** There was
nothing else to do.;
¿Qué hay? What's the
matter?

hábil clever, able

el (la) **habitante** inhabitant

habitar to inhabit, live in

el **hábito** habit (attire of
military or religious order)

hablar to speak, to talk;
hablar bajito to speak
softly

hablarse de usted speak to
each other in the polite
form

hacer to do; to make; to
have (someone do
something); **desde hace
tiempo** for a long time;
hace algunos años a few
years ago; **hace un rato** a
while ago; **hacer (caer)**
to make (fall); **hacer
calor** to be warm
(weather); **hacer la
guerra** to wage war;
**hacer mala figura, mal
papel** to make a bad
impression; **hacer
números** to figure; **hacía
diez años** ten years
before; **se (me) hace** it
seems (to me)

hacerse to become; **hacerse
(amar)** to make oneself
(be loved); **hacerse temer**
to make onself feared

hacia toward, in the
direction of; **hacia
atrás** backwards

la **hacienda** farm

hago *pres. ind. form
of* **hacer**

halagar to coax; to flatter

hallar to find

hallarse to find oneself, be
(in a place or condition)

Hamadrías type of snake;
(*proper name*)

el **hambre** hunger; **tener
hambre** to be hungry

hambriento-a hungry

el (la) **hambriento-a** starving
person

hará, haremos *fut. ind.
forms of* **hacer**

harto-a sufficient; **harto
de** tired of, fed up with

hasta to, until, as far as, as
much as, up to; even;
hasta ahora so far; **hasta
que** until

hay *see* **haber**

el **hechicero** sorcerer, wizard

hecho *p.p. of* **hacer; hecha
al destierro** accustomed
to exile

heredar to inherit

la **herida** wound

herido-a wounded; **mal
herido** seriously wounded

herir (ie, i) to wound

la **hermana** sister

el **hermano** brother

hermoso-a beautiful ¡**Qué
hermoso!** How beautiful!

herrado-a shod

la **herradura** horseshoe

herrar to shoe (a horse,
mule, etc.); **sin
herrar** unshod

el **hervidero** swarm

hervir (ie, i) to boil

el **hielo** ice; **ser un hielo de**

fría to be cold as ice
la **hierba** tea leaves (**yerba mate**)
el **hierro** iron
el **higo** fig
la **higuera** fig tree
la **hija** daughter; **hijita** my darling; little daughter
el **hijo** son; **los hijos** children
la **hilera** row, line
el **hilo** thread
hincado-a kneeling
hinchar(se) to swell
la **historia** history; story
la **historieta** comic strip; brief account
hizo *pret. form of* **hacer**
el **hocico** nose; muzzle; **hocico mordido** bitten nose
el **hogar** fireplace, hearth; home
la **hoja** blade; panel (of door); leaf
hojear to leaf through, glance through
el **hombre** man; **¡hombre!** My dear fellow!; **hombre a caballo** rider; **hombre de carácter fuerte** man of strong character, strong-willed
el **hombro** shoulder; **al hombro** on the shoulders
hondo-a deep
la **hora** hour; **a la hora de la siesta** at siesta time
la **horma** shoemaker's mold; **la horma de su zapato** his match
hostil hostile, unfriendly

hoy today; **hoy mismo** this very day
hubiera *imp. subj. form of* **haber**
hubo *pret. form of* **haber**
hueco-a empty
huelo *pres. ind. form of* **oler**
la **huella** footprint; trace
el (la) **huérfano-a** orphan child
el **hueso** bone
el (la) **huésped-a** guest
el **huevo** egg
huir to flee, run away
¡Hum! Well!
humilde humble
humildemente humbly, meekly
el **humo** smoke
hundir(se) to sink; to stave in
huye, huyen *pres. ind. forms of* **huir**
huyendo *pres. part. of* **huir**

iba, iban *imp. ind. forms of* **ir**
el **idioma** language
ido *p.p. of* **ir**
la **iglesia** church
igual equal; even; the same; **cosa igual** such a thing
ilusionado-a full of illusion; full of hopeful anticipation
ilusionar to cause illusion, fascinate
impedir (i) to prevent
el **imperio** empire
el **ímpetu** impulse
la **importancia** importance

importante important;
importantísimo very
important
importar to matter; to care;
ni me importa nor do I
care; **¡No me importa!** It
doesn't matter!; **¿No te
importará (beber sin
vaso)?** You won't mind
(drinking without a glass)?
impresionar to impress
impreso-a imprinted,
stamped
el **inca** ruler of Indians living
in the Peruvian Andes
when the Spaniards arrived
incauto-a gullible
inclinado-a leaning
incluir to include
incluyendo *pres. part.
of* **incluir**
incomodar to annoy, vex
inconveniente inconvenient
incorporarse to get up; to
incorporate, join
incurrir to make (an error)
indicar to show, indicate
el **indicio** indication, sign;
trace
indigno-a unworthy,
undeserving
indispensable essential
el (la) **individuo-a** person,
fellow
la **infancia** childhood,
infancy
infantil childlike
infeliz unhappy; unlucky;
gullible
el (la) **infeliz** poor devil;
simpleton
el **infierno** hell
informar to inform; to

advise; to instruct; to
communicate, supply
with news
injusto-a unjust
inmediatamente immediately
inmemorial immemorial,
long ago
inmensamente greatly
inmóvil motionless
la **inmunización** immunization,
protection
inmunizar to immunize,
protect
inmutarse to alter, change;
no inmutarse to be
imperturbed; not to flinch
inocente innocent;
innocent-looking
inquietante disturbing
inquietar to disturb
inquieto-a restless,
anxious, uneasy
la **inquietud** anxiety, worry,
uneasiness
el (la) **inquilino-a** tenant
insolentarse to become
insolent
insolente (*adj.*) insolent,
impudent; shameless
(person)
inspectivamente inspectively
inspirar to inspire
instalar to install, place,
set up
instalarse to place oneself
el **instinto** instinct
el **instituto** institute;
laboratory
la **inteligencia** intelligence;
intellect, mind;
understanding
inteligente (*adj.*) intelligent
la **intemperie** out of doors, in

the open; at the mercy of
the elements
la **intención** intention; **con
intención de llegar**
intending to arrive
intentar to attempt
el **interés** interest; self-
interest; concern
interesado-a (*adj.*)
interested, concerned,
selfish
interesar to interest; to be
interested
internarse to go into
interrogar to ask a
question; **el interrogado**
one who is asked a
question
interrumpir to interrupt
intervenir (ie) to intervene,
mediate
intervino *pret. form
of* **intervenir**
íntimo-a intimate, familiar;
internal, innermost
introducir to put in; to
introduce
el (la) **intruso-a** intruder
la **inundación** flood
inútil useless
invertido-a upside down
el **invierno** winter
inviolable sacred
la **inyección** injection
ir to go; **iba
(cruzando)** was
(crossing); **¿Cómo te
va?** How are you?; **me fui
(acercando)** I gradually
(approached);
¡Vamos! Come on!;
Vamos a casa. Let's go
home.

ir a + *inf.* to be going to
(*often replaces the future
tense*)
la **ira** anger, wrath
irguió *pret. form of* **erguir**
irónico-a ironical
irse to go away
izquierdo-a left (hand)

jamás never, not . . . ever
el **jamo** net
el **jardín** garden
el (la) **jardinero-a** gardener
la **jaula** cage
el (la) **jefe-a** chief; boss
Jesús: ¡Jesús nos ampare!
Heaven help us!
joven young
el (la) **joven** young man (lady)
la **joya** jewel
el **juego** game; gambling
el (la) **juez** judge
jugar (ue) to play; gamble;
jugar al tenis to play
tennis
jugué *pret. form of* **jugar**
el **juicio** judgment; **a mi
juicio** to my way of
thinking
juntarse a (or **juntarse con**)
to join
junto: junto a a close by,
beside; **junto con**
together with;
juntos together
jurar to swear; **juro a Dios**
I swear to God
justamente precisely,
exactly
la **justicia** justice; the police,
the law; authorities
justo-a just; right; **eso era**

lo justo that was the right (thing to do); **lo justo** what is right
la **juventud** youth
juzgar to judge

la the; her; to her; you; it; one
el **labio** lip
el **lado** side; **al lado de** beside; **a un lado** to one side; **de un lado a otro** from side to side
ladrar to bark
el **ladrón,** la **ladrona** thief
la **lagartija** small lizard
el **lago** lake
la **lágrima** tear
lamentar(se) to moan; to complain; to wail; to grieve
la **lámpara** lamp
Lanceolada proper name (from **lanzar**)
lanzar to throw, hurl; to launch; to let loose
lanzarse to rush; to start out
largo-a (adj.) long; **de largo** in length; **el largo** length
larguísimo-a very long
las the; them, to them; you; **las de** those of; **las que** those which
la **lástima** pity, shame; **¡Qué lástima!** What a pity!
los **latidos** heartbeats
el **látigo** whip
lavar to wash

el **lazo** loop, noose, lariat, lasso
le him, to him; you, to you; her, to her
la **lección** lesson
el **(la) lector-a** reader
la **lectura** reading
el **lecho** bed
la **lechuza** screech owl
leer to read
la **legua** league (three miles)
lejos far, far away
la **lengua** tongue
lentamente slowly
los **lentes** glasses, spectacles; **lentes negros** sunglasses
la **lentitud** slowness, sluggishness
la **leña** firewood
el **león** lion
el **(la) leproso-a** leper
les them, to them; you, to you
levantar to lift, raise
levantarse to get up, rise
leve light, slight
la **ley** law
la **leyenda** legend
la **libertad** freedom
librar to free, set free
libre free
la **libreta** notebook, memorandum book
el **libro** book
ligero-a fast, rapid, swiftly; light
el **límite** limit; boundary
la **limosna** alms
limpiar to clean
limpio-a clean; blank
el **lindero** boundary, landmark

lindo-a pretty
la **línea** line
el (la) **lisiado-a** disabled,
    maimed, crippled
liso-a smooth
la **lisonja** flattery
la **liviandad** lightness;
    frivolity, triviality
lo the; him; it; **lo que**
    what, that, which
loco-a crazy, mad
la **locomotora** locomotive,
    engine
la **locura** madness
el **lodazal** muddy place
lograr to succeed in; **ha
    logrado (hacerse)** he/she/
    you has (have) succeeded
    in (becoming)
la **loma** hill
el **lomo** back (of an animal)
el **loro** parrot
los the; them; you
la **lucha** struggle; strife;
    battle; argument
luchar to struggle; to fight
luego then; soon; next;
    afterwards
el **lugar** place, spot; town; **en
    primer lugar** in the first
    place; **lugar donde
    dormir** a place to sleep;
    tener lugar to take place
lúgubre lugubrious,
    mournful
el **lujo** luxury
lujoso-a luxurious, showy
luminoso-a luminous,
    shining
la **luna** moon; **el rayo de la
    luna** moonlight
la **luz** light; **la luz de la**

la **luna** moonlight; **la luz
    del sol** sunlight

llamado-a called, named;
    está llamado a (ser) he/
    she/you is (are) called to
    (be)
llamar to call, name; to
    knock (at a door); to
    attract (attention)
la **llamarada** flash; sudden
    blaze; **llamarada
    salvaje** savage rage;
llamarse to be called
    (named); **¿Cómo se
    llama?** What is his
    name?; **me llamo** my
    name is; **se llama** his/
    her/your name is
el **llano** plain
el **llanto** crying, weeping
la **llegada** arrival
llegar to arrive; to get to; to
    get somewhere; **llegar
    a** become; end by doing
    something; **llegar hasta**
    to reach
llegué *pret. form of* **llegar**
llenar to fill
llenarse to be filled up;
    llenarse de to get filled
    with
lleno-a full, replete,
    complete; **de lleno**
    entirely, totally; **queda
    todo lleno de
    sangre** ends up stained
    with blood
llevar to take; to carry; to
    wear; to bring; to lead

llevarse to carry (take)
away
llorar to cry, weep
llover (ue) to rain
la **lluvia** rain

el **machete** machete, cane
knife
el (la) **machi** medicine man
(woman)
la **madera** wood
el (la) **maderero-a** timber,
lumber dealer
la **madre** mother
Madrid capital of Spain
maduro-a ripe
el (la) **maestro-a** teacher;
master
la **magia** magic; **magia blanca
(negra)** white, (black)
magic
magnífico-a magnificent,
splendid, grand
magno-a great, grand
el (la) **mago-a** magician
el **mal** evil (deed); **No hay
mal que por bien no
venga.** Every cloud has a
silver lining.
maldito-a cursed
malo-a bad, wicked; wrong
maltratar to mistreat
la **mamita** mommy
la **mancha** spot
el **mandado** errand
mandar to send; to order,
to command; to rule; **Las
mandó (tirar).** He/She/
You had them (thrown
away).
la **mandarina** Mandarin,
mandarine (fruit)

manejar to manage, to take
care of
la **manía** mania, fad, habit
la **mano** hand
la **manta** blanket
mantener (ie) to keep
mañana tomorrow
la **mañana** morning; **a la
mañana (siguiente)** (in)
the (next) morning; **de la
mañana** in the morning;
a.m.; **por la mañana** in
the morning
el **mapa** map
la **máquina** machine; **la
máquina fotográfica**
camera
el **mar** sea
maravillarse to marvel at,
wonder at, be surprised
maravilloso-a marvelous
la **marca** mark, stamp
marcar to mark
el **marco** frame
la **marcha** march; **¡En
marcha!** Let's go!
marchar to march; to walk
marcharse to go away,
leave
el **marido** husband
martirizado-a tortured
mas but
más more, most; rather;
los más (de ellos) most
(of them); **más o menos**
about, more or less; **más
que** more than; **más y
más** more and more;
nada más nothing else;
no . . . más que
only; **¿Qué más?**
What else?
masticar to chew

la **mata** tree; **mata de mamoncillo** honey-berry tree
matar to kill
matar a palos to club to death
el **mate** mate (tea), yerba mate
el **matrimonio** marriage
mayor older
los **mayores** adults, grown-ups
la **mayoría** majority
me me, to me, for me, myself
las **medias** stockings; socks
la **medicina** medicine
la **medida** measure; **a medida que** as, at the same time as, in accordance with
medio-a half; **a la media noche** at midnight
el **medio** means; middle; **en medio de** in the middle of; in the midst of
los **medios de transporte** means of transport
el **mediodía** noon
medir (i) to measure
la **mejilla** cheek
mejor better; **el/la mejor** the best, the greatest; **¡Mejor!** All the better!
la **melancolía** melancholia, gloom, "blues"
melancólico-a melancholy, sad, gloomy
el (la) **mellizo-a** twin
la **memoria** memory; **hacer memoria** to remember
mencionado-a mentioned
el (la) **mendigo-a** beggar
menor younger; less
menos less; **en menos de** in less than; **menos**

que less than; **por lo menos** at least
mentir (ie, i) to lie, tell a falsehood
la **mentira** lie
mentiroso-a liar
menudo: a menudo often
el **mercado** market
el **mes** month; **al mes** monthly; per month
la **mesa** table; **mesita** small table; **poner la mesa** to set the table
meter to put (in), to get (in); **estar metido en** to be inside of
meterse en la cama to get into bed, to go to bed
el **metro** meter (39.37 inches); meter (in poetry)
mi my
mí me, myself; **para mí** to myself
el **miedo** fear; **tener miedo** to be afraid
mientras while; **mientras tanto** meanwhile
mil (a) thousand
Mil y una noches Arabian Nights
el **minuto** minute
mío-a my, mine, of mine
la **mirada** glance, look; **mirada de experto** expert glance
mirar to look, look at; **mirar de frente** to look straight in the face
mirarse to look at each other; to look at oneself
la **misa** mass; **Misa del Gallo** midnight mass
la **miseria** misery; poverty

mismo-a self; very; same;
allí mismo right there; **a mí
mismo** to myself; **él mismo**
he himself; **el mismo (día)**
the same (day); **el mismo
diablo** the devil himself;
(esa) misma (noche) (that)
same (night); **lo mismo**
the same (thing); **yo mismo**
I myself
el **misterio** mystery
misterioso-a mysterious
la **mitad** middle; half
el (la) **modelo** model, pattern,
standard
el **modo** manner, way; **de
modo que** so that; and so
mojar to wet, soak
el **mojón** landmark
molestar to disturb, bother
el **momento** moment; **al
momento** immediately,
instantly
la **moneda** coin; **monedas de
oro** gold coins
el (la) **monstruo** monster
monstruoso-a enormous
la **montaña** mountain
montar to mount, ride
el **monte** woods, wooded
uplands
la **montura** saddle and
trappings
la **mordedura** bite
morder (ue) to bite
moreno-a dark-skinned
morir(se) (ue, u) to die
el (la) **moro-a** Moor (The
Muslims invaded and
conquered Spain in the
eighth century and
remained there until they
were driven out in 1492.)

la **mosca** fly
mostrar (ue) to show
el **motivo** motive, cause,
reason
moverse (ue) to move
el **movimiento** movement,
move; disturbance
el (la) **mozo-a** young man,
lad, young woman; **ser
buen mozo** to be a
handsome lad
la **muchacha** girl
el **muchacho** boy
la **muchedumbre** crowd, flock
mucho-a much, (*pl.*) many,
a lot, a great deal; **Lo
conocí mucho.** I knew
him well.;
muchísimo very much;
mucho que comer much
to eat
mudo-a speechless; mute;
dumb; silent
la **mueca** grimace; wry face
la **muela** molar; tooth
muere, mueren *pres. ind.
forms of* **morir**
la **muerte** death
muerto-a dead
el (la) **muerto-a** corpse; dead
man (woman)
la **mujer** woman; wife
la **mula** mule
el **muladar** rubbish, dump,
shoot; dungheap
el **mundo** world; **todo el
mundo** everybody
la **muralla** wall, rampart
el **murciélago** bat
muriendo *pres. part. of*
morir
murió *pret. form of* **morir**
murmurar to mutter

el **muro** wall
el **músculo** muscle; **a fuerza
de músculos** by sheer
strength (of muscle)
el **museo** museum
la **música** music
el (la) **músico-a** musician
el **mutis** exit
mutuamente mutually
muy (*adv.*) very; greatly;
most; **muy señora
mía** my dear lady

nacer to be born
nací *pret. form of* **nacer**
nacido-a born
nada nothing; not at all;
nada de eso none of that
nadie no one, nobody, not
anyone; **nadie más** no
one else
el **naranjo** orange tree
la **narración** narration, story
natal (*adj.*) native, home
la **naturaleza** nature
la **Navidad** Christmas
la **neblina** fog, mist
necesario-a necessary
la **necesidad** need
necesitar to need, be in
need (of)
necesitarse to be needed
negar (ie) to deny
negarse a to refuse
el **negocio** business; **los
negocios** business
negro-a black, dark;
negrísimo-a very black,
pitch black
ni nor, not even; **ni . . .
ni** neither . . . nor

el **nido** nest
niega *pres. ind. form of*
negar
la **nieta** granddaughter
el **nieto** grandson
ningún, ninguno-a no,
none, no one; not . . . any
el **niño** little boy; **la
niña** little girl, child;
lady (as a title of respect
given to adults); **los
niños** children
nítidamente clearly
no not, no, non
la **noche** night; **buenas
noches** good evening,
good night; **de noche** by
night, at night; **esta
noche** tonight; **(las ocho)
de la noche** (eight
o'clock) in the evening;
por la noche in the
evening, at night
nombrar to name, mention
the name of a person; to
appoint
el **nombre** name; **en nombre
de** in the name of
el **norte** north
nos us, to us, for us,
ourselves
nosotros-as we, us,
ourselves
la **nota** note
notable remarkable, notable
notar to notice
la **noticia** notice; piece of
news; **dar noticia** to
notify
la **novedad** novelty; **sin
novedad** without
incident, as usual
la **nube** cloud

la **nuera** daughter-in-law
nuestro-a our, ours, of ours; **Es de las nuestras.** She is one of us.
nuevamente again
nueve nine
nuevo-a new; **de nuevo** again
el **número** number; **hacer números** to figure
numeroso-a numerous
nunca never
Nacaniná type of nonpoisonous snake; (*proper name*)

o or
obedecer to obey
el **objeto** object, purpose
obligar to force
obrar to work, perform, execute
obrero-a working class
el **obsequio** gift; **en obsequio de** as a tribute to
observar to observe
obtener to obtain, get
ocultar to hide
ocupar to occupy; to take up
ocuparse (de or **en)** to busy one's self (with); to devote one's self (to)
ocurrir to happen; to take place; **lo ocurrido** what took place; **¡Qué ideas se le ocurren tío!** What ideas you think of, uncle!; **se me ha ocurrido** it has occurred to me

ochenta eighty
ocho eight;
  ochocientos eight hundred
odiar to hate
el **odio** hatred
el **oeste** west
ofender to offend
la **oferta** offer
el **oficial** officer; journeyman, skilled workman
el **oficio** trade
ofrecer to offer; **¿Qué se le ofrece?** What do you wish?
ofrezco *pres. ind. form of* **ofrecer**
el **oído** ear; **al oído** confidentially; **al oído del hombre** into the man's ear
oír to hear; to listen to; **al oír** on hearing
la **ojeada** glance; **dar (echar) una ojeada** to cast a glance
ojeroso-a with dark circles under the eyes
el **ojo** eye; **en un abrir y cerrar de ojos** in the twinkling of an eye
la **ola** wave
oler to smell **huelo** *pres. ind. form of* **oler**
el **olor** smell, fragrance, odor
olvidar to forget
el **ombligo** navel
once eleven
ondular to wriggle; to ripple; to move
oponer to oppose
oprimir to oppress,

overpower; to squeeze, crush

optar to choose; to decide

opuesto-a opposite, contrary

la **orden** order; command; **a (sus) órdenes** under (his/her/your) command

el **órgano** organ, pipe organ

el **orgullo** pride

la **orilla** edge; shore, bank; **a la orilla de** on the shore of

el **oro** gold

la **oscuridad** darkness

oscuro-a dark, obscure

otro-a other, another, another one, any other; **las otras** the others

la **oveja** sheep

oye, oyen *pres. ind. forms of* **oír**

oyendo *pres. part. of* **oír**

oyó, oyeron *pret. forms of* **oír**

paciencia: ¡Paciencia! Have patience! Make the best of it!

paco-ladrón cops and robbers

el **padre** father; **padre de familia** family man

los **padres** parents

pagar to pay

el **país** country, nation

el **paisaje** landscape

el (la) **paisano-a** countryman; countrywoman; peasant

la **paja** straw

el (la) **pajarraco-a viejo-a** old ugly bird

la **palabra** word; **¡Palabra!** On my word of honor! **sin decir palabra** without saying (a single) word

el **paladar** palate

la **paleta** artist's palette

pálido-a pale

el **palo** stick

palpitar to beat, palpitate

la **pampa** pampa (grassy plains of Argentina)

el **pan** bread

la **panadería** bakery

el **pantalón** (*usually used in pl.:* **pantalones**) pants

la **pantorrilla** calf of the leg

el **pañuelo** handkerchief

la **papa** potato

el **papel** paper

par equal; **el par** pair

para for, to, in order to, toward; **¿Para qué?** Why? For what purpose?

el **parapeto** parapet, railing

parar to stop

parecer to seem, appear; look like; seem best; **al parecer** apparently; **(me) parece que** it seems (to me) that; (I) think that; **¿No le parece?** Don't you think so?; **¿Te parece que (nos sentemos)?** Do you think that (we should sit down)?

parecerse a to look like, resemble

la **pared** wall

parezca *pres. subj. form of* **parecer**

pariente relative

la **parrilla** broiler, grill;
(also proper name)

parroquial (adj.) parochial,
parish; **casa parroquial**
parish house

parte part; **la mayor parte**
most; **por mi parte**
as far as I am concerned;
por ninguna parte (in
negation) nowhere; **por
todas partes** everywhere

particular private;
peculiar; particular;
special; **en particular**
especially

la **partida** (police) squad

el **partido** political party;
game

partir to depart, leave, set
out; to divide; **partir en
dos** cut in two

pasar to pass, pass by; to
spend (time); to happen;
to take place; **ha pasado**
has happened; **pasar de**
to exceed; **¿Qué le pasa?**
What's the matter with
him?; **¿Qué le pasa a
Ud.?** What's happening
to you?; What's the matter
with you?; **¿Qué te
pasó?** What happened to
you?

pasear(se) to take a walk,
stroll; **nos paseamos a
pie** we walked

el **paso** step, pace; passage;
dar pasos to walk

el **pasto** pasture, grassland;
grazing

la **pata** foot, leg (of a table,

chair, animal, etc.); **patas
arriba** upside down

la **patada** kick; **a patadas** by
kicking

el **patio** courtyard, patio

la **patraña** hoax, fabrication

el **patrón, la patrona**
landlord; landlady,
mistress

Patronio proper name

el **pavor** terror, dread

la **paz** peace

el **pecho** chest

el **pedazo** piece; **hacer
pedazos** to break or tear
into pieces

pedir (i) to ask, to ask for,
to demand

pegar to beat

pelear to argue, fight

el **peligro** danger

el **pelo** hair; coat (of an
animal)

la **pelota** ball

la **pena** trouble, unhappiness,
suffering; **a duras
penas** with great
difficulty; **valer la
pena** to be worth the
trouble

pender to hang (from)

penetrante penetrating;
sharp, keen, acute

pensar (ie) to think; **pensar
en** to think about; **pensar
(ir)** intend (to go)

pensativo-a thoughtful

el (la) **pensionista** boarder

el **peón, la peona** peon, farm
hand; day laborer

peor worse; worst

pequeño-a little, small

perder (ie) to lose; **perder pie** to slip
perderse to be lost, get lost
la **pérdida** loss
perdido-a lost; hidden
perdón pardon
perdonar to pardon; to forgive
el (la) **peregrino-a** pilgrim
perezoso-a lazy
el **permiso** permission
permitir to allow, permit, grant
pero (*conj.*) but, yet, nevertheless
el (la) **perro-a** dog
perseguir (i) to pursue, to chase
la **persona** person; **en persona** personally
la **perspectiva** prospect
pertenecer to belong
peruano-a Peruvian
la **pesadilla** nightmare
pesar to weigh (upon); to be heavy; **a pesar de** in spite of
el **pesar** grief, trouble
el **pescado** fish
pescar to fish, catch
el **peso** peso (Argentinean, Mexican, etc., monetary unit); **llevar en peso** to carry off
la **pestilencia** stench
el (la) **pícaro-a** rogue, rascal
pido *pres. ind. form of* **pedir**
el **pie** foot; **a pie** on foot; **al pie de** at the foot of
la **piedra** stone
piensa, piensan, pienso *pres. ind. forms of* **pensar**

la **pierna** leg
la **pieza** room, part, piece; play
el **pincel** artist's brush
pinchar to prick
pintar to paint
pisar to step on, tread upon
el **piso** floor; **piso de tierra** earthen floor
plagar to cover; to fill **estar plagado de** to be overburdened or plagued with
plantado-a placed
la **plata** silver
el **plato** dish (of food)
la **playa** beach
la **plaza** square (in a city)
el **plazo** period; time limit; term; **fijar un plazo** to set a time limit
la **pluma** feather; plume
el **plumaje** feathers, plumage
pobre poor, unfortunate
la **pocilga** pigsty, piggery
poco-a (*adj.*) little, scanty, small, few; (*adv.*) little, briefly, shortly, in a short time; **al poco rato** in a little while; **no pocos** many; **poco a poco** gradually, gently; **poco después** shortly after; **por poco (se muere)** almost (died); **un poco** a little while; **un poco de** a little
poder (ue) to be able; to have power; to be possible, **no pudo menos de** he/she/you could not help but; **se puede** one

can; ¿**Se puede?** May I
(come in)?
el **poder** power
la **policía** police; **el
policía** policeman
el (la) **político-a** politician
pololo boyfriend
el **polvo** dust
poner to put, place, set;
poner al fuego to put on
the fire; **ponerla cómoda**
to make it/her comfortable;
poner la mesa to set the
table; **poner nombre** to
name, nickname
ponerse to put on, wear; to
become; to turn; to place
oneself; **cuando el sol se
pone** when the sun sets;
ponerse a or **en** to start;
ponerse contento to be
happy; **ponerse de
acuerdo** to come to an
agreement; **ponerse en
camino** to get started;
ponerse en marcha to get
under way; **ponerse
pálido** to turn pale;
ponerse rojo to blush; **se
puso** he/she/you became
por by, through, because
of; for; along; as; instead
of **por entre** between,
among; ¿**Por qué?** Why?;
por no haber (ido)
because he hadn't (gone)
los **pormenores** details
porque because, for
el **portal** porch; entrance;
vestibule
el **portillo** hole, opening, gate
posar: posar (una mirada)

en to cast (a glance) upon
poseer to possess, own
la **posibilidad** possibility
la **posta** post, relay station;
first-aid station
el **postre** dessert
la **potencia** power
el **pozo** well
la **precaución** precaution,
guard, vigilance
predominar to
predominate, prevail
preferido-a preferred;
preferido de preferred by
la **pregunta** question; **hacer
preguntas** to ask
questions
preguntar to ask
(a question)
prender to arrest; to seize;
prender fuego to set on
fire
preparar(se) to prepare; to
get ready; **prepararse
para** get ready to
la **presa** hold; **soltar presa**
to let go (release pressure)
la **presencia** presence,
appearance
presentar to introduce
presentar(se) to present
(oneself)
el **presentimiento** misgiving,
premotion
el (la) **presidiario-a** convict
el **presidio** penitentiary,
prison
presidir to preside over, to
direct
preso-a imprisoned
el (la) **preso-a** prisoner
prestar to lend

el **pretendiente** suitor

prevenir (ie) to prepare for, forestall, prevent; to warn

prever to foresee

previsto-a (p.p. *of* **prever**) foreseen

el **primado** primate, important priest

primero-a first, former

el (la) **primo-a** cousin

el **príncipe** prince; **el príncipe azul** Prince Charming

principiar to begin

el **principio** beginning; **al principio** at first

la **prisa** haste; **de prisa** fast; in a hurry

la **prisión** prison

privado-a private

probar (ue) to taste; to prove; to test, try out

proceder to behave, act

produjo pret. *form of* **producir**

la **profesión** profession, occupation

profundo-a deep, profound

profuso-a lavish

prometer to promise

pronto soon; **de pronto** suddenly; **lo más pronto posible** as soon as possible; **tan pronto como** as soon as

la **propiedad** property

propio-a own, one's own

proponer to propose; suggest

el **propósito** purpose; intention, aim; **a propósito** for the purpose

propuso pret. *form of* **proponer; se propuso** he/she/you decided to

proseguir (i) to continue with; to pursue; to proceed, carry on

prosperar to prosper; to make happy; to favor; to be prosperous

el (la) **protector-a** protector

protestar to protest

provocar to provoke, incite; to rouse

prudentemente prudently

la **prueba** proof; trick; trial; **hacer prueba de** to try, test

publicar to publish

pude, pudieron, pudo pret. *forms of* **poder**

el **pueblo** town; country; people; **todo el pueblo** the whole town

puedo, puede, pueden pres. ind. *forms of* **poder**

la **puerta** door, doorway, gate; **la puerta del sol** square in the center of Madrid

pues then; for; since; well

puesto p.p. of **poner; puesto que** since

el **puntal** prop; support

las **puntillas: de puntillas** on tiptoe

el **punto** point, moment; **a punto de** on the point of; **a punto de morirse de hambre** on the point or verge of dying from hunger; **en punto** exactly; sharp (referring to the

hour), on the dot; **punto
de apoyo** fulcrum,
support
el **puñado** handful
el **puñal** dagger, poniard
la **puñalada** stab (with a
dagger)
puro-a pure, clear
la **púrpura** crimson
puse, pusieron, puso *pret.
forms of* **poner**

que as, than; (*rel, pron.*)
who, which, whom, that;
when; (*conj.*) that, for,
because; **al que** to
whomever; **la que** who;
the one which; **¿Para
qué?** What for?; **¿Por
qué?** Why?; **¿Qué?** (*int.
pron. and adj.*) What?,
(*adv.*) how; **¡Qué!** What
a!; **¡Qué higos!** What
(*wonderful*) figs!; **¡Qué me
ha de pagar!** Of course
he is not going to pay me!
la **quebrada** ravine
quebrantar to break; to
violate, transgress, weaken
quedar to remain, be left;
(*with participle*) to be;
quedar mal to make a
bad impression; **No le
queda más (otro)
remedio.** He has no other
choice
quedarse to stay, remain;
se queda he/she/you
stay(s)
quejarse to complain; to moan
el **quejido** moan; groan
quemadura sunburn

quemar to burn, tan; **El sol
nos quemó.** The sun
burned us.
quemarse to be burned
querer (ie) to want, wish;
to love, care for (a person);
to be willing; to try;
querer decir to mean
quererse to love each
other; **quererse con
locura** to be madly in
love
querido-a beloved
el **queso** cheese; **queso de
higos** fig paste
quien who, he who, the
one who, someone who;
¿Quién? Who?; **¿Quién
más?** Who else?
quiere, quieren *pres. ind.
forms of* **querer**
quietecito-a very quiet, still
quieto-a quiet
la **quijada** jaw
quince fifteen
quinientos-as five hundred
quise, quiso *pret. forms
of* **querer**
quitar to remove, take
away (off); **quitar de en
medio (a uno)** to get rid
of (someone), get
(someone) out of the way
quitarse to take away; to
take off (clothing)

la **rabia** rage, fury
la **rama** branch
el **ramalazo** lash; weal, mark;
ramalazo de viento gust
of wind; **ramalazo de
lluvia** lash of rain

el **rancho** farmhouse
rápido-a rapid, swift
raro-a rare; weird, odd; strange; **¡Cosa más rara!** What a strange thing!
el (la) **rastreador-a** track finder, tracer
rastrear to track, follow
el **rastro** track, trace
la **rata** rat
el **rato** short time, while, little while; **al poco rato** in a little while; **hace un rato** a little while ago; **largo rato** for a long time
el **ratón** rat
la **raya** line; **rayita** small line
el **rayo** ray
la **raza** race, clan
la **razón** reason; **tener razón** to be right
real royal; real
la **rebanada** slice
rebelde stubborn; unmanageable; rebellious
la **rebelión** insurrection, revolt, rebellion
recapacitar to think over, consider something
recaudar to take, collect
recibir to receive; to accept, take; to go out to meet
recién, reciente recent, new; **recién nacido** newborn
recio-a strong, vigorous, robust; sturdy
reclamar to reclaim
recoger to pick, gather, collect

reconocer to recognize
recordar (ue) to remember
recorrer to run over; to travel through
recostado-a leaning against, reclining
los **recursos** resources; means, money
rechazar to reject, refuse, turn down
la **reducción** village of Indians converted to Christianity
la **referencia** reference
referir (ie, i) to narrate, relate
refrescar to cool
regañar to scold
regresar to return
regresarse to come along homeward
rehusar to refuse
la **reina** queen
reír (i) to laugh
reírse de to laugh at
reja grill; **reja de fierro forjado** wrought iron grill
el **relámpago** lighting, flash
relatar to narrate
relevar to reveal, disclose, lay bare, divulge, make known
el **relieve** relief; social standing; prominence
el **reloj** watch, clock
el **remanso** pool
el **remedio** remedy; **no hay más remedio que** there's nothing left to do but; **no tener más remedio que** to have no other choice than
remover (ue) to stir

rendir (i) to yield
rendirse to surrender, give
  up
renunciar to resign
repartir to share
repetir (i) repeat
repetirse to be repeated,
  recur
repitió *pret. form of* **repetir**
replicar to answer, retort;
  to contradict
la **representación** reproduction,
  copy
el (la) **representante**
  representative
reprobar (ue) to disapprove
reprobatorio admonishing
el **reptil** reptile
resbalarse to slip, to skid
resentido-a hurt, showing
  resentment
resistir to resist; to hold
  out, withstand
resolver (ue) to decide; to
  solve (a problem)
resonar (ue) to resound
respetable respected,
  esteemed
respetar to respect
el **respeto** respect
la **respiración** breathing
respirar to breathe
responder to answer, reply
restablecer to reinstate,
  reestablish
el **resto** rest, remainder,
  remnant
el **resultado** result(s)
retener (ie) to hold back
retirar (se) to withdraw,
  retire, retreat
retroceder to withdraw,
  fall back

reunir (se) to gather,
  assemble; to join, meet
revelar to reveal
reventar to blow up, burst
el **revés** wrong side; back side
la **revista** magazine
revolver (ue) to turn over
revuelto-a jumbled, in a
  mess, in disorder;
  disarranged
el **rey** king; **para un rey** fit
  for a king
rezar to pray
el **rezo** prayer
rico-a rich; delicious; **el**
  rico rich person
el **rincón** corner
la **riña** fight, quarrel
rió *pret. form of* **reír**
el **río** river
el **Río de la Plata** estuary of
  Paraná and Uruguay rivers
  between Uruguay and
  Argentina, 100 miles long
  and from 23 to 56 miles
  wide
el **Río Paraná** Parana River;
  South American river that
  runs from Brazil to
  Argentina
la **risa** laughter
robar to steal, rob
rodar (ue) to roll
rodear to surround
la **rodilla** knee; **de**
  rodillas on one's knees
rogar (ue) to beg
rojo-a red
romper (se) to break
la **ropa** clothing; clothes
el **rosal** rosebush
roto-a broken
el (la) **roto-a** common man

(woman) poor man
(woman) (*Amer.*)
rubio-a blond, blonde
ruborizarse to blush
rudo-a rough
el **rugido** roar
el **ruido** noise, sound
el **rumor** rumor; sound
(of voices)

el **sábado** Saturday
saber to know (how); to
learn; ¿**Quién**
sabe? Perhaps.; **se**
sabe it is known
el **saber** knowledge, learning
la **sabiduría** wisdom
sabio-a wise, learned,
sophisticated
el (la) **sabio-a** wise man
(woman), sage
el **sable** saber
sacar to take out; to get;
sacar la lengua to stick
out one's tongue; **sacar**
fuerzas de flaqueza to
bring strength out of
weakness; **sacarse el**
sombrero to take off
one's hat
el **saco** coat; **saco de brin**
thick linen coat
la **sacudida** quiver, quick
movement, start; fright
sacudir to shake, quiver;
sacudir la cabeza to
shake one's head
la **sala** living room
la **salida** way out, exit, outlet
salir to go (come) out,
leave; **salir de pobre** to

escape from poverty
saltar to jump, leap, hop
saludar to greet
saludos greetings
salvaje savage; wild
el (la) **salvaje** savage (person)
salvar to save
salvarse to be saved,
escape from danger
el **sanatorio** sanatorium; **el**
sanatorio frenopático
insane asylum
la **sandalia** sandal
la **sangre** blood
sangriento-a bloody
santo-a holy
el (la) **santo-a** saint
sañudo-a furious, enraged
el **sarcasmo** sarcasm, irony
el **sardinel** brick walk
se to him, to you; himself,
yourself, themselves; each
other, one another
sé *pres. ind. form of* **saber**
secarse to dry, wipe
seco-a dry
el **secreto: en secreto** secretly
secuestrar to seize,
sequester; to kidnap,
abduct
la **sed** thirst: **tener sed** to be
thirsty
seguida: en seguida at
once
seguir (i) to follow; to go
(keep) on; **seguir**
diciendo to keep on
saying; **seguir la**
corriente to go along
with
según according to
(what), as
segundo-a second

seguramente surely
seguro-a sure, certain; safe
seis six; **seiscientos** six hundred; **las seis de la mañana** six o'clock in the morning
la **selva** forest, jungle
la **semana** week
sembrar to sow; to seed
el **semental** stud
el **sendero** path
sentado-a sitting
sentar (ie) to sit
sentarse to sit down
el **sentido** sense; consciousness
el **sentimiento** feeling, sentiment
sentir (ie, i) to feel; to be sorry, regret; to be conscious of (smell, etc.)
sentirse to feel (well, bad, etc); **¿Cómo se siente?** How do you feel?; **sentirse con fuerzas** to feel oneself to be strong
la **señal** signal; sign
señalar to point out, point to; to name; to mark
el **señor** gentleman; Mr.; sir
la **señora** lady; wife; Mrs.; madam; (used also as a mark of respect and not translated; e.g., **su señora madre**)
la **señorita** miss; young lady
sepan pres. subj. form of **saber**
separado-a separated
el **sepulcro** grave, sepulcher
ser to be; **es decir** that is to say; I mean

sereno-a calm
serio-a serious, in earnest; reliable
el **serpentario** serpent house
la **serpiente** serpent, snake: **serpiente de cascabel** rattlesnake
el (la) **serrano-a** mountaineer
servir (i) to serve, be of service; **¿Para qué sirve ...?** Of what use is ...?; **servir (de)** to serve (as)
sesenta sixty
la **sesión** session
setecientos seven hundred
si if, whether; why!; **¡Si es inútil!** Why, it is useless!
sí yes, indeed; self; themselves, herself, yourself, himself; each other; **para sí** to (for) himself/herself/yourself, themselves; **por sí mismo-a** for himself/herself/yourself
sideral sidereal, astral
sido p.p. of **ser**
siempre always, ever: **para siempre** forever
siendo pres. part of **ser**; **siendo que** (conj.) since
la **sierra** sierra, mountain range
siete seven
el **siglo** century
significar to mean, signify
sigo, sigue pres ind. forms of **seguir**
siguiente following, next; **al día siguiente** the next day
siguió pret. form of **seguir**
silbar to hiss; to whistle

el **silbido** hissing; whistling

el **silencio** silence

silencioso-a silent, quiet

la **silla** chair

el **sillón** easy chair

el **símbolo** symbol

sin without; **sin que** without

sino except, but, instead; **No es capaz sino de enamorarse.** She/He is capable of nothing but falling in love. **no . . . sino** only, just; **sino que** but, except

el **sinónimo** synonym

sintió *pret. form of* **sentir**

el **síntoma** symptom; **síntomas de envenenamiento** symptoms of poisoning

siquiera even; at least; **ni siquiera** not even

el **sitio** place, spot

sobrar to have left over, be in excess

las **sobras** leftovers

sobre on, upon, over; about; above; **sobre todo** especially

el **sobrino** nephew; **la sobrina** niece; **sobrina nieta** grandniece

sobrio-a dark-colored

social social; **nivel social, posición social** social standing, social position

el **socorro** help, aid, assistance

sofocar to choke, suffocate; to suppress

el **sol** sun

solamente only

la **soledad** lonely place; solitude

solo-a alone, only, single; lonely, lonesome; **a solas** all alone

soltar (ue) to let loose; to loosen; to set free

el **solterón,** la **solterona** old bachelor, old maid

la **sombra** shadow, shade; **a la sombra** under the shade

el **sombrero** hat

sombrío-a somber, shady, dark

somos, son *pres. ind. forms of* **ser**

el (la) **sonámbulo-a** somnambulant, sleepwalker

el **soneto** sonnet

sonreír to smile

sonriente smiling

la **sonrisa** smile

soñar to dream

la **sopa** soup

el **soplo** breath, blowing

sordo-a deaf; **hacerse sordo** to turn a deaf ear, pretend not to hear

sorprendente surprising

sorprender to surprise; **sorprendido-a** surprised

sorprenderse to be surprised

la **sorpresa** surprise; **de sorpresa** by surprise

la **sospecha** suspicion

sospechoso-a suspicious

sostener (ie) to hold up, support

soy *pres. ind. form of* **ser**

su his, her, its, your, their

subir to go up, climb
subirse (a) to climb
el **suburbio** surrounding
  residential districts
suceder to happen
el **suceso** incident, event
el **sudor** sweat, perspiration
la **suegra** mother-in-law
el **suegro** father-in-law
sueldo salary
el **suelo** floor; ground
el **sueño** sleep; dream; **tener
  sueño** to be sleepy
el **suero** antitoxin, serum,
  antidote
la **suerte** fate, fortune
sufrir to suffer; to endure,
  bear
sujetar to secure, hold
la **suma** sum, amount
supe, supo *pret. forms
  of* **saber**
la **superchería** fraud, trick
suponer to suppose; to
  weigh on (upon)
supongo *pres. ind. form
  of* **suponer**
supremo-a supreme
el **sur** south
suspender to stop
sustentarse to support,
  hold up; to maintain
suyo-a (*pron.*) his, of his,
  hers, of hers, its, theirs, of
  theirs, yours, of yours;
  el suyo his/hers/yours

la **tableta** cube; cake
  (of paint)
taconear to tap one's heels;
  taconeo heel tapping

taimado-a sly, shrewd,
  astute
tal such, such a; that; ¿**Qué
  tal?** How are you?; ¿**Qué
  tal** . . . ? What sort of
  . . . ?; **tal como** like; **tal
  vez** perhaps
el **tallo** stem, stalk
el **tamaño** size; bulk; shape
también also, too, likewise
tampoco neither
tan so; as; **de tan
  (mala manera)** in such
  a (terrible manner);
  **tan (fuerte) como
  (la muerte)** as (strong)
  as (death)
tanto-a so much
tapar to cover, cover up; to
  obstruct, dam up
tapiar to wall in, enclose,
  fence in
la **tarántula** tarantula, spider
tardar to delay, be late;
  tardar en to take a long
  time in (doing something)
la **tarde** afternoon, evening;
  (*adv.*) late, too late; **más
  tarde** later
la **tarea** task, chore, job
la **tarjeta** card; **tarjeta
  postal** postcard
te you, to you
el **teatro** theater
el **techo** roof
tejer to knit
el **tejido** web; **el tejido de
  alambre** wire netting
la **tela** cloth
el **tema** subject, theme
temblar (ie) to tremble,
  shake, be afraid
temer to fear

el **temor** fear, dread, apprehension

temprano early

tender (ie) to spread out, extend; to stretch oneself out

tendría cond. form of **tener**

tener (ie) to have; **(no) tener (nada) que (hacer)** to have (nothing) to do; **¿Qué tiene usted?** What's the matter with you?; **tener con quién hablar** to have someone to talk with; **tener hambre** to be hungry; **tener lugar** to take place; **tener que** to have to; **tener que ver con** to have to do with; **tener sueño** to be sleepy; **tener (veinte) años** to be (twenty) years old; **tener vergüenza** to be ashamed

tengo pres. ind. form of **tener**

la **tenida** outfit

la **tentativa** attempt

tercer(o)-a third

el **terciopelo** velvet

terminar to finish, end

el **terreno** land, ground; territory

Terrífica rattlesnake (proper name)

ti you (used after a preposition)

la **tía** aunt

el **tiempo** time; weather; **a tiempo** on time; **a tiempo que** while; **¿Cuánto tiempo?** How long?; **hace mucho tiempo** for a long time; a long time ago; **poco tiempo** a little while; **tiempo después** some time later

la **tienda** store; shop

tiene, tienen pres. ind. forms of **tener**

la **tierra** earth, land; region; ground

el **tigre** tiger

las **tijeras** scissors

el **timbre** bell, electric bell

el **tío** uncle

típico-a typical, characteristic

el **tipo** type; fellow, chap

la **tira** stripe, strip, band

tirar to throw (away); to shoot; to draw, pull

toalla towel

tocar to touch

todavía still, yet; **todavía no** not yet all, every; everything; **ante todo** first of all; **sobre todo** especially; above all; **toda la noche** all night; **todo cuanto** all that; **todo el día** all day; **todo el pueblo** the whole town

todos everyone; **todos los días** everyday

tomar to take; to drink (a beverage)

el **tono** tone

la **tontería** foolishness, stupidity

tonto-a foolish, dull, stupid

el (la) **tonto-a** fool

el **tordo** thrush

tornar to return, give back; **tornarse** to become; **tornarse en** to turn into

tornasolado-a iridescent (color); **seda tornasolada** shot silk

el **tornillo** vice, clamp

el **toro** bull

torpe clumsy

la **torta** cake; tart; **torta de cumpleaños** birthday cake

totalmente entirely

trabajar to work

el **trabajo** work

traer to bring

la **traición** betrayal

traicionar to betray

traicionero-a treacherous; (n) traitor

el (la) **traidor-a** traitor

traigo pres. ind. form of **traer**

el **traje** suit, suit of clothes; clothes; **traje de gaucho** gaucho outfit; **traje de baño** swimming suit

la **trampa** trap; **trampa que servía de puerta** trapdoor

la **tranquilidad** peace of mind

tranquilizarse to tranquilize; to calm down; to reassure; to put one's mind at ease

tranquilo-a tranquil, quiet, calm; **dejar tranquilo-a** to leave alone

el (la) **transeúnte** passer-by; temporary resident; transient; pedestrian

el (la) **trapero-a** ragpicker

el **trapo** rag

tras after; **una tras otra** one after the other

traspasar to pierce; to cross, go beyond, pass over; to trespass; to transgress

el **traste** (fam.) rump, buttocks

tratar to try; **tratar de (quitar)** to try (to take off, remove)

tratar de usted to address one another using the formal **usted** form, be very formal

tratarse de be a question of, concern

el **travesaño** crossbar

el **trayecto** distance; stretch; way; itinerary; route

trece thirteen

treinta thirty

el **tren** train

trepar to climb

tres three; **a las tres** at three o'clock; **las tres** three o'clock; **trescientos** three hundred

el **tribunal** court, tribunal

triste sad; sorry

la **tristeza** sadness

triturado-a crushed

triunfar to triumph

el **tronco** log, trunk (of tree)

tropezar (ie) to stumble; **tropezar con** to run into

el **truco** trick

el **trueno** thunderclap

tu your

tú you

el **tubo** tube, ear piece, receiver (telephone); **tubo de ensayo** test tube

tumbar to knock down

el **tumulto** tumult, turmoil, commotion; uproar
turbar to disturb, trouble
turbio foggy
tutear to address one another using the familiar **tú** form
tuve, tuvo *pret. forms of* **tener**
tuyo-a (*adj.*) your; (*pron.*) yours
ubicar to locate
último-a last; latest; latter; **por última vez** for the last time; **por último** finally
el **umbral** threshold
umbrío-a shady
un, una a, an; one
único-a only, sole; **lo único** the only thing
el (la) **único-a** the only one
unir(se) to unite, join
uno, una one; someone; **la una** one o'clock; **(lo) uno y (lo) otro** both; **los unos de los otros** one another; **una a una** one by one; **uno por uno** one after another; **unos-as** some; **unos cuantos** a few
la **uña** nail, fingernail
urgente urgent
Urutú dorado type of snake (*proper name*)
usar to use; to wear (out)
el **uso** use; custom, usage; wearing; **deteriorado por el uso** worn out by use
usted (*pers. pron.*) (*abbreviated as* **Ud., Vd., V.**) you; **de Ud.** your
el **utensilio** utensil; tool

va, vamos, van *pres. ind. forms of* **ir**
la **vaca** cow
vaciar to empty
vacilar to hesitate
vacío-a empty
el (la) **vagabundo-a** vagrant
la **vainilla** vanilla; vanilla wafer
valer to be worthy; **No vale nada.** It/He/She/You isn't (aren't) worth anything.; **valer por cinco** to be as good as five
valiente brave
el **valor** value; courage, valor
el **valle** valley
¡vamos! *see* **ir**
vamos vamos a + *inf.* let us + *inf.*
vano-a vain; **en vano** in vain, vainly
variar to change
varicela chicken pox
varios-as several
el **varón** man; boy; **hijo varón** male child, son, boy
el **vaso** glass (for drinking)
vasto-a vast, huge, immense
vaya *pres. subj. form of* **ir**
Vd. *see* **usted**
veces *pl. of* **vez**
el (la) **vecino-a** neighbor
veía *imp. form of* **ver**
veinte twenty; **veinte y cinco** twenty-five
la **vela** candle
el **velo** veil
la **velocidad** velocity, speed; **a toda velocidad** full speed

la **vena** vein
vencer to conquer
el (la) **vencido-a** conquered
(subdued) person
vender to sell
el **veneno** poison
venenoso-a poisonous
la **venganza** vengeance
vengar to revenge, avenge
vengarse de to take revenge
on
venir (ie) to come
la **ventana** window
ver to see; **a ver** let's see,
al ver upon seeing
veranear to take a summer
vacation
el **veraneo** summer holidays;
summer vacation
el **verano** summer
la **verdad** truth; true; **en
verdad** really; **Es
verdad.** It is true.;
¿verdad? really?
verdadero-a real, true
verde green
la **vergüenza** shame
verse to see oneself;
se ve it is evident
el **vestido** dress; clothes
vestir (i) to dress, wear
vestirse to put on one's
clothes
la **vez** (pl. **veces**) time; turn; **a
la vez** at the same time;
alguna vez sometime;
ever; **algunas veces**
sometimes; **a su vez** in
one's turn; **cada vez
más** more and more; **de
vez en cuando** from time
to time; **en vez**

de instead of; **la primera
vez** the first time;
muchas veces often; **otra
vez** again; **por última
vez** for the last time;
raras veces rarely; **tal
vez** perhaps; **una
vez** once; **una vez
allí** once there; **una vez
más** once more; **una
vez por todas** once and
for all
la **vía** road, way; railway line,
rail, track
el **viaje** trip
el (la) **viajero-a** traveler
la **víbora** viper, poisonous
snake
la **vida** life; **en mi vida**
(never) in my life
el **vidrio** glass; **vidrio de
reloj** vial, small glass
bottle for catching poison
viejo-a old
el (la) **viejo-a** old man, old
lady
viendo pres. part. of **ver**
viene pres. ind. form
of **venir**
el **viento** wind
la **viga** beam
vigilar to watch; keep
guard; **vigilar de cerca** to
keep a close watch upon
el **vigor** vigor, strength, force,
energy
la **villa** village, town
vine, vino pret. forms
of **venir**
el **vino** wine
la **violencia** violence
violento-a violent

la **visita** visit
el (la) **visitante** visitor
visitar to visit
la **víspera** eve; **la víspera de
Navidad** Christmas Eve
la **vista** sight; view
viste *pret. form of* **vestir**
visto-a *p.p. of* **ver; nunca
vista** never before seen;
por lo visto apparently
la **viuda** widow
el **viudo** widower
vivamente quickly,
vigorously; energetically
los **víveres** provisions, food
supplies
vivir to live; to dwell
vivo-a alive, lively; quick
el (la) **vivo-a** living person
volar (ue) to fly (away)
la **voluntad** will (power)
volver (ue) to turn; to
return; **volver a
(mirar)** (to look) again;
volver atrás to go back,
retreat
volverse to return, go back
voy *pres. ind. form of* **ir**
la **voz** (*pl.* **voces**) voice; **en
voz alta** aloud; loudly;
en voz baja in an
undertone
vuela *pres. ind. form
of* **volar**

la **vuelta** return; turn; **dar
vuelta** to turn over; **dar
vueltas** to turn around
vuelvo *pres. ind. form
of* **volver**

y and
ya already; now since;
Nadie (recuerda) ya. No
one (remembers any
more).; **ya casi** almost,
nearly; **¡Ya está!** *see*
estar; ya más any longer;
ya no no longer
yacer to lie
la **yarará, yararacusú** kinds
of poisonous snakes
yerba mate yerba mate
(Paraguayan tea)
el **yerno** son-in-law
yo I

la **zapatería** shoemaker's
trade; shoe store
el (la) **zapatero-a** shoemaker
la **zapatilla** pump; dancing
shoe; slipper
el **zapato** shoe; **la horma de
su zapato** his/her/your
match
el **zorzal** thrush
zumbar to buzz, hum

Acknowledgments

"Historia de un hombre que actúa sin pensar" from Libro de Calila y Dimna (thirteenth century).

"La horma de su zapato," adapted from original of Vicente Riva Palacio (1832–1896). Published by D.C. Heath in Graded Spanish Readers, Alternate Books I–V (1961).

"No hay mal que por bien no venga," adapted from original of Ricardo Palma (1833–1919).

"Anaconda" by Horacio Quiroga (1878–1937). Published by D. C. Heath and edited by Willis Knapp Jones in 1948 (Graded Spanish Reader). Published by D. C. Heath in Graded Spanish Readers, Alternate Books I–V (1961). First published in Argentina in 1921 by Agencia General de Librerías Buenos Aires.

"Las montañas, los barcos y los ríos del cielo," adapted from original of Germán Pinilla (1935). Originally published in Cuba in Cuentos cubanos de lo fantástico y extraordinario. Excerpt taken from edition published in 1968 by Casa de las Américas, Cuba.

"La joya del inca," adapted from Cuentos del Alto Perú, edited by Willis Knapp Jones. Published by D. C. Heath in Graded Spanish Readers, Alternate Books I–V (1961).

"Historia del hombre que se casó con una mujer brava," adapted from El conde Lucanor by Don Juan Manuel (1282–1348).

"El delantal blanco" by Sergio Vodanovic from Teatro chileno contemporáneo. Published by Aguilar, Madrid.

"Sangre en el umbral" by Gustavo Martínez Zuviría (pseudonym Hugo Wast). Originally published in 1926 by Talleres Gráficos Argentinos. Published by D. C. Heath in Grade Spanish Readers, Intermediate Alternate Book VIII (1957, 1962).

"La vuelta del presidiario" by Gustavo Martínez Zuviría (pseudonym Hugo Wast). Originally published in 1926 by Talleres Gráficos Argentinos. Published by D. C. Heath in Graded Spanish Readers, Intermediate Alternate Book VIII (1957, 1962).

"El hombre de la rosa" by Manuel Rojas from Cuentos. © Manuel Rojas and Heirs of Manuel Rojas. Reprinted by permission of Carmen Balcells Literary Agency.

"La casa de azúcar" by Silvina Ocampo from Silvina Ocampo, La furia y otros cuentos. Prologue by Enrique Pezzoni. Published by Alianza Editorial, S. A., 1982.

"Un señor muy viejo con unas alas enormes" by Gabriel García Márquez from La increíble y triste historia de la cándida Eréndida y de su abuela desalmada. Published by Editorial La Oreja Negra, Bogotá, 1972.